昆玉河畔·首都师范大学哲学学术丛书

本书由北京市属市管高等学校人才强教计划项目PHR（IHLB）资助

树蕙集·内篇

叶磊蕾 编

华夏出版社
HUAXIA PUBLISHING HOUSE

图书在版编目（CIP）数据

树蕙集．内篇 / 叶磊蕾编．--北京：华夏出版社，2017.1
ISBN 978-7-5080-9014-6

Ⅰ．①树…　Ⅱ．①叶…　Ⅲ．①哲学－文集　Ⅳ．①B-53

中国版本图书馆 CIP 数据核字（2016）第 262870 号

树蕙集·内篇

编　　者	叶磊蕾
责任编辑	罗　庆
出版发行	华夏出版社
经　　销	新华书店
印　　刷	三河市少明印务有限公司
装　　订	三河市少明印务有限公司
版　　次	2017 年 1 月北京第 1 版 2017 年 1 月北京第 1 次印刷
开　　本	670×970　1/16 开
印　　张	18.5
字　　数	248 千字
定　　价	45.00 元

华夏出版社　地址：北京市东直门外香河园北里 4 号　邮编：100028
网址：www.hxph.com.cn　电话：(010) 64663331（转）

若发现本版图书有印装质量问题，请与我社营销中心联系调换。

总　序

　　如果给哲学以一个意象,那么"水"或许是最自然的选择。无论在最早的希腊哲学家泰利斯那里,还是在很早的中国哲学著作《管子》那里,"水"都被认为是万物的始基或本原。它是印度的"四大"(地、水、火、风)、中国的"五行"(水、火、木、金、土)和希腊的"四元素"(水、火、土、气)之一。水是生命的源泉,生命都是从水中成长起来的。水是文明的源泉,人类所有古老的文明都是在一些大河流域内诞生的。甚且,水是人类借以自我意识的中介,在人类没有发明镜子前,水正是人类从中发现自我形象的自然的镜子。哲学是人类自我意识的表征,是人类思想和不断再思想的学科。也许正是由于这一缘故,水被人们和哲学家们所关注,乃至"水"成为最古老的哲学范畴或最古老的哲学范畴之一。在《圣经·旧约全书》"创世记"第一章中,神(上帝)创造一切,但却没有创造水。水跟神(上帝)一样原始。当代科学证明了:地球最宝贵的资源是蔚蓝色的水。假如水资源耗竭殆尽,人类的末日也就真正来临了。换句话说,只要在任何一颗星球上发现了水,就有了生命的前景,也有了智慧和爱的希望……

　　我们已经步入这样一个时代:通过全球卫星定位系统,你我在地球任一位置上,均可即时寻找到对方的位置。现在我告诉你:中国·北京……在我们国家的首都,水资源的匮乏已经给人们带来了深切忧患。但是,在两个湖泊——昆明湖和玉渊潭间,流淌着一条这样的河流,她的名字叫作"昆玉河"。我们在昆玉河畔生活、工作和学习。在喧嚣和骚动的闹市中,有一群人沉思着,迷恋着,像昆玉河一样静静地流淌,默默地流尚……

在现代社会,哲学已经被边缘化。但任何关于"哲学终结"的理论却全都没有实际地"终结哲学"。哲学附着并渗透于人类的生活中。人类具有理性,经常并习惯于思考生活,这就是哲学存在的前提。在哲学所发源的希腊古典时代,人们认定人类的目的是追求幸福生活,认定幸福的生活就是德性的和理性的生活,认定哲学的生活方式就是理性的和德性的生活方式。所谓德尔斐神庙的箴言:"认识你自己"和"万勿过度",正是这个意思。哲学正是这样获得了自由、高贵和光荣。如今,哲学应当回到古典精神中去,首先并且主要成为一种生活方式。哲学既不仅仅是一种学业,谋取学历和学位;也不仅仅是一种职业,谋取职务和职称。哲学不是"饭碗",不是为了"吃饭"所谋求的种种指标体系。而今,献身于哲学事业的人们,尤其应当"在无名中生存",从权力、金钱和名声的浮躁中解放出来,生活着并且理性地思考着自己的和人类共同的生活。

但是,哲学并不限制于唯一现实的世界,而是开辟了种种可能的世界。哲学是一张比任何地图都更加复杂、更加丰富的地图。在这张地图上,你有你的位置,我有我的位置。你有你的世界,我有我的世界。位置不仅存在于你我所生活的物质世界中,而且存在于你我所生活的精神世界中。是的,我们正在致力于自我定位的尝试。编选"昆玉河畔·首都师范大学哲学学术丛书"的宗旨是:弘扬首都师范大学哲学学科学术成就,系统推出具有一定学术知名度和公共影响力的老中青学者学术代表作,推动首都师范大学哲学学科学术研究。丛书采用"昆玉河畔"名称,以便提炼特色,打造品牌。入选书目既包括个人学术自选集,也包括集体学术自选集;既包括学者文库,也包括学生文库,以及学科手册等。我们计划分3批出版,每批共出版10种。这套丛书正像这条河流一样,映照着我们自己的存在。

从20世纪80年代中期以来,首都师范大学哲学学科经历了两代人甚至三代人的发展。第一代学者的治学体现了理论联系实际以及史论结合的学风,他们那种敢于直面现实的理论勇气、敢于破除教条的思想锐气,反映了 20 世纪 80 年代以来思想解放的时代风气。第二代学者治学,或阐释、或考证、或梳理,其严谨、其细致、其精微,既注意思想资源的开发,又注意当代价值的挖掘,他们这种治学态度,无不反映了 20 世纪 90 年代以来学术转向的时代风气。近几年来,通过人才的引进、整合和培养,首都师范大学哲学学术队伍不断壮大,尤其第三代学者的崛起,必将带来新的前景、新的希望。

当然,首都师范大学哲学学术团队依然处于幼年时期,许多成果不够成熟,甚至充满稚气。推出这套丛书,等于一次亮相。但是,序曲已经奏响,序幕已经拉开,演出已经开始,我们期待的是理解、热情和公正的批评。

"昆玉河畔·首都师范大学哲学学术丛书"编委会

| 目录 |

李怀涛

能指拜物教:消费社会机制的批判 /3
马克思的拜物教概念辨析 /18

黄志军

论马克思对黑格尔市民社会辩证法的批判 /29

盛珂

"内在超越"的"存在论"特质与工夫论 /43
"致良知"功夫论的新视角——王阳明的"立志说" /61

王晓黎

钱穆与张君劢"直觉"思想之比较 /75

朱清华

柏拉图的正义与幸福 /99
亚里士多德《物理学》中ὑποκείμενον意义分析 /112

梅剑华

解释鸿沟 /133

自盲与内省：反思内感觉理论　/141

张浩军

现象学与分析哲学的对话——论胡塞尔的"Noema"概念　/153
论胡塞尔的"被动性"概念　/183

陆丁

行动的理由与行动的原因　/199

景晓鑫

A Logical Framework of Bargaining with Integrity Constraints　/211

朱慧玲

共和主义在当代的困境及桑德尔的解决进路　/225

叶磊蕾

在爱中确认自我——茨威格《一个陌生女人的来信》中的自我问题　/239

尹景旺

友谊的焦虑：对奥古斯丁《忏悔录》的一种解读　/257

谭笑

秩序世界与均质世界——论杨光先和南怀仁的天文学争论　/275

编后记　/287

李怀涛

李怀涛,1973年9月生于山东临沂,南京大学哲学博士,首都师范大学副教授,硕士生导师。主要研究领域为马克思主义哲学史与西方马克思主义哲学。主持国家社会科学基金青年项目"马克思拜物教批判理论研究",在《哲学研究》《马克思主义研究》等学术期刊上发表论文十余篇,出版专著《马克思〈1861—1863年经济学手稿〉研究读本》。入选北京市属高等学校青年拔尖人才培育计划。

能指拜物教:消费社会机制的批判

鲍德里亚继续了他在《物体系》和《消费社会》的逻辑,从物的可操持性出发,在《符号政治经济学批判》书中展开了符号政治经济学批判理论。如何理解鲍德里亚的物是进入他的思想的一个关键前提,他借助了海德格尔的有关理论,认为传统哲学所直观的实在物是一种遮蔽,他更关注物的可操持性、上手性。今天的物如何在呢?鲍德里亚认为:"物只有在它的形式被解放为一种符号功能的时候才真正的存在。而这种解放只是工业社会转变为我们所谓的技术文化的结果,也就是冶金(métallurgique)社会转变为符号(sémiurgique)社会的结果。"①因为在他看来,我们今天已经进入了符号时代。"这个世界是一个通过符号才能被发现,才能被阐释的世界——也就是说,可以任意地被操控,具有可操控性。"②

鲍德里亚认为,在符号统治的时代,马克思的生产理论几乎已经不能被拯救了,基于生产理论的马克思的拜物教批判要被一种他所谓的能指拜物教批判所取代。

一、被掏空了的物的拜物教

鲍德里亚在对拜物教做了词源学的考察之后认为,马克思的商品拜

---

① Jean Baudrillard, *For a Critique of the Political Economy of the Sign*, St. Louis: Telos Press, 1981, p. 185.
② 同上书,p. 155.

物教批判仅仅是一种词语的拼凑,应该完全放弃这一概念。我们都知道,马克思在谈及商品和货币时这样说:"可见,商品形式的奥秘不过在于:商品形式在人们面前把人们本身劳动的社会性质反映成劳动产品本身的物的性质,反映成这些物的天然的社会属性,从而把生产者同总劳动的社会关系反映成存在于生产者之外的物与物之间的社会关系。由于这种转换,劳动产品成了商品,成了可感觉而又超感觉的物或社会的物。……因此,要找一个比喻,我们就得逃到宗教世界的幻境中去。在那里,人脑的产物表现为赋有生命的、彼此发生关系并同人发生关系的独立存在的东西。在商品世界里,人手的产物也是这样。我把这叫作拜物教。劳动产品一旦作为商品来生产,就带上拜物教性质,因此拜物教是同商品生产分不开的。"①马克思商品的拜物教揭示的是这样一个遮蔽:在商品世界中,物与物的关系掩盖了人与人的关系。马克思指出:"劳动产品一采取商品形式就具有的谜一般的性质究竟是从哪里来的呢?显然是从这种形式本身来的。"②马克思分析了商品交换很普遍的社会中,商品拜物教、货币拜物教以及资本拜物教不断完成,更趋神秘的现象,指出这一切不过是一种假相,马克思的拜物教学批判,就是要揭示社会现象背后真正的历史本质,并从中发现解放的道路。

而在鲍德里亚看来,从拜物教的原初语意可以看出:"在这其中,很显然的一点在于拜物教包含着一种'伪造的'、人为的设定等内涵,概而言之,它是一种文化意义上的带有符号性的劳动,它作用于物恋的载体,同时也作用于这种物恋让人产生的迷恋当中。"③他提出,"我们忘记了最初与我们打交道的其实是符号:一种被一般化了的符号的符码(code),一种完全任意的具有差异性的符码,物正是在这一基础上,而不是由于其所具

---

① 《马克思恩格斯全集》第 23 卷,北京:人民出版社,1972,第 89 页。
② 《马克思恩格斯全集》第 23 卷,北京:人民出版社,1972,第 88 页。
③ Jean Baudrillard, *For a Critique of the Political Economy of the Sign*, St. Louis:Telos Press, 1981, p.91.

有的使用价值或者内在的'特性',才得以展现它自身的迷人魅力。"①他认为马克思政治经济学批判的时代合理性在于,"导致了用某种力量的操控来代替符号的操控,用一种富有魔力的所指的流通的经济学来代替能指的调控。"②但是,在他看来,"当代的社会再一次成为了一个符号统治的社会"③。这里的再一次,是他认为原始社会就是以符号象征价值为主导,在经历了经济力量的操控社会阶段之后,今天的消费社会重新为符号所统治了。

比较鲍德里亚的拜物教概念与马克思使用拜物教这个概念涵义来看,相同的都是指物有神奇的魔力,这和人崇拜物或者迷恋物都有相关。两人不同在于:鲍德里亚不是指实体的物,而是体系或者符码产生魔力;不是对作为载体的实体物的迷恋,而是对于能主动操控的机制、逻辑的迷恋;不是对恶的无限的物迷恋,而是对于自身完美的封闭体系的迷恋;迷恋的对象也不是马克思认为的是异化的物,而是操控本身,是在符码规则下合理化、规范化,不是异化的。

鲍德里亚认为:"在以上对拜物教的重新阐释当中,我们将发现真正成为一种意识形态的拜物教的是**能指的拜物教**。也就是说,主体陷入到了一个虚假的、差异性的、被符码化、体系化了的物当中。拜物教所揭示的并不是对于实体(物或者主体)迷恋,而是**对符码的迷恋**,它控制了物以及主体,使它们都屈从于它的编排,将它们的存在抽象化。"④在鲍德里亚的能指拜物教中,拜物教的对象是符码,符码不是物的载体,而是主动区分和操控载体,是一种能指逻辑,物被掏空了。马克思意义上的物(其实马克思拜物教所关注的不是实体物,而是一种异化的社会关系,这里鲍

---

① Jean Baudrillard, *For a Critique of the Political Economy of the Sign*, St. Louis: Telos Press, 1981, p. 91.
② 同上。
③ *For a Critique of the Political Economy of the Sign*, p. 120.
④ *For a Critique of the Political Economy of the Sign*, p. 92.

德里亚显然误解了马克思)不存在了。在鲍德里亚这里,能指拜物教成了一种被掏空了的物的拜物教。

鲍德里亚认为:拜物教并不是将某种特定的物或者价值神圣化(如果是这样的话,那么今天被自由主义化了的价值以及丰盛的物在"日常化"的过程中已经被驱除了神性)。它是将某种体系神圣化了,如商品的体系:它与交换价值的一般化过程是同时进行的,并随之一起发展。体系越是被体系化,那么拜物教所带来的迷恋就越是强烈。可见,符码和体系化是密切相关的。

在鲍德里亚看来,拜物原因"并不是个人与物之间形成某种心理的关系产生了拜物教,并支持了交换原则。'物的拜物教'从来不能以它的原则来支持交换,而是**交换的社会原则支持了对的物的物恋**。"①他所指的交换的社会原则是基于一种平等逻辑和区分逻辑之上的符码的逻辑。其实,正如英国著名思想家劳拉·穆尔维指出的,"对马克思而言,拜物教的来源存在于作为价值的劳动力的被抹除"。② 马克思也不是用心理的拜物现象支持交换原则的,鲍德里亚在这里明显也是曲解了马克思。他在符码逻辑基础上论述到,"一分为二,或者符号的标识,总是伴随着**以符号为媒介的整合**,以及一种形式上自主的符号体系。符号逻辑通过内在的差异化以及一般的同质化而得以运演"。③ 我们来看看鲍德里亚是怎样一步步论述能指拜物教理论的形成的。

二、能指拜物教批判的出场

鲍德里亚从分析消费出发,建立了"一般政治经济学",借助结构主

---

① *For a Critique of the Political Economy of the Sign*, p. 118.
② 劳拉·穆尔维:《恋物与好奇》,钟仁译,上海:上海人民出版社,2007,第22页
③ *For a Critique of the Political Economy of the Sign*, p. 101.

义语言学的方法,通过商品使用价值和交换价值与符号的所指和能指的联系,不断地进行逻辑转换,最终确立了能指拜物教。通过他的符号理论,从能指概念与现实的关系着手,分析了功能性概念、时尚问题,确立能指拜物教成为消费社会的运行机制。

鲍德里亚承认货币拜物教的存在。他认为:"关键在于货币可以被体系化的本性,它隐藏于物质外表之下,依据价值的绝对的抽象,将所有价值的可交换性纳入其中。正是这种抽象,这些人创造的符号使得一个人对于货币充满'崇敬'。被物恋化的是一个封闭的完美体系,而不是任何金银财宝。"①联系西美尔对货币象征意义的研究来看,"货币的本质所在正是结合于这种功能之中的那种远远超越了货币物质符号意义的观念"。②"这一过程或许可以称作是货币日益增长的精神化过程(Steigende Vergeistigung des Gelds),因为它是从多样性中实现统一的精神活动的本质。"③可见,货币对价值的逾越,已经预示了一种消费理论,即消费的不仅仅是具体实用性,也是一种商品符号或象征。

鲍德里亚注意到了消费中一种意义的生成问题。"消费的行为从来都不仅仅是一种购买(交换价值向使用价值的反复转换);同样也是一种'花费'(DÉPENSE)——这正是被马克思的政治经济学所忽略的方面——也就是说,消费是一种财富的显现(manifestée),它显现了财富的消耗。正是这种价值,在超越交换价值的层面上展现出来,并建筑于后者的消耗之上,赋予了物的购买、获得、分配以差异性符号价值。……由此每一个购买行为都同时既是一种经济行为,同时也是差异性符号价值得以产生的经济转换行为。"④

他认为花费的过程既没有颠覆生产,也不是作为生产的残留物,或者

---

① *For a Critique of the Political Economy of the Sign*, p. 93.
② 西美尔:《货币哲学》,陈戎女等译,北京:华夏出版社,2007,第199页。
③ 同上注。
④ *For a Critique of the Political Economy of the Sign*, p. 113.

生产的一种延续:它是一个广泛地将经济交换价值转变为符号交换价值的转换过程。这是一个作为"**符号交换价值体系的'消费**'(consommation)过程。"①但和传统的政治经济学所界定的消费不同,传统消费是在生产的循环的范围内,经济交换价值向使用价值的反复转换的过程,而这里是作为一种经济交换价值向符号交换价值的转换的消费。"基于这一点,必须打破仅仅通过交换价值和使用价值来说明政治经济学的观念,必须作为一种'**一般的政治经济学**'(économie politique généralisée)来整个地重新分析,其中符号交换价值的生产与物质商品以及经济交换价值的生产都是通过同一种方式,并在同一过程当中。由此,对于符号生产以及文化生产的分析不能作为与物质生产相对的外在的、隐蔽的'上层建筑';这将成为**一场政治经济学的革命**,符号的政治经济学全面入侵了理论与实践的领域。"②

鲍德里亚深刻地看到,今天的时代,除非能够被解码为一种符号,任何事物(物、服务、身体、性、文化、知识,等等)都不能被生产和交换,同样这些事物也不能仅仅作为商品来加以评估。这和德波的景观社会理论中认为一切都必须作为表象才能存在是一致的。不过,鲍德里亚更进一步认为,所有的事物都在他所谓的"一般的政治经济学"的语境中才得以显现。在其中起决定性的因素既不是商品,也不是文化,但它们并没有被消解,它们只是不再作为一种特殊的决定性,而是作为一种形式而存在。相反,这种物可能是一种极为简单的物,即物的形式,在其中使用价值、交换价值和符号价值集中在一个复杂的模式中,这种模式描述了政治经济学最为一般的形式。"③

于是,鲍德里亚建立起了包含符号交换价值的生产与物质商品以及

---

① *For a Critique of the Political Economy of the Sign*,p. 113.
② *For a Critique of the Political Economy of the Sign*,p. 114.
③ 同上书,p. 148.

经济交换价值的生产同一过程的"一般的政治经济学"来继续演绎他的理论。

鲍德里亚开始借助结构语言学(符号学)的成果。一般认为,哲学上的语言学转向是把超越个体主体而具有某种客观结构和体系的语言作为出发点,作为结构主义思想先驱的索绪尔就把语言结构作为最原始模式。

在一般政治经济学的基础上,鲍德里亚开始讨论符号生产问题。符号的生产是另一种劳动。"符号/价值是被某种特定的社会劳动所*生产*出来的。但是差异的生产,以及差异性的等级体系的生产,都不能与对剩余价值的剥削相混淆,同时这些生产也不是以它为原因。在差异的生产与剩余价值的生产之间,还存在着另一种类型的劳动,正是它将经济价值与剩余价值转换为符号/价值:这一过程依据另外一种完全不同的交换,它是一种奢侈(somptuaire)的运作,是一种消耗(consumation)或者一种超越了经济的价值。"①

在他看来,这种"符号的生产过程,源于对有用性的破坏('炫耀性消费',奢侈的价值)。'非生产性'消费(时间的消费,即一种炫耀性的无所事事以及休闲),实际上是差异性的生产:它的功能性差异成为了一种地位上的差异(例如半自动洗衣机 vs 全自动洗衣机)。"②他还举例,广告将有用的物的价值转变为符号价值。

而这种符号学原理根本上基于一种体系化的理论。鲍德里亚明确提出"体系的抽象才导致了拜物教化的过程。"③鲍德里亚看到了马克思的商品拜物教分析中,即社会关系被掩藏在商品自身的属性之下这一特点,并不是那作为使用价值和交换价值共同体的商品的功能,而是一种交换价值的功能。而这根本在于交换价值形成了一种价值体系。

---

① *For a Critique of the Political Economy of the Sign*, p. 115.
② 同上书, p. 124.
③ 同上书, p. 134.

不同于马克思,鲍德里亚通过对需求的分析,歪曲了马克思的需求概念的本意,并在此基础上论证了使用价值也是一种体系。"包含了某种有用的价值,所有的物在物当中都已经是可比的了。因为它们都成为了具有相同的有理函数(fonctional/rationnel)的公分母,具有相同的抽象规定性。"①正是因为使用价值能够作为一种体系,并不是作为一种实践过程,所以也被"拜物教化"了。"因此说需求体系是一种一般等价体系并非是一个比喻:它意味着我们整个地陷入到了政治经济学当中。这就是为什么我们要讨论使用价值拜物教。"②

马克思讨论的个人需求问题,在鲍德里亚眼里,"个体不过是一种在经济视域中被思考的主体,被经济学所反思、简化和抽象"。③ 需求根本成了虚假的被制造的了,是经济学的意识形态。其实马克思在《德意志意识形态》中谈到过需求,"他们的需要即他们的本性"。在《资本论》中也谈到了生产中的需求,在谈到流通时,马克思提到了铁的愿望是要变成金,必须实现"惊险的跳跃",而这正是资本主义生产过程中商品生产是以假设被需求、被购买和被消费的基础上。所以马克思无论谈个人的消费还是生产消费,都是强调资本生产维持下去的必要条件。需求是一个生产的前提而已,但不是交换价值的实现的前提。交换价值的实现是基于抽象劳动,与使用价值是无关的。鲍德里亚显然误解了马克思。

在鲍德里亚看来,既然使用价值与交换价值都是体系,那么它们也必须由相同的抽象的等价逻辑、相同的符码所规划。在使用价值的体系中,消费者从来不是作为欲望和享乐的主体存在,而总是作为抽象的社会需求力而存在。因此,使用价值拜物教更隐蔽、更具有欺骗性。

于是,在论证了使用价值拜物教后,鲍德里亚更进一步地指出商品使

---

① *For a Critique of the Political Economy of the Sign*, p. 132.
② 同上书,p. 135.
③ 同上书,p. 133.

用价值和交换价值与符号能指与所指的关系。这里,他在理论逻辑上有了一个转换。他认为使用价值和所指并不分别与交换价值和能指有相等的分量。使用价值与所指拥有战术上的价值(valeur tactique),而交换价值和能指则具有战略上的价值(valeur stratégique)。体系就是由这功能性的两级构造的,但这两级之间存在等级差别。其中交换价值和能指处于显著的支配地位。使用价值和需求只是交换价值的一种实现。所指(以及指涉物)只是能指的一种实现。两者都不是交换价值或者能指在它们的符码中可以表达或者阐明的一种拥有自主性的现实。最终,它们不过是被交换价值和能指的游戏所产生出来的**仿真模型**(modéles de simulation)。它们为后者提供了真实的、活生生的、具体的保障;然而,同时,交换价值和能指以其为体系的存在,而用它们的整个逻辑来代替了由使用价值和所指所保证的客观的真实(甚至在这里"代替"这一词的运用也可能导致一种误导,它意味着被体系误用或者曲解的真实性基础似乎还存在在别处。实际上,并不存在真实性,以及真实性的原则,而只存在被体系所直接生产出来的理想化的指涉物)。同样,对于交换价值和能指来说,使用价值和所指并不是与之无关的他者(客观的和具体的)的存在:后者只不过是前者的化身。由于这样的原因,交换价值和能指才一跃成为了主导的存在。

同时,借助于他关于能指与所指的对比关系等同与交换价值与使用价值的对比关系的等式。他将商品与符号进行了抽象等同。"正是因为**商品的逻辑与政治经济学的逻辑**处于符号的核心之中,处于一个抽象的能指与所指的等式当中,处于符号的差异性组合当中,符号才能够作为交换价值(交流的话语),作为使用价值(理性的解码和富有差异性的社会用途)。"[①]而另一方面,"正是因为符号的结构成为商品形式的核心,商品才能够直接成为意指(signification)——这种意指不是商品的一种附属的

---

① *For a Critique of the Political Economy of the Sign*, p. 146.

产物,而是作为一种'信息'或者一种内涵,因为商品的形式使其最终成为一种**中介**,作为**一种交流的体系**,彰显出所有的社会交换。如同符号的形式,商品是一种操纵交换价值的符码。物质生产与非物质的意义生产之间的区别不太重要了,其中符码是决定性的:这种符码是能指与交换价值作用的法则。符码在政治经济学的体系中被抽象出来,它在商品和符号两种情形下,都还原了象征性的**模棱两可**,以建立一个"理性的"价值循环,并在被设定的**等价规则**之中进行价值的交换。"①既然物质生产与符号生产之间的区别不太重要了,符码就成为决定性的。一切不过是符码的产物而已。

  符码作为逻辑机制,"形式将自身不断地掩盖在内容之下,这是形式的狡计。符码的狡计在于将自身掩盖在价值之下,或者通过价值而生产自身。正是在内容的'物质性'当中,形式消解了自身的抽象,并将自身再生产为一种形式。这就是它所特有的魔力。"②

  到这里,呼应前面鲍德里亚提到的能指的拜物教,也就是说,主体陷入到了一个虚假的、差异性的、被符码化、体系化了的物当中。拜物教所揭示的并不是对于实体(物或者主体)的迷恋,而是**对符码的迷恋**。作为能指的拜物教理论终于完整出现了!

  在结构主义向后结构主义发展中,符号与现实的关系问题就有了新的发展。鲍德里亚在符号学理论框架进一步阐述了有关的符号理论。他认为"符号作为一个抽象的结构意指某个客观现实的片断。"③符号具有体系的自身完整性。沿着巴特的方向,鲍德里亚进一步发挥:"指称不过就是最为出色的以及最为微妙的涵意而已。"④通过对索绪尔和本韦尼斯特的批评,鲍德里亚提出了能指与现实的关系原则。

---

① *For a Critique of the Political Economy of the Sign*, p. 147.
② 同上书, p. 145.
③ 同上书, p. 150.
④ 同上书, p. 158.

"在能指的统摄之下,形式构成了思想,内容构成了现实(或者,成为了知觉)。在此指涉物并不比所指更外在于符号:实际上,它受符号的控制。它被符号的某种功能所分割出来,成为一种表征。它的现实性只是**作为符号自身的一种点缀**。在深层意义上,指涉物是符号的一种反映,而这种深层次的相互关联,虽然依赖于形式,但通过对主体的言说而'本能地'被反映在内容的层面上。"① 在鲍德里亚看来,关键在于能指群的自由联合与交换,即一个符码的无限的再生产的过程。由此,符码成为了真正的现实性原则,这是依赖于能指的抽象和"自由裁决权"(discrétion)。能指的幽灵进入了现实的世界。

于是,能指拜物教构建了世界的运行机制。"这个被符号所'召唤'出来的世界(最好让自身与其保持一定的距离)不过是符号的结果,笼罩在符号的阴影之下。符号作为一种'缩影',世界就是它的现实展开。更进一步说,世界简单说来就是一种所指-指涉物。正如我们所看到的那样,所指-指涉物就是一个独立的、完整的存在,在能指的阴影下运转的现实,它同时还是能指的游戏在现实中的反映。"②

今天,这个世界要通过符号才能被发现,才能被阐释,可以任意地被操控。所谓"真实"并不存在。在伽利略视野下的物理世界甚至生物世界都因为进入符号通过符码作用而存在。真实"消失"了。整个环境变成了一种能指、被客观化为意指关系的一个要素而已。

鲍德里亚指出,"功能的和所指的时代已经结束了,能指和符码的时代开始了"。③ 符号成为商品发展的最高阶段。商品在将自身作为一种符码的时候获得了一种神秘性,即在诸多模式的循环中占有一席之地,并由此作为某种文化的载体(不仅仅是经济的载体)。

---

① *For a Critique of the Political Economy of the Sign*, p.152.
② 同上书, p.152.
③ 同上书, p.198.

三、能指拜物教的解放逻辑

鲍德里亚已经看出了从所指来外在伦理式地批判能指拜物教的空洞性。这是以具体的现实性为名来对符号的抽象性和任意性的批判,这最终不过是一种道德说教,谴责体系所导致的异化。他认为在能指拜物教的确立过程中,正是符码的建制逻辑起了决定作用。所以能指拜物教的解放也要在这个过程的开始寻找出路。"对符号的批判性质疑的基础在符号的建制中,在能指与所指的显现及其结构性共在当中,符号被放逐,被消解。"①

他找到的途径是象征交换,也即模棱两可的原则。因为"象征性,作为意义的本质根本上颠覆了符号,它只能通过隐喻,或者破坏(effraction)来命名自身"。② 在他看来,"在象征性交换的关系中,存在着一种共时的回应。……象征性坚持打破'信息'的唯一阐释,恢复意义的模棱两可,同时也终结了对于符码的反抗"。③

他认为这种模棱两可根植于价值交换不同的某种交换当中(价值的交换或者符号的交换)。只有模棱两可性(作为价值的一种断裂,作为符号价值的另一面,或者作为对符号价值的超越,以及作为象征性的显现)能够让符号的明确性以及透明性、使用价值(理性的解码),以及交换价值(流通的话语方式)都陷入危机当中。它能终结符号政治经济学,消解对能指与所指的界定。

在他看来,"在模棱两可以及象征性的逻辑中,我们所试图完成的是**符号的消解过程**,一个用以阐释符号等式的消解过程,以及消解那些在流

---

① *For a Critique of the Political Economy of the Sign*, p. 160.
② 同上书, p. 115.
③ 同上书, p. 183.

通话语中从未被消解的东西:完整性、不透明性、非清晰性,在流通话语中存在着符合这些特征的社会神秘性的载体,即商品,它所依赖的就是所有价值所建构的某种抽象等式。"①例如他分析了五月风暴中,"在五月中,真正革命的媒介是那一面面墙以及墙上的宣言,印刷的和手写的标语,那一条条街道,成为了这些宣言大行其道的地方——所有的事物都在瞬间被铭刻,给出与反馈,言说与回应,在同样的时空中运动着,具有交互性和敌对性。在这一意义上,街道成为了大众媒介选择和颠覆的形式,因为街道不同于媒介,后者可以传递那些无回应的信息,构建远距离的传播网络。"②

同时,他也看到了能指拜物教内在的现实瓦解逻辑。"在价值领域中,每一次欲望的满足都转向了它的反面,因为伴随着满足的终结,主体对于自身欲望的追寻却仍被保留下来,这是模棱两可性得以成立的基础。"③他看到了在消费中确实存在一种要求拒斥欲望的满足,要求匮乏的现象,以此认为这在现实中存在的现象可以瓦解能指拜物教。

因为,现实的经济状况中,"将当代经济形式作为一种整体来看,所有这一切都开始成为了一种趋势,我们可以称之为'享乐程度的衰弱'(la baisse tendancille du taux de jouissance)。依据反经济学中神秘的匮乏理论,正是那对于价值鲜活的、基本的否定,对于一致性以及等同性的潜在的颠覆,超越于满足的摇摆不定,确保了主体之为主体的存在。"④

所以他主张的具体的策略就是,"在当下的情景中,'否定性的反应'就等同于对于革命的激进要求,这一革命不是解放物以及它的价值,而是解放交换关系自身,在被今天价值的恐怖主义一统天下的情形下恢复一

---

① *For a Critique of the Political Economy of the Sign*, p. 150.
② 同上书,p. 176.
③ 同上书,p. 207.
④ 同上书,p. 207.

种言说的交互性"。①

巴利巴尔曾指出,应该在马克思拜物教理论之后的思想中去寻找商品逻辑或价值的象征性所操控的现象学和日常生活,正如法兰克福学派、亨利·列斐伏尔、居伊·德波所做的那样。同时,要去分析由金钱和法律的语言构成的社会空想,在这个意义上,他说鲍德里亚"甚至从某种意义上说推翻了马克思,他用'使用价值的拜物教'代替了'交换价值的拜物教'"。② 这是对鲍德里亚创造性思想的肯定。

应该说鲍德里亚站在资本主义发展的新的阶段,对出现的新的现象做了深刻的描绘。原来马克思生活的时代是"为需要而生产",而鲍德里亚是处于资本主义垄断时期,是"为生产而生产"。但他和马克思的貌似截然相反的理论其实是基于出发逻辑的不同,鲍德里亚以符号学作为其理论出发点。同时他也有对马克思概念的误读,如上文提到过的几处。更关键的是,马克思的拜物教批判,在透过社会现象表面,深入到对资本主义社会生产关系的批判,揭示了资本主义社会生产力与生产关系的内在矛盾运动规律终将导致资本主义的解体,这是一种科学的历史现象学③的批判。虽然今天社会出现了新的情况,但资本统治本性没变化,马克思的拜物教批判仍然是根本上有效的。而这是鲍德里亚异质于马克思的地方。

鲍德里亚不同于德波把物理解为以视觉为中心的表现性景观,他从物的可操持性出发,建构了消费社会的符号的批判理论。他的能指拜物教理论指出了符号形式的一般化与复杂化扩展到从文化到环境的所有方面,从而导致符号价值的霸权,商品被生产、分布且仅仅是为它们显著的社会意义消费,这已经超越了景观拜物教的内涵,由此,他将德波思想进

---

① *For a Critique of the Political Economy of the Sign*, p. 212.
② 劳拉·穆尔维:《恋物与好奇》,钟仁译,上海:上海人民出版社,2007,第22页。
③ 张一兵:《回到马克思》,南京:江苏人民出版社,2005,第601—679页。

一步彻底化。

虽然鲍德里亚试图做内在批判,想找到能指拜物教的解放途径。但他终究看不到资本统治下物质生产的真实历史,他仰赖主体革命而提出的"否定性的反应",把这个等同于对革命的激进要求,仍不能逃脱主体意识革命的命运,就像德波等情景主义者主张"是其所是"的异轨解放道路一样。事实上,他自己也说30岁时是境遇主义者。这是由于他受到通过戈德曼介绍的卢卡奇的西方马克思主义理论的影响,归根是反抗异化的解放途径。"他的错误在于,将一个在社会中居**主导地位**的力量视为社会存在本体论的**基础**,进而否定了社会存在的唯一真实的现实基础——物质生产。"①这样,离开真实的历史的物质生产,他的能指拜物教的解放途径终究只是一种无力的空想,不可能实现真正的解放。

(原载于《常熟理工学院学报》2008年第7期)

---

① 张一兵:《文本的深度耕犁——后马克思思潮哲学文本解读》第二卷,北京:中国人民大学出版社,2008,第269页。

马克思的拜物教概念辨析

近来关于物化、物象化以及异化概念的讨论成为深化和丰富对马克思历史唯物主义理解的关键范畴。与此相联系,马克思的拜物教概念也引起了更多的关注。这里试图对马克思的拜物教概念做些辨析。虽然概念史不等于理论史,但有助于我们准确理解马克思使用这个概念的内涵,以及如何建构起拜物教批判的理论。

一、文本中的拜物教概念使用情况

马克思文本中下定义的地方并不多见,然而,马克思在《资本论》第一卷第二版中却正式地下定义来说明人与人的社会关系颠倒地表现为物与物的关系:"因此,要找一个比喻,我们就得逃到宗教世界的幻境中去。在那里,人脑的产物表现为赋有生命的、彼此发生关系并同人发生关系的独立存在的东西。在商品世界里,人手的产物也是这样。我把这叫做拜物教。"①

拜物教这个词有很长的使用历史。根据托马斯·马克斯豪森的考证来看:"'拜物教'或'物神'这个词的词源是拉丁语或葡萄牙语或法语。……人造的,假冒的,或是'被强化的东西','被施了魔法的东西'。"②而鲍德里亚对拜物教的词源学的考察认为:"'物恋'(fetish)这一术语经历了一

---

① 《马克思恩格斯全集》第23卷,北京:人民出版社,1972,第89页。
② Th. 马克斯豪森:《马克思对"拜物教"概念的发展》,载于《马克思恩格斯研究》,1992(10),第217页。

些语意的歪曲。……在这其中,很显然的一点在于拜物教包含着一种'伪造的'、人为的设定等内涵。"①不难看出,拜物教的原初含义是指人造的,假冒的,人为设定的意思;另一方面就是被蛊惑的、施了魔法的东西。

而德·布鲁斯把这个词变成了宗教学的术语。他认为,拜物教作为对神圣的物拥有力量的一种信仰,是一切宗教的"原始形式"。鲍德里亚也认同布鲁斯的观点。而马克思及同时代的人是在布鲁斯的基础上使用这个概念的。虽然并不正确,现代研究认为拜物教不是宗教的发展阶段,也不是宗教的一定形式,不过是一种神秘的力量的具体化。马克思限于当时的知识,把"拜物教"理解为宗教的原始形式。

应该说,马克思定义的拜物教保留了这个语词的原初含义,不过他是在与宗教拜物教相比喻的意义上谈论,赋予了这个概念以新的含义。在马克斯豪森看来,马克思在1867年通过下定义使用这个概念,因为比"物化"具有更多的语义内涵,即可以把握和表现多方面和多层次的主客观颠倒现象。使用"拜物教"概念符合思维经济学的原则,即以必要的最少的语言工具记录下最多的认识。另外,这种有利于口头流传的形式能有效地实现交流的目的,适用于当时存在着基督教的世俗生活,以更好地在无产阶级中传播其思想。他还提出:"马克思从1844年的《经济哲学手稿》至1857年的《大纲》,据我所知,没有使用过'拜物教'这个概念,它至少在理论性的正文中没有出现过。"②其实包括巴里巴尔、乔治·拉伦以及巴加图利亚等都指认过这一文本事实。

在1842年马克思开始使用拜物教概念时是受到费尔巴哈使用这个概念的影响。类比政治领域的颠倒,批评当时议会代表把莱茵省看成了代议制的目的,是一种主客颠倒。后来在《莱茵报》驳斥私有者惩罚捡树枝的穷人暴露出来的自私,其中说到"人们的拜物教就是动物崇拜",其

---

① Jean Baudrillard, *For a Critique of the Political Economy of the Sign*. St. Louis: Telos Press, 1981, p. 91.

② Th. 马克斯豪森:《马克思对"拜物教"概念的发展》,载于《马克思恩格斯研究》,1992年第10期,第222页。

大意是私有财产成了人类的敌人,是一种颠倒。

在《1844年政治经济学手稿》中,马克思在经济学理论中基于异化劳动理论批评崇拜金属货币的拜物教徒还不是完全的货币民族。除了货币主义者,他还提到重商主义者也陷入了拜物教。不过,由于意识到属人的劳动、活动不可能成为拜物教对象,在说明经济的颠倒问题时使用了异化概念。这反映了那时马克思还不能认清资本主义生产的拜物教性质,因为他的经济学研究甚至还没有站到古典经济学研究的最高阶段。

后来经过50年代伦敦时期的经济学研究,马克思从前科学阶段进展到科学阶段。在《1857-1858年经济学手稿》中虽然没有使用拜物教概念,已经说明了社会生产中的物化和物象化,系统分析了商品、货币颠倒反映人之间的关系的现象,初步确立了拜物教的科学理论。关于这些深刻的表述在后来《资本论》中下定义时只做了一点不大的修改。而《1861-1863年经济学手稿》超越《1857-1858年经济学手稿》的地方,确立了广义剩余价值理论、再生产和危机理论以及相对剩余价值的理论,已经从资本运作的现实形态中更科学完美地揭示了拜物教问题,尤其是补充了对资本主义地租的充分拜物教性质的研究。马克思关于拜物教的理论已完全确立并更趋完善。而《资本论》中对拜物教下定义的表述,按照马克思的意思,已经是叙述的形式需要了。

从这些文本看,马克思使用的拜物教几经语义转换,但保留了说明错认、颠倒以及这个概念原初的某些含义。马克思还使用过拜物教徒概念,不过,他很少一般性的把所有经济学家称为拜物教徒,因为他们陷入拜物教的具体所指存在差异。比如马克思把《评政治经济学上若干用语的争论》的作者称为拜物教徒,因为他从经验生活出发把价值看作物的自然属性。在《1861-1863年经济学手稿》中多次说贝利是拜物教徒,因为把价值看成物和物之间的关系,而实际上价值只不过是人和人之间的关系、社会关系在物上的表现。马克思在分析资本时把它划分为流动资本和固定资本,在那里他指责李嘉图陷入了拜物教。马克思还评价,"霍吉斯金对资本家为工人'积累'生活资料的见解的驳斥。霍吉斯金不了解资本拜物教化的真正原因"。① 马克思曾肯定琼斯接近了正确的认识,但还是在资本本质的理解上为拜物教束缚,把资本当成了积累的储备。从这些不完全的例证可以看出,马克思对资产阶级思想家是拜物教徒的指认,是根据这些思想家思想认识的一定阶段来确认的,同时概念也随着历史条件的改变而内涵所指也发生了改变。

二、商品、货币递升到资本的拜物教性质分析

拜物教是资本主义商品生产特有的现象。不同于马克思学坚持认为异化在马克思主义中的中心地位,有理论派别坚持拜物教在马克思主义中具有中心地位。我认为马克思的拜物教批判是其社会批判理论的制高点。并且,有必要指出:马克思论证的商品、货币的拜物教性质与资本的拜物教性质有质的不同。

在资本主义生产方式下,在商品交换中,人与人之间的关系颠倒地表现为物与物之间的关系,"商品世界的这种拜物教性质,象以上分析已经表明的,是来源于生产商品的劳动所特有的社会性质。"②广松涉用物象化解读马克思的商品拜物教,他所谓物象化就是人与人之间的主体际关系被错误地理解为物的性质以及物与物之间的关系。

为了深入说明马克思关于商品拜物教性质的认知,不少国内外学者研究了物化、物象化③概念在马克思思想发展的历程,以说明马克思前后

---

① 《马克思恩格斯全集》第26卷下,北京:人民出版社,1974,第319页。
② 《马克思恩格斯全集》第23卷,北京,人民出版社,1972,第89页。
③ 广松涉、平子友长等国外学者以及国内很多学者都非常关注这个范畴,甚至是作为理解马克思思想发展的关键。关于Versachlichung,张一兵等学者主张译为事情化,韩立新等学者主张译为物象化,刘森林则主张不同语境下译为物象化和事化。我认为,Versachlichung 和 Verdinglichung 的区别应该更多关注其内蕴的所有权涵义,前者中的 Sache 和后者中的 Dinge 不同:一个指的是具有产权意义上的物,后者只一般意义上的物。(但是黑格尔在《精神现象学》的导言中也曾说到 Sache selbst,事情本身,而这个事情本身指的是绝对、真理等。可见,Sache 在黑格尔哲学中也不完全等同于财产。)

思想的差异以及与其他范畴的关联。物象不同于作为感官直观的物,而是人与人的关系之物,这在马克思的《1857－1858年经济学手稿》中才明确出现,这对商品的拜物教性质的揭示有重要的意义。马克思说明商品拜物教性质的产生在于生产者的社会关系,"不是表现为人们在自己劳动中的直接的社会关系,而是表现为人们之间的物的关系和物之间的社会关系"。①

商品的拜物教性质反映了一种特定的社会形式和社会关系,这是一种特定的错乱颠倒,也是一种历史的暂时的状态。关系有一般与特殊之分。商品处于关系之中,商品具有二重性,使用价值是人与物的关系,而价值是人与人的关系。

而货币的拜物教性质更加耀眼了。货币本质上是商品,但是货币使使用价值成为形式,而价值就是交换价值。货币是关系的代表和凝结,货币＝关系。比如一个商品杯子,卖钱是形式,能用来喝水则是内容。而作为货币的黄金,它用于做首饰是形式,并且这个形式越来越弱化,而其作为价值用于交换才是内容。显然,价值形式则是关系凝结为物,凝结为东西。关系本身凝结为物!

平子友长在讨论商品、货币拜物教之前论及物象化和物化,"当物象化将人的联系规定颠倒为事物的关系规定时,物化也将关系规定进一步颠倒为物的特征规定。"②在他看来,物化比物象化更进一步,形式规定进一步颠倒为特征规定。货币作为价值形式的拜物教性质就比商品进一步加强了。

而资本作为商品与货币的循环,是为卖而买。货币通过商品变为更多的货币,也就是资本总公式,$G-W-G'$,循环是从货币一极出发,最后

---

① 《马克思恩格斯全集》44卷,第90页。
② 平子友长:《"物象化"与"物化"同黑格尔辩证法的联系》,载于《马克思主义与现实》,2012年第4期,第73页。

又返回同一极,表现为货币的循环和增值。马克思明确指出:"资本不是物,而是一定的、社会的、属于一定历史社会形态的生产关系,它体现在一个物上,并赋予这个物以特有的社会性质。"①马克思资本作为关系的死亡,又表现为物。对于生息资本来说,不需要生产过程流通过程做中介,资本自身就可以增值创造。"在生息资本上,这个自动的物神,自行增殖的价值,创造货币的货币,达到了完善的程度,并且在这个形式上再也看不到它的起源的任何痕迹了。社会关系最终成为物(货币、商品)同它自身的关系。"②社会关系成为物同自身的关系。从商品的使用价值到货币的自行增值,这是关系的平方、颠倒的平方,而资本更是进一步完成!货币是成熟,资本意味着死亡,最终完成。"创造价值,提供利息,成了货币的属性,就像梨树的属性是结梨一样。"③生息资本成为主体具有固有的生息属性。"像生长表现为树木固有的属性一样,生出货币(利息)似乎是资本在这种货币资本形式上固有的属性。"④资本增值成为像梨树结梨一样的自然物的自然属性,资本的拜物教性质进一步加强了!鲍德里亚揭示了今天社会中的使用价值的拜物教,抛开他对拜物教概念的理解迥异于马克思,的确揭示了今天资本的物化不断完成的状况。

马克思揭示了资本的社会关系的本质,并进一步明确了资本是一种社会权力,可以无偿占有剩余价值。"用一句话来概括,就是,'商品生产的所有权规律转化为资本主义的占有规律'。"⑤而资本的占有关系不同于商品和货币的劳动所有权关系。商品的拜物教性质反映的是个体与类,个人与社会的关系颠倒。而资本的拜物教性质反映的是一种占有关系,从财产形式来看,资本是无偿占有剩余价值的经济形式。"从资本方

---

① 《马克思恩格斯全集》第25卷,北京:人民出版社,1974,第920页。
② 《马克思恩格斯全集》第26卷下,北京:人民出版社,1974,第503页。
③ 《马克思恩格斯全集》第25卷,人民出版社1974年版,第441页。
④ 《马克思恩格斯全集》第25卷,人民出版社1974年版,第443页。
⑤ 姚顺良:《〈资本论〉与"自我所有权"》,载于《学习与探索》,第11-12页。

面来说,则表现为对他人劳动的占有,——就这一点来说,这种错乱和颠倒是真实的,而不单是想象的,不单是存在于工人和资本家的观念中的。"①资本是人与另外的人的关系,是两个集团的关系,两个群体之间的剥削。

三、拜物教的观念形态

学者围绕拜物教究竟是一种社会存在还是一种社会意识以及二者兼有之有过争论。不过,这种争论很大程度上是对于社会存在和社会意识的误读。在考虑什么是社会存在时,不少学者把它等同于社会存在的条件,类似于海德格尔批评过的把存在和在者混淆了。马克思说的是:"不是人们的意识决定人们的存在,相反,是人们的社会存在决定人们的意识。"②这里他用了复数的人们作为主体。马克思把人们的社会存在当作人们的生活,当做一个总体概念来把握③。正如马克思所说过的:人们的存在就是他们的现实生活过程。人们的社会存在,即人们在社会关系之中展开的现实生活过程,这个生活过程不完全等同于人们生活的构成条件。事实上,当我们把社会存在理解为社会生活时,很难把社会意识从其中撤开。

广松涉区分了对于学理审查者(面向我们 für uns)以及直接当事人(面向他们 für es)。对于现实生活过程中的这些当事人,就是广松涉所谓常人(das Man)也就是劳动者,正如马克思所说:他们在交换中使他们的各种产品作为价值彼此相等,也就使他们的各种劳动作为人类劳动而彼此相等。"他们没有意识到这一点,但是他们这样做了。"④

---

① 《马克思恩格斯全集》第46卷下,北京:人民出版社,1980,第360-361页。
② 《马克思恩格斯全集》第31卷,北京:人民出版社,1998,第412页。
③ 舒远招:《评对马克思社会存在概念的多重误读》,载于《求索》,第85-87页。
④ 《马克思恩格斯全集》第23卷,北京:人民出版社,1972,第95页。齐泽克研究了商品拜物教与意识形态幻象,在他看来,不同于商品拜物教,今天人们明明知道,却故意为之。即误认建构现实的幻觉。

当事人在现实的生活过程中,在人们的交往活动中拜物教的客观存在无时不表现出来。生活中的拜物教现象对于当事人来说首先是向人的意识显现,然后才会有在此认识下的行动。

"物象化的误认对于马克思的学知来说,在面向我们(für uns)方面始终是倒错。但是,直接的当事人对于原本就是没有超出系统内视角的人们,即现体制下绝大多数的人来说,那看上去才是现实—真实。"①他试图站在学识审查者角度,从关系的基始性出发,揭示现代性条件下资本主义社会价值、资本等被物象化,他反复强调客观的现象不能单纯归于意识的错认。

人们从日常经验生活出发,人们的这种社会存在会反映到他们的意识中,这就会形成拜物教的观念。当然,在马克思那里,还没有详细论及到意识的复杂形式和成因,比如无意识,比如人们想象以及筹划的意识。马克思多次使用过拜物教观念。"在这里,资本的拜物教形态和资本拜物教的观念已经完成。""在生息资本的形式上,资本拜物教的观念完成了。"②拜物教的观念形态,是"现实关系和活动、他们的生产、他们的交往、他们的社会政治组织的有意识的表现"③。马克思还提到:"资本主义生产方式所特有的和从资本主义生产方式的本质中产生出来的拜物教观念:这种观念把经济的形式规定性,如商品,生产劳动等等,看成是这些形式规定性或范畴的物质承担者本身所固有的属性。"④

在这个意义上,拜物教既是人们的社会存在,也是人们的社会意识。而只有学理的审查者,才能透过现象发现其后的本质。马克思的拜物教理论就是对这种客观现实的批判反思,一种现象学解蔽。当然,上文提到

---

① 广松涉:《物象化论的构图》,彭曦、庄倩译,南京:南京大学出版社,2002,第131页。
② 《马克思恩格斯全集》第25卷,北京:人民出版社,1974,第442页。
③ 《马克思恩格斯全集》第3卷,北京:人民出版社,1965,第29页。
④ 《马克思恩格斯全集》第49卷,北京:人民出版社,1982,第108页。

的拜物教徒,其实是作为学理审查者的资产经济学家由于受其立场及其非历史经验主义的方法限制,也会产生拜物教的观念。

如何终结拜物教的现实进而消除拜物教观念呢?仅仅揭示出拜物教是误认是不够的,并不能因此就可以终结拜物教观念的存在。现实中拜物教是一种可以发挥力量的实际存在,单单凭借思想或者意识过程是不能消除这种颠倒的。

拜物教观念作为一种意识现象,正如马克思早在《德意志意识形态》中在讨论历史的四重规定时,谈到伴随着物质生产的"倒霉的意识",就指明了意识是受实践与客观生活所决定,拜物教观念的消除又必然在现实的物质实践过程去寻找。拜物教观念不是玄想,而是这种客观现实的直接反映,是一种经验思维对这种神秘主义的现象的直接反映。因此,拜物教观念的消除,关键在于人们的拜物教生活的终结,只有消除了拜物教产生的资本主义社会生产关系才能根本消除拜物教观念。正如马克思在谈到发现了价值论的秘密以后,"因此,价值量由劳动时间决定是一个隐藏在商品相对价值的表面运动后面的秘密。这个秘密的发现,消除了劳动产品的价值量纯粹是偶然决定的这种假象,但是决没有消除这种决定所采取的物的形式"。① 不同于卢卡奇从发掘无产阶级阶级意识的形成来扬弃拜物教观念,马克思强调现实生活中工人遭受的不断加重的奴役、资本的固有矛盾,"实践迫使他反对所有这种关系,从而反对与这种关系相适应的观念、概念和思维方式"。②

(原载于《马克思主义与现实》2014 年第 2 期)

---

① 《马克思恩格斯全集》第 23 卷,北京,2014 年 3 月 26 日:人民出版社,1972,第 92 页。
② 《马克思恩格斯全集》第 32 卷,北京:人民出版社,1998,第 412 页。

黄志军

黄志军，1983年12月生于湖南郴州，中国人民大学哲学博士，首都师范大学讲师。主要从事哲学基础理论、辩证法和历史唯物主义研究。主持国家社会科学基金青年项目"马克思辩证法的实践本质研究"，在《哲学研究》《哲学动态》等期刊上发表数十篇论文和学术书评，多篇被《新华文摘》、《中国社会科学文摘》等期刊转载，出版专著《辩证法的实践哲学阐释》，创办《马克思主义哲学评论》集刊，担任执行主编。

论马克思对黑格尔市民社会辩证法的批判

黑格尔的市民社会辩证法是他整个辩证法体系中最"唯物主义"的部分,无论是其深刻性还是其局限性,对于马克思辩证法的形成都有着非常重要的作用。然而,在以往考察黑格尔和马克思辩证法的关系时,这一点是被我们有意无意地忽视或遮蔽了的。即使我们把马克思辩证法理解为实践辩证法,似乎也多是在实践或劳动的积极意义上来理解它,而没有充分注意到马克思在批判黑格尔市民社会辩证法时,对劳动的消极方面进行的深刻批判以及这种批判在形成马克思辩证法的革命性本质的重要意义。本文试图根据文本来纠正这种偏颇,力求引起辩证法研究者们的注意和批评。

一、为什么马克思说黑格尔没有看到劳动的消极方面?

在《1844年经济学哲学手稿》笔记本Ⅲ"对黑格尔的辩证法和整个哲学的批判"一节中,马克思指出黑格尔把辩证法视为一种推动原则和创造原则的否定性,"把人的自我产生看作一个过程,把对象化看作非对象化,看作外化和这种外化的扬弃;可见,他抓住了劳动的本质,把对象性的人、现实的因而是真正的人理解为他自己的劳动结果"。[①] 在这里,马克思充分肯定了黑格尔对辩证法的改造,这种改造的完成是由于黑格尔真切地领会了劳动的本质,把现实的人理解为自己的劳动结果。与此同时,马克思也注意到了黑格尔辩证法的另一个独特之处,即所谓的对象化与

---

① 马克思:《1844年经济学哲学手稿》,北京:人民出版社,2006,第101页。

非对象化、外化与外化的扬弃是同一个过程,这个过程便是以劳动为中介的人的自我产生过程。马克思正是在这里第一次意识到了黑格尔辩证法的经济学底蕴,即他意识到黑格尔是借助于"劳动"这个中介,才使辩证法的推动原则和创造原则在现代社会中获得重生。正如卢卡奇所言:"马克思在这里指出黑格尔哲学(其实就是指的辩证法,笔者注)是与英国古典经济学多么类似的一种思想运动"①,"而且黑格尔是唯一理解这个运动的辩证性质并从而发展出普遍的辩证法的人。"②这或许正是马克思特别肯定这种否定性辩证法的关键原因。于此,卢卡奇所谓的黑格尔从中发展出普遍辩证法的"这个运动的辩证性质",一方面固然它是一种思想运动,另一方面其实也是指古典经济学在思维中所把握到的市民社会活动。因而这种特殊的辩证性质也即是黑格尔意义上的"市民社会的辩证法"。③

然而马克思突然话锋一转,说"黑格尔站在国民经济学家的立场上。他把劳动看作人的本质,看作人的自我确证的本质;他只看到劳动的积极方面,没有看到它的消极的方面。劳动是人在外化范围之内的或者作为外化的人的自为的生成。黑格尔惟一知道并承认的劳动是抽象的精神的劳动"。④ 显然,马克思是在批判黑格尔的局限性和片面性,即他没有看到劳动的消极方面,而只看到它的积极方面。在这里,我们也不禁要追问马克思为什么说黑格尔没有看到劳动的消极方面?劳动的消极方面对黑格尔的市民社会辩证法具有何种破坏作用?马克思在劳动的消极方面的视野中又是如何重新认识市民社会辩证法的?

---

① 卢卡奇:《青年黑格尔》(选译),王玖兴译,北京:商务印书馆,1963,第 24 页。
② 同上书,第 25 页。
③ 黑格尔在《法哲学原理》的第 246 节谈到"市民社会的这种辩证法",就是根据市民社会的原则,即在利己主义的原则和需要与需要的满足对等的原则下,无论是通过占有过剩财富,还是增加生产,都不能防止过分贫困和贱民的产生,即市民社会活动的悖论。关于黑格尔的市民社会辩证法概念,我们将在后文中加以阐释。
④ 马克思:《1844 年经济学哲学手稿》,北京:人民出版社,2006,第 101 页。

先来看第一个问题,马克思说黑格尔没有看到劳动的消极方面,他的这种指认是否确切?应如何理解?这在学界是有不同看法的。研究黑格尔哲学的著名学者张世英先生最先敏锐地注意到了这个问题。他认为,黑格尔在其他著作中已经关注到了劳动的消极方面,比如在《法哲学原理》中,他虽然没有明朗地说到劳动分工的消极方面,但却明确指出生产的抽象化使劳动越来越机械化,到了最后人就可以走开,而让机器来代替他。还比如在格里斯海姆1824—1825年的听课笔记中,在《耶拿现实哲学》中,黑格尔更为明确地指出了劳动者在劳动过程中的异化状态。因而在张先生看来,马克思认为黑格尔没有看到劳动的消极方面,"显然是因为他当时未能看到黑格尔的这些资料的缘故"。① 对此,邓晓芒先生是有不同意见的。在他看来,先不说张先生的论据是否充分,"即使马克思没有见到上述资料,他总熟悉席勒、康德以至于卢梭关于劳动分工导致人的异化学说,是否他就以为黑格尔在这个问题上连这些先驱都不如呢?显然不是"。② 在邓晓芒先生看来,马克思批评黑格尔没有看到劳动的消极方面,"应是指黑格尔把这些消极方面归根结底看作具有积极意义的,因为他们最终成全了资产阶级市民社会、普鲁士国家和黑格尔哲学,因而其消极性已被精神、意识所扬弃、所抵消。马克思虽然也看到劳动异化的历史进步作用,却认为它和它所成全的市民社会、警察国家以及黑格尔哲学归根结底都应当扬弃,因此最终应看作劳动的消极方面,还有待于在现实中加以克服。对这同一个事实,带着有色镜来看与从彻底扬弃异化的立场来看是完全不同的"。③ 事实上,在黑格尔的市民社会辩证法中,或者说在他的精神辩证法中,劳动的积极方面是应该被剥离从而能够被意识收回到自身当中去的,它被司法、警察和同业公会所融合、所保护,而劳动

---

① 张世英:《论黑格尔的精神哲学》,上海:上海人民出版社,1986,第152页。
② 邓晓芒:《思辨的张力——黑格尔辩证法新探》,长沙:湖南教育出版社,1998,第212页。
③ 同上注。

的消极方面在这个过程中则可以被轻而易举地抵消。但是,在马克思看来,劳动的消极方面无法这样被抵消掉,从而被丢弃在精神辩证法的废弃物中,因为劳动的消极方面与人本身的真正生命活动相关,它涉及现实的人的本真存在,而这是不能被随意处理的。

  我们认为,邓晓芒教授无疑洞见了马克思和黑格尔之间的深层分歧和深刻差异。黑格尔确实是看到了劳动的消极方面,但是由于其保守的立场,他没有意识到或不理解这个消极方面在市民社会辩证法中的深刻意义,没有把劳动的消极方面视为市民社会发展的深层问题所在。也可以这么说,尽管黑格尔也看到了劳动者在劳动中的机械化、呆滞化等现象的方面,但却未对之进行深入的思考,他唯一知道并承认的是精神设定的抽象的劳动,现实的造成人的异化的异化劳动始终是在他的视野之外的。也正是在这个意义上,对劳动消极方面的理解和重视成为马克思批判黑格尔市民社会辩证法的切入点。

二、劳动的消极方面是黑格尔市民社会辩证法的断裂点

  黑格尔对市民社会辩证法的成熟表述主要集中在《法哲学原理》中。在《黑格尔法哲学批判》中,马克思逐条对《法哲学原理》的"国家章"进行了批判,提出了"市民社会决定国家"的著名论断。事实上,马克思在这部专门批判黑格尔法哲学的著作中,并没有详细考察"市民社会"本身。而在《1844年经济学哲学手稿》中,"马克思在问题意识上是想批判黑格尔的市民社会理论,然而批判方法却不是逐条对《法哲学》第3部分第2章'市民社会'进行解说批判,分析工具和其固有材料都是英国国民经济的学问和状况"。① 这样来看,马克思并未放弃对市民社会概念的批判,但也并未专门开辟空间来实现这一批判。对照《法哲学原理》中黑格尔

---

① 望月清司:《马克思历史理论的研究》,韩立新译,北京:北京师范大学出版社,2009,第12页。

对市民社会辩证法的论证,我们发现马克思在《1844年经济学哲学手稿》中对"私有财产与劳动"、"私有财产与需要"、"分工"、"货币"等市民社会或国民经济学的基本要素进行了批判研究。从这个角度来说,将黑格尔"需要的体系"一节联系起来①阅读马克思的这部分内容,才更会理解其深刻之处。

市民社会辩证法是黑格尔逻辑体系的一部分。其中,市民社会是对"家庭"的否定,也是跃向"国家"的中介环节。在他的设定中,市民社会包含"需要的体系"、"司法"、"警察和同业公会"等三个环节:"第一、通过个人的劳动以及通过其他一切人的劳动与需要的满足,使需要得到中介,个人得到满足——即需要的体系;第二、包含在上列体系中的自由这一普遍物的现实性——即通过司法对所有权的保护;第三、通过警察和同业公会,来预防遗留在上列两体系中的偶然性,并把特殊利益作为共同利益予以关怀。"②从黑格尔的逻辑进展来看,市民社会辩证法的否定之否定链条即是:需要的体系——司法——警察和同业公会。"需要的体系"作为肯定的一方,是市民社会的逻辑出发点,也是其现实基础。而在"需要的体系"中,"需要——劳动——享受或需要的满足"则是构成了市民社会辩证法的逻辑底蕴。可以看出,劳动作为需要与享受的中介,在黑格尔那里扮演着相对不重要的角色。一方面,劳动的目的是要满足个人的需要,这是劳动作为手段的天然使命;因而另一方面,劳动本身并没有得到黑格尔的真切关注,因为它在其理论设定中是要被享受扬弃的。在需要与享受的辩证法中,劳动或劳动的消极方面显然是黑格尔的一个破绽,而它也正是黑格尔市民社会辩证法的断裂点。

---

① 如果要把这《1844年经济学哲学手稿》相关部分和《法哲学原理》的"需要的体系"一节做一个对照阅读的话,那么"私有财产与需要"及紧接着的"增补"部分该对应于"需要及其满足的方式","分工"部分对应于"劳动的方式",而"私有财产与劳动"则对应于"财富"。

② 黑格尔:《法哲学原理》,范扬等译,北京:商务印书馆,2009,第203页。

在市民社会的辩证法中,黑格尔将劳动和需要的满足指认为一对相互依赖和相互关系的活动,他说:"主观的利己心转化为对其他一切人的需要得到满足是有帮助的东西,即通过普遍物而转化为特殊物的中介。这是一种辩证运动。其结果,每个人都在为自己取得、生产和享受的同时,也正为了其他一切人的享受而生产和取得。"①在马克思看来,黑格尔的这种"劳动—享受"的逻辑是建立在等价交换基础上的,是一种理想化或者说是一种抽去现实的残酷剥削的精神建构,当一方不劳动而享受着他人的劳动成果时,或者说当一方劳动而不能享受其成果时,这种辩证运动就只能是一种想象。这也就是马克思在《1844年经济学哲学手稿》第 I 手稿中所论述的异化劳动,他从当时国民经济的事实出发指出:"工人生产的财富越多,他的产品的力量和数量越大,他就越贫穷。工人创造的商品越多,他就越变成廉价的商品。物的世界的增值同人的世界的贬值成正比。"②当然,无论是工人与劳动产品的异化,还是工人在劳动过程中的异化以及人的类本质的异化,或者是人与人之间的异化,事实上马克思所反驳的正是黑格尔这种"劳动—享受"的市民社会辩证法,即在现实的经济活动中,劳动者在劳动中得到的并不是享受,而是处于一种全面异化的状态。换句话说,在黑格尔那里,劳动者在市民社会的辩证法中既是劳动的手段,又是享受的主体,而在马克思的批判中,劳动者仅仅是劳动手段。无疑,这是黑格尔市民社会辩证逻辑的断裂点,同时也是马克思攻击的最为猛烈之处。

对于黑格尔的市民社会辩证法而言,劳动是市民成为这个社会成员的中介,人们通过劳动这个中介得以相互承认。这种相互承认需要在分工和等级的界面得以实现。正如黑格尔所言:"个人只有成为定在,成为特定的特殊性,从而把自己完全限制于需要的某一特殊领域,才能达到他

---

① 黑格尔:《法哲学原理》,范扬等译,北京:商务印书馆,2009,第210页。
② 马克思:《1844年经济学哲学手稿》,北京:人民出版社,2006,第51页。

的现实性。所以在这种等级制度中,伦理性的情绪就是正直和等级荣誉,这就是说,处于自己的决定并通过本身的活动、勤劳和技能,使自己成为市民社会中某一个环节的成员,使自己保持这一成员的地位,并且只是通过普遍物的中介来照料自己的生活,以及通过同样的办法使他的意见和别人的意见都得到承认。"①在这段话中,黑格尔事实上阐述了两个层面的意思:一是个人只有介入劳动的分工当中,即把自己限制于需要的某一特殊领域,才能具备市民社会成员的资格。也即是说,处于分工中的个人才是市民社会的定在;二是黑格尔以正直、等级荣誉来遮蔽处于不同分工中的劳动者的现实状况,使劳动阶级即靠本身活动、勤劳和技能维持生存的劳动者阶级成员获得一种廉价的相互承认。对此,马克思肯定黑格尔在国民经济学的立场上对劳动分工和社会等级的积极认识,但是不满于黑格尔把这种认识当成是一种既定的必然性,以至于他要用司法、警察和同业公会来维持这种基于分工的等级划分。司法保护了私人占有,但是它也将人们局限于某一特定领域;警察和同业公会确保了等级内部的稳定性,但是也阻碍了等级之间的流动性。马克思批判道:"'市民',即具有同普遍东西对立的特殊利益的人,市民社会的成员,被看作'固定不变的个人'……"②这种个人的固定性显然来源于黑格尔对分工的过分理解,即他没有充分理解分工所导致的劳动异化结果。基于此,马克思在《1844年经济学哲学手稿》、《德意志意识形态》,以至在后来的《资本论》中都深刻地批判了现代分工对人类解放的限制性。此外,马克思批判了市民等级的确定性,他在《黑格尔法哲学批判》导言中便提出了无产阶级话语,尽管他当时对无产阶级的内容并无实质性的阐释,但是至少表明他看到了黑格尔市民等级中的不确定因素,即无产阶级。这种导致未来社会变革的不确定性等级既来源于对私人占有的重新认识和更高级的承

---

① 黑格尔:《法哲学原理》,范扬等译,北京:商务印书馆,2009,第216页。
② 《马克思恩格斯全集》第3卷,北京:人民出版社,2002,第54页。

认,更来源对劳动及其劳动者自身的重新认识。在这个意义上,卢卡奇后来写作《历史与阶级意识——马克思主义辩证法研究》完全可以被看作是他那个时代最为"马克思"的作品了,他无疑是真正理解了马克思辩证法的实践特质,在劳动、阶级意识与历史辩证法之间建构了一种理论与时代交相辉映的联系。

劳动的消极方面使得黑格尔完美的市民社会辩证法逐渐暴露出它的时代局限性和逻辑断裂性。马克思的这一敏锐发现,在为他批判黑格尔提供新视角的同时,也为他自身重新认识市民社会辩证法找到了思想坐标。

三、马克思对市民社会辩证法的重新认识

《巴黎手稿》的细心读者会发现,"市民社会"一词在那里几乎绝迹。我们知道,"市民社会"概念曾经引起马克思的极大兴趣,那么它的突然消失意味着什么? 在望月清司看来,这并不意味着马克思已经放弃了"市民社会"概念,而是正相反,"它表明了马克思那一不寻常的决心:要从一个对自己而言全新的角度,即'国民经济学'——英国政治经济学——来重新获得自己早已在批判黑格尔时习惯的那一'市民社会'概念。"换句话说,马克思已经准备"放弃沾有黑格尔体臭的'市民社会'(die bürgerliche Gesellschaft),彻底解读英国经济学所表象的'市民社会'(civil society)"。[①] 然而,马克思的这个理论转向过程并没有想象的那样洒脱,他没有依靠这样的"转向"来掩盖市民社会问题的复杂性。在之后的思考和论著中,马克思仍然不断返回到黑格尔的地基上来审视"市民社会"概念。换句话说,他必须要对黑格尔的市民社会概念进行彻底的批

---

① 望月清司:《马克思历史理论的研究》,韩立新译,北京:北京师范大学出版社,2009,第37页。

判,才能彻底"远离"黑格尔的"体臭",才能完成改造黑格尔"唯物主义"辩证法这一任务。

在黑格尔的市民社会辩证法中,"需要的体系"作为个别性的主观意志主要有两个本质规定,一个是所有权问题,另一个是福利问题。一方面,黑格尔通过"司法"这个特殊性领域使个人的所有权得到普遍承认,他说:"在需要的关系中,只有法本身才是固定的东西。但是这个法只局限于一个范围,它仅与所有权保护有关。"①另一方面,福利作为需要体系的一个本质规定,它是外在于法这种东西的,因而需要被具普遍性的领域所统摄,而这就需要通过警察和同业公会来实现。黑格尔说道:"在市民社会中,正义是一件大事。"②但是,他所理解的正义和马克思所理解的正义显然是不同的,至少马克思是将正义与所有权问题联系在一起考虑的,而不是仅仅将增进个人福利作为正义的本质规定。在更为准确的意义上说,马克思是站在现代国民经济学批判的立场上来看待所有权、财富、分工、需要与享受等市民社会基本要素的。而这个所谓的现代国民经济学批判的支点便是对劳动消极方面的真切理解。

首先,市民社会"需要与享受"辩证法的重建。与斯密一样,黑格尔通过"需要—劳动—享受"的辩证法,找到了实现个体与社会或者说特殊与普遍的和解通道。但与此同时,黑格尔也认识到了需要的异常形态,他指出"需要并不是直接从具有需要的人那里产生出来的,它倒是那些企图从中获得利润的人所制造出来的。"③从后现代的消费主义视角看来,黑格尔的这个"灵光闪现"对于当时的思想界来说已经走得太远。马克思敏锐地看到了这一点,而且更为深刻地指出,在私有制的范围内,"每个人都力图创造出一种支配他人的、异己的本质力量,以便从这里面找到他自

---

① 黑格尔:《法哲学原理》,范扬等译,北京:商务印书馆,2009,第237页。
② 同上注。
③ 黑格尔:《法哲学原理》,范扬等译,北京:商务印书馆,2009,第226－207页。

己的利己需要的满足。"① 更为深刻的地方在于,马克思看到了需要的满足不再是黑格尔意义上的享受,而是一种支配他人的异己力量。从而在私有制条件下,黑格尔"需要—劳动—享受"的辩证法不再是一种肯定意义上的东西,在马克思那里它被赋予了否定意义,因为归根结底私有制不懂得把粗陋的需要变为人的需要。这种粗陋的需要与需要的殊多化和细致化相关。黑格尔认为,"社会状况趋向于需要、手段和享受的无穷尽的殊多花和细致化"。② 并且指出这种细致化的过程像自然需要和高尚需要之间的差别一样没有质的界限。然而,在马克思看来,"一方面所发生的需要和满足需要的资料的精致化,另一方面产生着需要的牲畜般的野蛮化和最彻底的、粗陋的、抽象的简单化,或者毋宁说这种精致化只是再生出相反意义上的自身"。③ 这里的意思大致是说,在私有制条件下,粗陋的需要是精致的需要自身的产物,即一部分的精致化需要的满足以另一部分人的粗陋的需要为代价。简言之,二者像挥霍和节约、奢侈和困苦、富有和贫穷一样是可以划等号的。如果说有质的区别的话,那就是精致化的需要属于富有阶层的人们,而粗陋的需要却属于贫穷阶层的人们。这是马克思对当时市民社会的基本认识。从这个意义上说,市民社会中的享受,也只能看成是对别人劳动的挥霍,是资本对他人的统治罢了。从而享受也只是服从于资本,而享受的个人则服从于资本化的个人。于此,市民社会的"需要与享受"都应基于劳动与资本的关系才能得到建构。在此视野下,马克思的"资本—需要—享受"的异化辩证法比黑格尔的"需要—劳动—享受"的理想辩证法要更为深刻地把握了那个时代的市民社会特征。

其次,对所有权的批判,积极扬弃私有财产实质上扬弃劳动消极方面

---

① 马克思:《1844 年经济学哲学手稿》,北京:人民出版社,2006,第 120 页。
② 黑格尔:《法哲学原理》,范扬等译,北京:商务印书馆,2009,第 208 页。
③ 马克思:《1844 年经济学哲学手稿》,北京:人民出版社,2006,第 121 页。

的真谛。黑格尔认为,"在市民社会中,所有权就是以契约和一定手续为根据的,这些手续使所有权具有证明能力和法律上的效力"。① 比如,我占有某物,它是在无主状态下被我占有的因而成为我的所有物,但这种占有还必须经过承认和设定才能作为我的。那么什么是黑格尔所指的"物"呢?他指认所谓物是指其一般意义上的,即一般对自由来说是外在的那些东西,甚至包括我的身体生命在内。一方面,这种将占有的对象看成是外在于人本身的东西,显然不能得到正在从事国民经济学批判的马克思的认可。在笔记本Ⅲ的"私有财产和劳动"部分,马克思指出"私有财产的主体本质,作为自为地存在着的活动、作为主体、作为个人的私有财产,就是劳动"。② 他指出正像路德扬弃了外在的宗教笃诚一样,财富或私有财产的这种外在的、无思想的对象性也将被扬弃,无论是在重农学派眼中,还是在现代工业的视域中,一切财富都是劳动的财富,这样一来财富的主体本质就已经被移入了劳动中。另一方面,黑格尔以"契约"和"手续"使所有权具有法律效力,事实上正是把私有财产当作是一种现成的"物"来看待,即把私有财产当作前提,他没有对私有财产本身加以思考。在对这个前提加以考察的情况下,即将劳动视为私有财产的本质时,所谓对物的占有其实正是对人自身劳动能力及其结果的占有,所以黑格尔的"人格权本质上就是物权"倒过来说也是正确的,即"物权本质上就是人格权"。我们得承认这一观点对马克思的影响是积极而深刻的,这也正是马克思据理力争的东西,因为在他看来,"对私有财产的积极的扬弃,作为对人的生命的占有,是对一切异化的积极的扬弃,从而是对人从宗教、家庭、国家等等向自己的人的存在即社会的存在的复归"。(马克思,第82页)如果私有财产在黑格尔"司法"的保护下成为一种永恒的存在,那么马克思的扬弃便是一种非法侵害他人所有权的行为了,是一件不正

---

① 黑格尔:《法哲学原理》,范扬等译,北京:商务印书馆,2009,第226页。
② 马克思:《1844年经济学哲学手稿》,北京:人民出版社,2006,第73页。

义的事情了。表面上看,黑格尔和马克思的分歧是由于采取不同的私有财产扬弃方式而导致的,但实质上是由他们对所有权和私有财产本质的不同理解造成的。简言之,在马克思那里,扬弃私有财产是扬弃异化劳动本身,是扬弃劳动的消极方面,是将人的生命占有还给人本身,是一种彻底的解放。

在此,我们以讨论马克思和黑格尔对劳动消极方面的不同理解为契机,获得了马克思批判黑格尔市民社会辩证法的新印象:一是黑格尔的市民社会辩证法得益于他对劳动的理解,但也蕴藏着内在的风险,即马克思认为他根本没有看到劳动的消极方面,或者说没有理解劳动的消极方面在市民社会结构及进程中的真切意义;二是对于整个黑格尔的市民社会辩证法来说,劳动的消极方面是其断裂点,其要旨在于"需要—劳动—享受"这一市民社会辩证法基础部分的撕裂,它是通过马克思对劳动消极方面的批判获得揭示的;三、事实上正是借助于这种批判,马克思在国民经济学批判的视野中重建了自己对市民社会辩证法的认识。从这个意义上说,马克思在黑格尔只是意识到了问题的地方,却发现了新的天地,顺势开启了通往共产主义的思想阀门与革命按钮。

(原载于《哲学研究》2015 年第 5 期)

盛珂

盛珂,1978年10月生于山东济南,香港科技大学哲学博士,首都师范大学副教授,研究领域为当代新儒学、宋明理学、中国哲学。主持国家社会科学基金后期资助项目"道德与存在:心学传统的存在论阐释",在《中国哲学史》《哲学动态》等国内重要期刊上发表论文近十篇。

"内在超越"的"存在论"特质与工夫论

一、内在超越、超越内在、工夫论、本体论

学者常常以"内在超越性"作为中国哲学的特色,以区别于西方特别是希腊的哲学传统。然而,不同的学者之间,对于内在超越性的理解与阐释又是各不相同的,在这一表述之下,其实容纳了各种不同的内容和理论的取向。归结起来,大致可以认为有两种不同的意涵,冯耀明教授对此的总结解说得较为清晰:

> 有关"超越内在"或"内在超越"一词在学术界中至少有两种用法:一种是用来表示"自我转化"或"自我超升"的意义,另一种是用来表示"超越主体"或"神圣实体"的特性。就前者而言,"内在超越"比"超越内在"之词性运用似乎更合乎这种用法,而此词亦不宜译作"immanent transcendence",而应译作"internal transcendence"或"self-transcending"……这即是一种经由心灵内在转化而企达自我超升的精神境界。这种用法无疑是属于灵修学的或工夫论的,可以不必涉及本体宇宙论或道德形上学的问题。与此不同的,后一种用法则涉及客观实体或形上本体的问题。因此,某些学者会经常用到"既超越又内在"一词组来描述一纵贯(而非横跨)本体界与现象界二域之同一实体。①

---

① 冯耀明:《"超越内在"的迷思——从分析哲学观点看当代新儒学》,香港:香港中文大学出版社,2003,第235页。

冯耀明教授对于内在超越的批评是否恰当暂且不论,他对于这一表述在使用中出现的两种意涵的划分还是可取的。在这个意义上,"内在超越"侧重于强调个体存在的自我提升,谈论的是工夫论层面的问题。而"超越内在"则侧重于凸显超越实体既超越又内在的特质,或者说本体与现象界"不一不异"的特质。相对于前者,我们可以说,"超越内在"是在"本体论"的层面讨论问题,讨论的是本体是否内在的问题。冯耀明教授能够接纳前一种说法,即作为工夫论的内在超越,但是却无法接受形上本体的既超越又内在。但是,对于大多数学者来说,也许并没有那么清晰地意识到这两种用法之间的区分。

我们常常可以在学者们对于"超越内在"这一表述的使用中发现,其中既有对于工夫论的讨论,也有关于本体论的讨论,关注焦点常常因为学者论述重点的不同而有不同程度的变化,并没有严格的分判。如余英时先生(1930 -)与汤一介先生(1927 -)都由"内在超越"的角度谈论中国文化的特质,两者的侧重点则有所不同。余先生是由价值根源与现存世界的关系来谈论中国文化的"内在超越"[1],如他所说:"中国的超越世界没有走上外在化、具体化、形式化的途径,因此中国没有'上帝之城'(City of God),也没有普遍性的教会(universal church)。……中国儒家相信'道之大原出于天'。这是价值的源头。'道'足以照明'人伦日用',赋予后者以意义。……那么我们怎样才能进入这个超越的价值世界呢?孟子早就说过'尽其心者知其性,知其性则知天'。这是走内在超越的路,和西方外在超越恰成一鲜明的对照。孔子的'为仁由己'已经指出了这个内在超越的方向。"[2]可见,对于余先生来说,内在超越的具体意涵指的是道德价值的根源与现存世界之间并没有绝对的距离,要实现这一价值,必须

---

[1] 参见余英时:《内在超越之路——余英时新儒学论著辑要》,北京:中国广播电视出版社,1992。

[2] 同上书,《从价值系统看中国文化的现代意义》,第12页。

由人的个体的存在来凸显,经由人的内在的"心性"来"呈现"或者"彰显"这一价值的根源。

汤一介先生则更为直接地讨论这一问题:

> 儒家哲学中的"超越性"和"内在性"指什么,当然可以有各种各样的解释,但据上引子贡的那段话看,所谓"内在性"应是指"人的本性",即人之所以为人者的内在精神,如"仁",如"神明"等等;所谓"超越性"应是指宇宙存在的根据或宇宙本体,即"存在之所以存在者",如"天道","天理","太极"等等。而儒家哲学的"超越性"和"内在性"是统一的,或者说是在不断论证着这两者是统一的,这样就形成了"内在的超越性"或"超越的内在性"的问题。"内在的超越性"或"超越的内在性"就成为儒家哲学"天人合一"的思想基础,是儒家所追求的一理想境界,也是儒家之所以为儒家的精神所在。①

对于汤先生来说,内在超越指的是"人的本性"与"存在根据"或"宇宙本体"之间的关系是"统一的",这一表述,在某种程度上与当代新儒家的表述是一致的,更多的是对于本体论的关注。牟宗三先生(1909 – 1995)在1960年代初,就已经在演讲中言及此义②。

"内在超越"一词其实包含了很含混的内容在里面,这一表述如果放置在与西方文化作为"外在超越"的对举中,也许能够在某种程度上彰显出中国文化的某些特点,然而,具体地分析这一表述,则与其说是解决了问题,毋宁说是提出了问题。如内在超越究竟何所指?是工夫论的向度还是本体论的向度?内在超越是如何可能的?当然,这些问题在传统儒家,特别是宋明儒的语境中是很容易得到解决的。然而,这里我们将会遇到一个吊诡。当我们使用"内在超越"这一表述的时候,其实是对于传统

---

① 汤一介:《论儒家哲学中的内在性与超越性》,收入氏著,《儒道释与内在超越问题》,南昌:江西人民出版社,1991,第2—3页。
② 参见牟宗三:《中国哲学的特质》,台湾:台湾学生书局,1998。

儒学或者宋明理学话语的一个"现代性"的诠释，是在传统儒学或者宋明理学的"自明"的语境已经失掉的情形下，试图用"现代的"、"哲学的"语言来对其作一表述，彰显儒学的特质。但是，当我们需要进一步解释，并且更重要的是"论证"这一表述的时候，我们又常常不得不求助于传统的儒学话语。就如汤一介先生所做的那样，以传统语言的表述，回转回来论证这一表述。因此，问题在这里并不因为宋明儒者话语的圆融而消解，反而更加成为一个问题。现在，问题便成为：内在超越的确切意涵是什么？以及它是如何可能的？

也许，这一表述背后的模糊性恰恰提示出一个问题，即内在超越的工夫论视角和本体论视角二者是相互依存的。一方面，内在的提升或者说个体精神的超升，需要有形上的前提作为其之所以可能的根据，而这一根据即是对于超越实体或形上本体的既超越又内在的肯认。或者换句话说，只有预先肯定形上实体既是超越的实体，同时又是内在于人的，即如同余英时先生所指出的，一切人间秩序与道德价值的根源是内在于人的，人的内在的提升才是可能的。另一方面，也许在这里是更值得讨论的地方在于，超越实体的内在性又只有通过内在超越的工夫论才能够得以彰显和实现。即传统儒家所谈论的本体论不同于西方传统形而上学意义上的本体论，而是只有在工夫论的视域之中才能够得到恰切的理解和实现的。因此，内在超越的问题，归根结底是超越的实体如何既是超越的又是内在的问题。而这一表述在传统中国哲学的语境中，即是牟宗三先生所提出的"天道性命通而为一"。因此，内在超越或者超越内在如何可能的问题，在笔者看来本质上是天道性命通而为一如何可能的问题。然而，这一结构恰恰是冯耀明教授所批评的一个结构。他认为，牟先生所建立的"天道性命通而为一"的理论结构本身是不能成立的，牟先生在论述超越性的时候，指的只是普遍性与超越性，因此，并不同于西方哲学中对于超越性的理解，而只能理解为康德意义上的"超验"(transcendental)。这个意义上的超越本体，按照冯先生的说法："牟先生似乎不能坚持天道、天理或太极是创造天地万物的形上存有或超越实体,而只能承认它们是有普遍性及必然性的超验概念或原理而已。……因此,牟先生所建立的'超越内在'新说,严格言之,既'不内在'也'非超越';对于传统儒学来说,似乎不是一个恰当的理解模式。"①冯耀明教授的批评表达了他对于当代新儒学求助于传统表述话语的不满,在某种程度上也为我们提出了一些警示。但是,他的这一批评忽视了我们前面提到的"超越内在"的第二个特点,即"超越实体"的内在,只有在工夫论的视域之中才能够得到理解和呈现,即对于儒家传统中的超越内在——天道性命通而为一——的现代方式的表述和论证,需要我们转换一种视角,以一种能够容纳工夫论的哲学思想进行讨论,庶几能够得到妥帖的理解。本文即是希望指出,对于天道性命相贯通的理解,需要我们转换一下作为理解世界基础的最基本的视角。西方二十世纪以来现象学的发展,为我们提供了这样一种可能性。当然这并非是指中国的传统唯有借助于西方的现象学才能够得到理解,或者不理解现象学就不能理解中国哲学,而是说,如果我们需要给儒家的思想作为一种哲学给出一个哲学上能够被接纳的理解的话,现象学的道路,因其在基础存在论视角上与中国哲学的契合,也许是一个更好的选择。其实,牟先生在一段论述中已经为我们指点出了其中的关节所在:

> 西方哲学通过"实体"(Entity)的概念来了解"人格神"(Personal God),中国则是通过"作用"(Function)的观念来了解天道。这是东西方了解超越存在的不同路径。②

这里所谓的"通过作用"来了解天道,已经为我们指出了看待世界的方式。

---

① 冯耀明:《超越内在的迷思》,第190—191页。
② 牟宗三:《中国哲学的特质》,第31页。

二、内在超越与天道性命相贯通

为了能够更清晰地讨论问题,我们先尽可能地厘清天道性命相贯通本身的义理内涵。

牟宗三先生继承宋明儒学对于先秦儒学的阐释,以"天道性命相贯通"的义理结构来理解儒家的内圣之学。在牟先生看来,相较于西方哲学,中国哲学的特质在于"特重'主体性'(Subjectivity)与'内在道德性'(Inner – morality)"。① 中国思想传统中的儒、释、道三家,都是以此为中心,由道德实践出发,以人的真实生命本身为对象,而非如西方哲学那样,关注于生命之外的自然世界。这里所谓的人的"生命",指的并不是人的自然的生命,而是由道德实践的角度来看的、道德实践视野中的生命形态。正是东西方哲学这一视角上的差异,决定了中国哲学的整个讨论都围绕着人的主体性与内在道德性而展开。儒家思想作为中国思想传统中的主流,更是聚焦在践仁成圣的道德实践之上,开创出宋明儒所谓的"心性之学"或"内圣之学"的传统。

整个宋明儒学的课题即是阐发践履此一"心性之学"或曰"内圣之学"。"盖宋明儒讲学之中点与重点唯是落在道德本心与道德创造之性能(道德实践所以可能之先天根据)上。"② 牟先生利用康德的超越推述的方式,将心性之学表述成为探求并且彰显"道德实践所以可能之先天根据",这是他借用康德哲学对于儒家哲学新的表述。在这种表述之下,"内圣之学"所指的"内在于个人自己,则自觉地作圣贤工夫(作道德实践)以发展完成其德性人格"③,就变成了在有限的生命存在之中寻找无

---

① 牟宗三:《中国哲学的特质》,第 5 页。
② 牟宗三:《心体与性体》第 1 册,台北:正中书局,2002,第 4 页。
③ 同上注。

限的存在之意义。这也许是自觉的做道德实践之更为根本的意义。这一内圣之学的哲学基础,即是牟先生所谓的"天道性命相贯通"。

对于"天道性命相贯通"的含义,牟先生曾经有这样一段话:

> 所谓心态相应,生命相应者,实即道德意识之豁醒。道德意识中函有道德主体之挺立,德性动源之开发,德性人格(德性之体现者)之极致。而周子之默契此义,则自《中庸》(后半部)与《易传》入。《中庸》《易传》者是先秦儒家继承《论语》《孟子》而来之后期之充其极之发展。所谓"充其极",是通过孔子践仁以知天,孟子尽心知性以知天,而由仁与性以通澈"于穆不已"之天命,是则天道天命与仁、性打成一片,贯通而为一,此则吾人亦名曰天道性命相贯通,故道德主体顿时即须普而为绝对之大主,非只主宰吾人之生命,实亦主宰宇宙之生命,故必涵盖乾坤,妙万物而为言,遂亦必有对于天道天命之澈悟,此若以今语言之,即由道德的主体而透至其形而上的与宇宙论的意义。①

可见,所谓的天道性命相贯通,简单说来,即是在作为绝对的存在本体的、外在于人的形而上的"天道",与作为人之生命本体的、内在于人的"性"之间,建立起本体论或者存在论上的联系。一方面,天道作为人的内在心性的超越的形而上的依据;另一方面,人的内在的心性则是天道的具体化与现实化,而二者之间用牟先生的话来说,有着"内容上的同一性"。这样一来,儒家的道德实践,就不仅仅具有内在的道德意义,而同时可以上通于作为存在本体的天,而具有了本体论与存在论的意义。人的内在道德主体也在这个意义上,"主宰宇宙之生命",成为存在的本体。

在牟先生看来,天道性命相贯通虽然在义理上都是天道与性命通而为一,但是,在宋明理学的具体叙述脉络中,却有着两套讲法。其一可以

---

① 牟宗三:《心体与性体》第1册,台北:正中书局,2002,第322页。

由作为宇宙万有之存在本体的天道讲下来,天道具于个体之中而成为个体的存在之理,在此基础之上,此个体的存在之理因为天道的超越性与客观性而具有了超越的根据,个体的道德实践行为也就具有了超越之根据。然而,因为作为具体存在之个体的人,对于天道其实无法有真实而确切的认知,天道是超越的,因此人无法通过感性经验形成对于天道之认知。所以,道体与性体在这种叙述方式中,只能如在康德系统中一样,是由现实的道德存在超越推述出的设准。而这正是牟先生所不能接受的。对于牟先生来说,更为重要的则是由《中庸》、《孟子》所开启的由人的具体存在而上通天道的讲法。在牟先生看来,道德意识、道德主体是由逆觉体证,在人的具体的存在的境遇中,在具体的道德实践行为中,通过意识的反思,才能得以呈现。所以,天道、性体唯有在心体的具体存在之中才能得到真实的体验,而这种体验,在牟先生那里,或者在儒家那里,是由孟子所讲的"不忍人之心"而呈现出来的。《孟子》曰:"所以谓人皆有不忍人之心者,今人乍见孺子将入于井,皆有怵惕恻隐之心……"(《孟子·公孙丑上》)"乍见"的当下,是意识自身的呈现,而这时的意识,是隔绝了感性经验之后的意识,因此是超越性的、先天的意识,这是道德意识之所以可能的内在根据。"此当下呈露之端倪何以知其即是本心之端倪?焉知不是私欲之端倪?曰:即由孟子所说'非要誉于乡党,非纳交于孺子之父母,非恶其声而然',而知其为本心之端倪,而知此时即为本心之发见,即,由其'不为任何别的目的而单只是心之不容已,义理之当然'之纯净性而知其为本心之端倪,为本心之发见。若无法肯认此本心,则真正之道德行为即不可能。"①这种由内在的心性而开始讲起的天道性命通而为一才是真实的、唯一可能的展现路径。所以,牟先生说:"道是一虚名。'圣人指明其体曰性,指明其用曰心'。体即体性之体,本质之意。用即自觉之用,乃形着之意。邵尧夫云:'性者道之形体,心者性之郭廓。'此是象征地言之,

---

① 牟宗三:《从陆象山到刘蕺山》,台北:台湾学生书局,1984,第127页。

实即道之步步形着也。而最后之形着、形着之最后的关键则在心。'性者道之形体'即是道因性而更具体化,因而好似有形体矣。说道则笼统,说性则落实。此是其客观之实。'心者性之郭廓',即是性以心而着。性之自觉、形着即是心。此是其主观之实。"①这样一来,由心体以至性体,进而呈现道体的道路,就是牟先生所说的逆觉体证。虽然,真实存在的只是心体,但是对于牟先生来说,心体必然要向上发展,心体本质上又是由道体来决定并且保证的。

既然天道性命通而为一的真实存在意义是如孟子所讲的"尽心,知性,知天",是由人的内在的道德性"逆觉体证",真实地呈现出天道之存在。因此,天道性命通而为一如何可能的问题,在这里就转化成:人的内在的道德意识或者道德性,如何既是人之存在的"本体"同时又是宇宙万有存在之本体的问题。即我们通过逆觉体证所呈现出来的内在性的本体,如何同时是宇宙中其他存在者的本体的问题。

三、"基础存在论"视域下的"内在超越"

学者对于牟宗三先生思想的误解和批评,以至于对于儒家思想由哲学层面发出的批评多集中在这一点上,即儒家所言说的内在的道德主体如何同时又能够成为一切存在者的主体。产生这一问题的根源即在于批评者立足于胡塞尔(Edmund Husserl,1859 – 1938)在《欧洲科学的危机和超越论的现象学》(*The Crisis of European Sciences and Transcendental Phenomenology*)中所提出的"客观主义"传统。② 胡塞尔认为,源自伽利略(Galileo Galilei, 1564 – 1642)的二元论使得人类在近代以来改变了对于自然的态度,才产生出了"自身封闭的物体世界":

---

① 牟宗三:《心体与性体》第2册,页485 – 486。
② 胡塞尔著,王炳文译:《欧洲科学的危机和超越论的现象学》,北京:商务印书馆,2005,第87页。

伽利略在其从几何学出发，从感性上呈现并且可以数学化的东西出发，对世界的考察中，抽去了在人格的生活中作为人格的主体；抽去了一切在任何意义上都是精神的东西，抽去了一切在人的实践中附到事物上的文化特性。通过这种抽象产生出纯粹物体的东西；但是，这种纯粹物体的东西被当作具体的现实性来接受。它们的总体作为一个世界成为研究的主题。我们也许可以说，只是由于伽利略，作为实际上自身封闭的物体世界的自然的理念才得以出现。①

世界是"自身封闭的物体世界"，即不再有人的参与，世界的存在是外在于人的对象，是在人之外独立存在的客体。随着近代哲学认识论传统的兴起，这一倾向变得更加稳固和清晰，主体与客体之间呈现出绝对的鸿沟。这成为人们理解人的生活，理解人与世界的关系，理解人的存在方式的基本结构。人与世界的关系就首先成为人作为观察的主体与作为对象的世界之间的关系。对于这种传统来说，存在论意义上的、外在于人的存在的存在者和世界，与主体是在认知行为的活动中发生关系的，世界是作为认知主体的对象才能呈现出来的。在这一背景之下，作为儒家意义上的人的内在性的道德意识或道德性，当然不可能成为外在于人的存在者的存在本体或者根据。我们可以看到，冯耀明教授对于当代新儒学的某些批评，正是凸显出这一批评者的立场。然而，20世纪现象学的兴起，向我们揭开了另一种看待世界的方式，并且也许是在科学主义看待世界的方式之"先"的更为"本原"的方式。无论是胡塞尔还是海德格尔(Martin Heidegger, 1889 – 1976)，都是在这样一种看待世界的方式中展开他们的讨论②。胡塞尔在他的《纯粹现象学通论：纯粹现象学和现象学哲学观

---

① 胡塞尔著，王炳文译：《欧洲科学的危机和超越论的现象学》，北京：商务印书馆，2005，第76页。

② 如同梅洛庞蒂(M. Merleau – Ponty, 1908 – 1961)所说："海德格尔的《存在与时间》(Being and Time, Sein und Zeit)并未超出胡塞尔的范围，归根结底，只是对'自然的世界概念'(naturliches Weltbegriff)和'生活世界'(Lebenswelt)'的一种解释。"(The Phenomenology of Perception, Trans. C. Simith [London: Routledge, 1962])

念第一卷》以及《观念二》和《欧洲科学的危机和超越论的现象学》等著作①讨论了几个相互关联的世界概念:"自然的世界概念"、"周遭世界"(Umwelt)和"生活世界"的概念。这几个概念都指向我们如何看待世界的方式。对于胡塞尔来说,"周遭世界"概念指的是在原初意义上,在前科学,前反思阶段形成的关于世界的概念,并且对他来说,"周遭世界"更意味着人格态度(die personalistische Einstellung)下的世界,它与人格的主体相关。正如他所说:"这个对我存在的世界不只是纯事物世界,而且也以同样的直接性为价值世界、善的世界和实践的世界。我直接发现物质物在我之前,既充满了物的性质,又充满了价值特性,如美与丑,令人愉快和令人不快、可爱和不可爱等等。"(*Ideas I*, p. 53)在这里,胡塞尔试图指出,我们所面对的世界并非仅仅是认识论意义上的世界,甚至原初并非是认识论意义上的,与人全然无关的纯粹对象世界,就像自然科学中所面对的那样。恰恰是有人生活于其中的,与人的生活息息相关的世界是作为科学的世界呈现或者存在的基础。只有当我们保持着一种研究的态度,将世界中存在的存在者作为对象进行研究的时候,世界才呈现为对象性的存在。因此,在世界存在的原初状态,并没有所谓主体与客体之间的对立。正如他所说:"周遭世界并非由纯事物构成,而是由使用对象构成。"(*Ideas II*, p. 191)

胡塞尔的这一研究,无疑为我们指出了一个新的理解世界的方向。在这一方向上,科学看待世界的方式——主体与客体分离并且对立的方

---

① Edmond Husserl: *Ideas Pertaining to a Pure Phenomenology and to a Phenomenological Philosophy*, Ist book. *General Introduction to a Pure Phenomenology*, Trans. F. Kersten (Boston: Martinus Nijhoff Publisher, 1983; 以下简称 *Ideas I*); *Ideas Pertaining to a Pure Phenomenology and to a Phenomenological Philosophy*, 2nd book. *Studies in the phenomenology of constitution.*, Trans. Richard Rojcewicz and Andre Schuwer, Dordrecht (Boston: Martinus Nijhoff Publishers, 1989; 以下简称 *Ideas II*); *The Crisis of European Sciences and Transcendental Phenomenology*, Trans. David Carr (Evanston: Northwestern University Press, 1970).

式——就不再是我们唯一与世界发生关联的方式,并且不是最原初的方式。回到我们的主题,则可以发现,儒家思想或者中国哲学中关于"天道与性命"的关系的理解,对于伦理意义上的本体与存在的本体的理解,恰恰是在这样的一个视域中展开的。这一解说其实也已经为学者所提及,现象学在这里呈现的特殊意义在于,这样的一个世界——无论我们称之为意义世界还是工具世界——是"真实"的,并且是"原初"的。这样一来,儒家所提到的天道性命相贯通,就不仅仅是这个民族文化传统的一厢情愿的历史传承,而是有着更为深刻的、理性的、形而上学的把握,揭示着人的生存的真相。

在这一基础之上,如同我们前面所提到的,胡塞尔和至少是前期海德格尔,在对于"生活世界"的态度上是一致的,也就是说,胡塞尔和前期海德格尔相对于之前的西方哲学思想,在一个最基本的、看待世界的方式上,反而更加接近儒家思想。因此,我们可以进入到前期海德格尔所建构的"基础存在论"架构之中,来看待儒家所坚持的"天道性命通而为一"可能会有何种新的理解。当我们进入到对于人的存在的"生存论"(Existenzial,existentiale)的了解之中,逆觉体证中呈现的作为人的内在性的"道德意识",或人与作为存在者之存在根据的"存在"(Sein,Being)之间特有的关联,就会呈现出来。

对于前期海德格尔来说,最根本的问题,是对于存在意义的追问。而存在总是存在者的存在,并且,我们也唯有通过对于存在者的研究才能得到关于存在的意义。因此,必须寻找到一种存在者,我们可以经由它,通达存在本身。在海德格尔看来,这种在存在论上处于优先地位的存在者,就是我们自己本身所是的这一存在者。为了与传统存在论对于人的主体的规定性相区别,海德格尔不用主体、自我等概念,而是用"此在"(Dasein)来指称我们自己所是的这一存在者。至于海德格尔的此在究竟在何种程度上抛开了传统存在论的主体性倾向,或者此在仍然具有主体性的特征,则是另外的问题。

此在对于海德格尔来说,总是已经对于自己的存在有所领会(Verstehen, understanding)的存在者。此在在对其自身的存在领会之中领会着存在本身。此在之最内在的"本质"在于"去存在",在于行动。海德格尔将此在的这一以行动、以"去存在"为本质的存在方式,称之为"生存"(existence)。此在在生存中造就着自身,所以,此在永远不是一个固定化的存在者,此在永远是生存在它的可能性之中。"这种存在者的'本质'在于它去存在([to be/]Zu-sein)。如果竟谈得上这种存在者是什么,那么它'是什么'([Being-what-it-is/Was-sein/]essentia)也必须从它怎样去是、从它的存在([Being/]existentia)来理解。"(*BT*, p. 67/49)① 如果说此在有所谓的本质的话,它的本质则需要在它具体的生存实践中去规定,即在于我们如何成为我自己,如何建构我自己中去规定。所以,此在的去存在规定着他本身即是他的能在(Seinkönnens, potentiality-for-Being)。此自身的这种能在的规定,即在"领会"这一现象中体现出来:"领会是此在本身的本己能在的生存论意义上的存在,其情形是:这一存在在他自身之中揭示了他的存在即是他能如何。"(*BT*, p. 184/168;译文据英译本而有所改动)此在正因为对于其存在的领会,揭示出:决定他在实际上存在的即是他的能如何存在,也就是他的能在。

海德格尔将领会的生存论的结构规定为"筹划"(Entwurf, projection)此在在他的生存中,向着他自己的存在,"筹划"他自己。这种筹划不是通常意义上的,对于一个已经现成存在的存在者所作出的计划。而是说,此在的存在方式总是已经是筹划的了,总是向着他的可能性开放的存在。这里的筹划,意味着对于可能性的展开,将尚未实现的可能性带到此在当下的存在里面来。"只要此在存在,它就筹划着。此在总已经——而且只

---

① Martin Heidegger: *Being and Time*, Trans. John Macquarrie and Edward Robinson (Oxford: Blackwell, 1962). 陈嘉映、王庆节译:《存在与时间》,北京:三联书店,2000。以下简称 *BT*,其中前为英文本页码,后为中译本页码。

要它存在着就还要——从可能性来领会自身"(*BT*, p. 185/169)。

海德格尔最终是在时间的视域中,阐释领会、筹划、能在等这些基本存在论的概念的。我们在这里没有足够的空间去讨论海德格尔的时间问题。可以提示一下的是,此在既然被理解为生存着的存在者,则它的生存是在原初的时间性中才能够展开的。如果我们能够从此在的实际的生存,实际的生活的开展角度来理解,会帮助我们了解海德格尔所谓的原初的时间性概念。那么,在原初的时间的视域中,对于生存着的此在来说,筹划这一行为,总是将尚未实现的可能性,即将"将来",带入到此在的"现在"。在这个意义上,因为此在总已经是在它的可能性中的生存,所以,"将来"并不是还没有实现,而是已经存在在此在的当下的生存之中。没有对于此在的能在的揭示,没有"将来",也即没有此在的当下的存在。

此在对于存在的领会,不单单是对于其自身的存在的生存论上的领会,筹划也不单单是对于其自身存在的筹划,其中还包含着"在-世界-中-存在"的整体结构,包含着对于"世界"的筹划。

让我们再回到牟先生对于天道性命相贯通的论述中,并揭示其真实的含义。对于牟先生来说,天道性命相贯通的理论结构包含以下几个方面的意涵:

(1) 天道本身之生生不已——"维天之命,于穆不已";

(2) 天道下贯而为人的心性,天道之生生不已,呈现为心性之生生不已,即为道德创造之生生不已——"天命之谓性";

(3) 天道下贯至于人则为心性,至于物则为物之性——"干道变化,各正性命";

(4) 人和物与天道之间的关系上有着根本性差异,人能够通过人的道德实践行为使得天道得以彰显或呈现,物则不能——"逆觉体证","人能推,物则不能推";

(5) 人通过人的道德实践行为成就自己,实现自己的良知,于此同时,寓于物之天道同时也因此而呈现自己——成已成物。

宇宙万物的存在总有其存在之理与创造之理,这即是牟先生所谓的"天道"。宇宙万物唯有奠基在天道之上,才能够成其为宇宙万物。天道之为体,具体于宇宙万物之中,则是宇宙万物之性体,这样言说的宇宙万物,也包括了由单纯的存在者的角度来看的人。于宇宙万物之中,人与其他的物的存在有着本质上的差异,因为人不单单以天道为性,同时人在他的心之中可以呈现性体。此处需区分人之日常生活中,具体化的心与心体之差别。心体即是与性体同一之体,因此,心体是超越性的。而心则是现实性的人的具体的生存,我们可以称之为现实的心。此现实的心有与物相同的一面,即现实的心之作为物之一面,然而,对于现实的心来说,更为重要的则是"心之官则思"。现实的心可以不被感官经验所拘束,而超越此感官经验,并且,心之思之对象是"诚"。此"诚"即是诚体,即是性体,也即是道体。心可以"思诚",心可以以其"思"来呈现性体与道体。此现实的心由感官经验之处收束回来,而"思诚",即能与诚体合而为一,成为"心体",即真我。对于牟先生来说,性体与道体也唯有经由心之思,始能够是真实的实现之理。此即是人"能推",物则"不能推"。此以海德格尔的话来说,即是此在在存在论上的优先地位。

此在作为存在者,与其他存在者的差异在于,此在总是已经对它的存在有所领会。它总是"去存在",在它的这一去存在的存在方式中,与存在本身发生交涉。"它的存在是随着它的存在并通过它的存在而对它本身开展出来的。对存在的领会本身就是此在的存在的规定。"(*BT*, p. 32/14)所以,此在的最根本的存在方式即是对于它自身的存在的领会。此在与存在自身的关系,不仅仅在于此在是奠基在存在之上的存在者,还因为其对于存在有所领会。这种领会以中国哲学的语言来说,即是"思"。这种作为领会的思,不同于建立在感官经验之上的认知能力,因其一方面不能经由感性直观而得到,另一方面,它也不是专题化(thematization)的把握,而是一种作为专题化把握的基础的"思"。因此,这种思不能被理解为认知,而只是一种对于存在的"领会"。并且,此在本身就是在领会中生存。

现实的心之规定性,即是"思"。我们是从领会的角度来规定心。而其他存在者则并不具有这种存在领会,只能或是作为"上到手头"(Zuhandenheit, presence-at-hand)的事物或是"现成在手"的【事物】(Vorhandenheit, readiness-to-hand)两种形态而存在。我们可以通达存在本身的唯一方式,即是通过此在这一存在者对于其存在之领会。因此,心在宇宙万物的存在者中间,具有存在论上的优先地位,心是通达道体,呈现道体的唯一的可能。

这种存在论上的优先地位的意义在于,一方面,指出了人之存在与超越的存在本体的特殊关联,另一方面,也指出唯有在道德实践行为①中,唯有在人的筹划之中,我们才能够真实的成为人,作为人而存在。因此,现实的心永远是需要被超越的对象,人之本性即在于要不断地通过道德实践行为去成就自身,完成自身。因而道德实践行为,就不单单具有伦理学上的意义,并且,也具有了存在论上的意义。在道德实践行为中的人,才是真正的能够实现人之存在意义的人。这在某种程度上,即是中国哲学所说的"维天之命,于穆不已",创造即是本质。人之存在,就在于创造自己。道德实践行为不是可有可无、可为可不为的人之自由的选择,而是人之存在,就已经是对于自己的存在有所筹划,就必须在实践行为中造就自己的存在。

四、工夫论对于内在超越的意义

如果如同我们前面所分析的那样,天道性命通而为一的架构,在海德

---

① 这里所谓的"道德实践行为"是顺着当代新儒学的语境而说,然而,这里所描述的人的行为与道德之间的关联,或者道德性对于这里所描述的人的行为的意义,则是需要考虑的另外一个问题。那是需要另外的文字进行专门讨论的问题。

格尔意义上的基础存在论的视域中才能够得到更好的理解,如果天道性命通而为一唯有在人的现实生存中的道德实践行为中才能够被彰显呈现出来,那么,正是在这个层面上,工夫论得以成立,并且成为超越内在所以可能之生存论意义上的前提。

采取生存论的视域来看待天道性命相贯通,则天道的呈现,天道之作为存在者之本体,并不是一个认知意义上的对象性的存在,而是在人的生存领域中的"呈现"。天道不能够成为人的无论是感性经验还是理性的对象,而是一个需要在人的道德实践行为中才能够"了解"、"领会"、"呈现"的天道。正是在人的具体的——如海德格尔所讲的那样——"去存在"的过程中,或在中国哲学的语境中——如《论语》中所谓的"克己复礼"——的道德实践行为中,才能够令天道在人的心体中呈现出来。如同我们前面所提到的,此在的"去存在"里面包含着筹划,这是在海德格尔所谓的"时间性"中展开的生命状态。因此,随着生命的展开,天道本体会有不同的呈现。这种不同在中国哲学的语境中可以理解为两个方面。一方面,工夫是需要时间的展开,需要不断地呈现,不断地在成圣成贤的"道路"上做工夫。所谓的做工夫,如果用王阳明的话来说,即是"为善去恶是格物",是致知格物的工夫。这种"时间"中的展开给出了工夫论存在的可能性和必要性。因为,一旦说到工夫,一定是造成个体在时间中能够产生变化的工夫①。而个体在时间中的这种变化,会对于天道的呈现产生影响,工夫至于何种境界,变化气质至于何种地步,天道就会如何呈现。因此,对于天道的呈现来说,工夫是必要且必须的。在科学主义的客观主义的视角下,正如胡塞尔所说:它是"在由经验不言而喻地预先给定的世界基础上活动,并且追问这个世界的'客观真理',追问对这个世界,对每一个有理性的存在者,都无条件地有效的东西,追问这个世界本身是

---

① 这里所谓的个体的变化,并不是指人的物理性意义上的变化,而是指人的精神或者道德意识上的变化。

什么。"①在这个意义上,世界的意义是相对于人类的普遍的理性所呈现出的"客观真理",与人类的普遍的超越时间的理性相关,而非与任何一个具体的个体生命相关。而普遍的人类的理性是超越时间性的,因此,在这个意义上,于科学主义的研究视野中,主体或者个体以及个体所面对的对象——无论这对象是超越的天道还是外在的事物——是不会因为个体生命历程的展开而变化的。因此工夫在科学主义的视角下没有容身之地。科学主义视角下的真理的探寻,对于不同的个体来说都是同样的。

生命在时间中的展开,还意味着另一方面的问题,即,需要看待人是如何在时间展开中"筹划"自身的,如何立定生命的朝向的。对于儒家来说,重要的即在于证明,个体生命唯有在朝向成圣成贤的道路之中才有可能是有意义的。儒家希望通过证明人的本性是善的来指出这一点。因此,并非是所有的生命筹划都是可取的,具体生命的存在可以在现世世界上呈现出各种不同的样态,但是在这些不同样态之下,作为他们共同基础的是他们都是最终指向成圣成贤,最终指向做个体的修养工夫。王阳明思想中特别强调"立志"作为一种工夫,即是因为这个原因。阳明认为"立志"是立必成圣成贤之志,唯有如此,才能够把生命的展开调整到一个对于儒家来说唯一有意义的方向,在此基础之上,才有工夫论的可能。因此,立志对于阳明来说,是最先的工夫。

由此,内在超越的意涵指向了对于人与世界的关系的存在论的理解,而这种存在论的理解必然将我们带向工夫论的讨论。

(原载于林维杰、黄雅娴主编:《跨文化哲学中的当代儒学:工夫论与内在超越》,台湾中央研究院中国文哲研究所,2014年版。)

---

① 《欧洲科学的危机与超越论的现象学》,第86-87页。

"致良知"功夫论的新视角

——王阳明的"立志说"

一

"立志"作为王阳明心学工夫论的首要环节,极为阳明喜言。阳明早年在贵州龙场讲学订立学规的时候,以四事相规,而首言"立志",并说:"志不立,天下无可成之事,虽百工技艺,未有不本于志者。……故立志而圣,则圣矣;立志而贤,则贤矣。"①立志成为成圣成贤之学的首要一环,并且成为为学之规模格局的决定性因素。而在阳明与弟子之间的讲学往还之中,对于立志的强调更是随处可见。阳明尝曰:"我此论学是无中生有的工夫,诸公须要信得及只是立志。学者一念为善之志,如树之种,但勿助勿忘,只管培植将去,自然日夜滋长,生气日完,枝叶日茂。树初生时,便抽繁枝,亦须刊落。然后根干能大。初学时亦然。故立志贵专一。"②"何廷仁、黄正之、李候璧、汝中、德洪侍坐,先生顾而言曰:'汝辈学问不得长进,只是未立志。'侯璧起而对曰:'琪亦愿立志。'先生曰:'难说不立,未是必为圣人之志耳。'对曰:'愿立必为圣人之志。'先生曰:'你真有圣人之志,良知上更无不尽。良知上留得些子别念挂带,便非必为圣人之志矣。'"③在《示弟立志说》中,阳明更直言:"夫学,莫先于立志。志之不

---

① 《教条示龙场诸生》:"以四事相规,聊以答诸生之意:一曰立志;二曰劝学;三曰改过;四曰责善。其慎听,毋忽!"《王阳明全集》(卷二十六,974页)。《王阳明全集》[M],吴光、钱明、董平、姚延福编校,上海:上海古籍出版社,2006,以下简称《全集》。

② 《传习录》(上),《全集》卷一,32页。

③ 《全集》卷三,104页。

立,尤不种其根而徒事培拥灌溉,劳苦无成矣。世之所以因循苟且,随俗习非,而卒归于污下者,凡以志之弗立也。"①由此可见,阳明常以"立志"来训诫教导弟子,并且,立志与否实与阳明的"致良知"的修养工夫论有着特殊之意义。然而,工夫论意义上的立志究竟何指,如此理解的立志与阳明的致知格物说之间的关系又如何,则是需要进一步加以澄清的问题。

二

学者对于阳明的"立志"说关注的并不多,按照阳明所说,立志似乎包含两层涵义,其一是立"必为圣人之志",即"志于道",如前引《示弟立志说》中所说:"夫学,莫先于立志。……故程子曰:'有求为圣人之志,然后可与共学。'人诚有求为圣人之志,则必思圣人之所以为圣人者安在?"②在此,指出了儒家成圣之学的终极目标,立志即是明确地确立这一目标。"必为圣人之志"是一切为学之起点,唯有学者求为圣人,为学之路才得以开启。倪德为教授将其表述为一种"承诺"③,我们很容易在倪德为的这一表述中,感觉到其中包含的基督教意味,但是,他却也在另一个层面上,为我们揭示出立志说中所含有的抉择意义;其二则是"无时无处而不以立志为学"。这里是在工夫论的层面理解立志,立志不单单是一种抉择,同时也是时时刻刻需要切实践履实行的实践工夫。在阳明对于立志的诸多言说之中,似乎更多强调立志在工夫论层面上彰显出的践履的意义。在这个意义上,必为圣人之志的建立,不仅仅包含着当下的抉

---

① 《全集》卷七,259页。
② 同上。
③ 倪德为著,万白安编,周炽成译:《儒家之道——中国哲学之探讨》,南京:江苏人民出版社,2006年11月。"王阳明对他的一些学生说,你们还没有立'必为圣人之志'。学生回答道,我们已经立了这样的志了。王阳明回应说:'你真有圣人之志,良知上便无不尽。……'学生们都被吓得流汗,他们明白了完全的工夫需要完全的承诺,而工夫又构成承诺。"第279页。

择,更多的则是在一切的行为中确立并且实行"立志"。这正如阳明所说:"盖无一息而非立志责志之时,无一事而非立志责志之地。"①正是在这个意义上,我们才可能理解,阳明常常指出的立志的困难。在作出了立志的"承诺"之后,便需要用巨大的勇气与毅力将其贯彻到生活中的每一行为之中,不容有一刻的放纵与轻乎。正如秦家懿教授所说:"'立志'固是立定志愿学圣人……(然而)立志并不容易。必须使内心'纯乎天理而无人欲';时时刻刻还得聚精会神,警惕慎独。"②在这个意义上,阳明甚至将所有的学问工夫都归结为立志:"盖终身问学之功,只是立得志而已。"③而常常将学者为学之不足一言以蔽之曰"无志",如阳明与黄宗贤书曰:"四方朋友来去无定,中间不无切磋砥砺之益,但真有力量能担荷得,亦自少见。大抵近世学者,只是无有必为圣人之志。"④与邹谦之书曰:"世间无志之人,既已见驱于声利词章之习,间有知得自己性分当求者,又被一种似是而非之学兜拌羁縻,终身不得出头。缘人未有真为圣人之志,未免挟有见小欲速之私。"⑤由此可见,在阳明看来,立志既是为学之本,同时又是为学之工夫,学者在为学的过程中所遇到的种种阻碍,如勇力之不足与私欲夹杂都可以归结为无志或者"立志不切"。

三

那么,在工夫论层面上理解的立志究竟何所指?《传习录》卷一载弟子问立志,阳明曰:"只念念要存天理,即是立志。能不忘乎此,久则自然心中凝聚,犹道家所谓结圣胎也。此天理之念长存,寻至于美大圣神,亦

---

① 《示弟立志说》。
② 秦家懿:《王阳明》,台北:东大图书公司,2002,第59页。
③ 《示弟立志说》。
④ 《与黄宗贤》,《全集》卷五,199页。
⑤ 《寄邹谦之》,《全集》卷六,201页。

只从此一念存养扩充去耳。"①可见,立志即是"念念要存天理",且"能不忘乎此"。在阳明的言说中,存天理即是"格物致知"。阳明所说的作为心体之本然的良知,既是知是知非之"明觉",同时即是超越的"天理":"良知即是天理"②念念存此天理,即是使人所发出的每一意念都源自无遮蔽的良知,都是良知之充盈实现,这即是阳明所说的"致良知"。阳明在《大学问》中在讨论致知之后接着说:

> 然欲致其良知,亦岂影响恍惚而悬空无实之谓乎?是必实有其事矣。故致知必在于格物。物者,事也。凡意之所发,必有其事,意之所在谓之物。格者,正也。正其不正以归于正之谓也。正其不正者,去恶之谓也,归于正者,为善之谓也,夫是之谓格。③

可见,致良知之工夫即是格物,而在阳明看来,这二者虽"各有其名,而其实只是一事"。这正如陈来教授所说:"阳明的道德实践工夫,可以概括为'依此良知随事随物实落为善去恶',……这个工夫从良知方面看,即致知;就随事随物而言即格物;意念之实落好善恶恶即诚意。笼统地说,这个过程既是良知,也是诚意,也是格物。"④既然"念念要存天理"即是"格物致知"的工夫,阳明对于格物致知的讨论也所在多有,那么为何又要刻意举出"立志"来言工夫。也许"立志"说尚有我们未曾注意的义涵在。

我们可以由阳明下面的两段话中,窥见些许端倪:

> 或问为学以亲故,不免业举之累。先生曰:"以亲之故而业举,为累于学,则治田以养其亲者亦有累于学乎?先正云'唯患夺志',但

---

① 《传习录》上,《全集》卷一,11页。
② 《与马子莘》,《全集》卷六,218页。
③ 《大学问》,《全集》卷二十六,972页。
④ 陈来:《有无之境——王阳明哲学的精神》,北京:人民出版社,1997,第158-159页。

恐为学之志不真切耳。"①

问:"读书所以调摄此心,不可缺的。但读之之时,一种科目意思牵引而来,不知何以免此?",先生曰:"只要良知真切,虽做举业,不为心累;总有累亦易觉,克之而已。且如读书时,良知知得强记之心不是,即克去之;有欲速之心不是,即克去之;有夸多斗靡之心不是,即克去之;如此,亦只是终日与圣贤印对,是个纯乎天理之心。任他读书,亦只是调摄此心而已,何累之有?"曰:"虽蒙开示,奈资质庸下,实难免累。窃闻穷通有命,上智之人恐不屑此。不肖为声利牵缠,甘心为此,徒自苦耳。欲屏弃之,又制于亲,不能舍去,奈何?"先生曰:"此事归辞于亲者多矣,其实只是无志。志立得时,良知千事万为只是一事。读书作文安能累人?人自累于得失耳。"因叹曰:"此学不明,不知此处担阁了几多英雄汉!"②

这两段文字,讨论的都是举业与为学的关系问题,落脚点则都在于是否能够立志。

在宋明理学的语境中,为学之道是要抛弃功名利禄等私欲,专心致志于"存天理,灭人欲",除此之外,一切对于俗世欲求的追求都是应该排斥的。因此,众多的宋明理学家都隐居不仕,甚至以业举为耻。然而,参加科举考试,求取功名又是传统社会中,出身寒微的士人个人谋生并进而奉养父母的重要途径。所以,又常常不免举业之累。阳明弟子的问题即是由此而发。阳明在第一段话中,直接指出,举业同治田一样,都不构成为学的障碍,真正能够成为为学之累的,只是"唯患夺志"。而在阳明的这一语境中,能够使得举业与为学相互融洽不构成矛盾的根源,则在于是否具有真切的"为学之志"。因此,立志在这里似乎起到一种转化的作用。

---

① 《传习录》上,《全集》卷一,30 页。
② 《传习录》下,《全集》卷三,100 页。

立志的这一转化作用,在第二段中得到更为详细的揭示。在阳明看来,读书作举业之时其实也是呈现、体察进而"致"其良知的过程。读书的过程中不免思虑纷起,意念川流,此时对于每一意念,都细细考察其是否有强记之心,是否有欲速求进之心,是否有夸多斗靡之心。意念中兴起的这些念头,在阳明看来都是私欲所引起,正是对于良知的遮蔽,因此,在读书作举业之过程中,更重要的在于时时处处细细地考察并且"克去"这些私欲,使得良知能够不为阻碍的呈现。读书之过程即是为了这一目的,并且,如果能够在读书过程中切实贯彻这一目的,则任何读书的行为,都成为"格物致知"的具体的践履工夫,举业恰恰成为为学修养工夫中的一环,又如何能够成为为学之累。

我们可以看到,阳明在此提出了一种针对具体行为的意义所理解的"视角"的转换:读书之具体的内容,以及相对于读书这一具体行为的直接的目的,例如,记诵、博闻以及求取仕禄等等内容都被阳明有意地舍去不谈,而有意地彰显作为读书与举业这一具体行为所指向的、在阳明的"致良知"教的语境中所理解的终极目标,即为善去恶,"念念存此天理"。正是这一"视角"的转换使得人生中的各种行为的意义获得不同的理解与呈现。每一具体行为所直接指向的意义被弃之不问,而唯有在"致良知"的整体视域观照下,行为所呈现的意义,才是阳明所关注的。或者,换句话说,行为唯有在"致良知"的整体视域之中被理解,行为只有被理解成为为善去恶,"存天理、灭人欲"的道德实践工夫,才是有意义的。而能够实现这一"视角"的转换的工夫,正是阳明所说的"立志"。因此,阳明才可以说:"志立得时,良知千事万为只是一事"。正是因为学者能立志,即能够在致良知的整体视域之中理解"千事万为",理解人生的每一行为,因此,每一行为才都可以被理解为念念存此天理的"致知"的行为,因此"良知千事万为只是一事"其实也就是"志立得时,千事万为只是良知"。

阳明所论,自不止举业一事:

> 有一属官，因久听讲先生之学，曰："此学甚好。只是薄书讼狱繁难，不得为学。"先生闻之曰："我何尝教尔离了薄书讼狱，悬空去讲学？尔既有官司之事，便从官司的事上为学，才是真格物。如问一词讼，不可因其应对无状，起个怒心；不可因他言语圆转，生个喜心；不可恶其嘱托，加意治之；不可因其请求，屈意从之；不可因自己事务烦冗，随意苟且断之；不可因旁人诋毁罗织，随人意思处之；这许多意思皆私，只尔自知，须精细省察克治，唯恐此心有一毫偏倚，杜人是非，这便是格物致知。薄书讼狱之间，无非实学；若离了事物为学，却是着空。"①

可见，倘若能立必为圣人之志，即便是薄书讼狱，一样是可以成为日用功夫所在，一样是格物致知。其中的关键，即在于前文所说的由立志带来的关注的焦点的转换。薄书讼狱在这种转化之下，具体的内容变得不再重要，进入视野焦点的是在具体的处理事物之时，内心出现的种种念虑，而工夫所在，即是在于随时随处考察这些念虑，但有一念不合乎良知，即克去之，使不善者归于善，能如此"才是真格物"。阳明不厌其烦地列举出处理官司之时所可能出现的种种意识情变，即是为了指出工夫之下手处。格物致知的工夫不在于向外读书寻求一个天理，寻求行事的应当，而是在于心所发动的意念上下功夫。在这个意义上，也唯有在这个意义上，处理官司讼狱与读书向学没有本质上的差异，都可以加之以格物致知之工夫。

阳明常常以此授人，如在与陆原静书中也说："博学之说，向已详论。今犹牵制若此，何邪？此亦恐是志不坚定，为世习所挠之故。使在我果无功利之心，虽钱谷兵甲，搬柴运水，何往而非实学？何事而非天理？况子、史、诗、文之类乎？使在我尚存功利之心，则虽日谈道德仁义，亦只是功利

---

① 《传习录》下，《全集》卷三，95页。

之事,况子、史、诗、文之类乎?"①博学的关键不在于是否通过对于子、史、诗、文之类的传统经典的研读而获得知识上的拓展,而在于在这一研读过程之中,是否能够切实地克服功利之心,是否能够使得天理或者良知本体贯彻始终。

四

经过以上的分析,我们庶几可以理解阳明所说的"立志"的具体内涵,以及立志说对于阳明整个思想体系的重要性。而这一内涵以及重要意义是与阳明独特的格物致知论分不开的,或者说,是奠基在阳明独特的格物致知论之上的。

阳明晚年始倡言致良知之学,以之作为自己为学之宗旨。对于阳明来说,良知即是心之本体,即是天理,即是至善之本体。因此,良知是圆满具足,不假外求的。阳明的良知说直承早年的"心即理"而来,是为了针对朱子的格物穷理说而提出的。阳明曾说:"朱子所谓'格物'云者,在即物而穷其理也。即物穷理,是就事事物物上求其所谓定理者也。是以吾心而求理于事事物物之中,析心与理而为二矣。"②在阳明看来,一切的道德根源在人的内在性中已经圆满具足了,这即是人的良知,一切的为学工夫只不过是为了使这良知能够不被阻碍地完全呈现出来,对于良知本身并不会增添或者改变什么。因此,阳明于《答顾东桥书》中说:"夫万事万物之理不外于吾心,而必曰穷天下之理,是殆以吾心之良知为未足,而必外求于天下之广,以稗补增益之,是犹析心与理为二也。夫学问思辨笃行之功,虽其困勉至于人一己百,而扩充之极,至于尽性知天,亦不过致吾心

---

① 《与陆原静》,《全集》卷四,166 页。
② 《答顾东桥书》,《传习录》中,《全集》卷二,45 页。

致良知而已。良知之外,岂复有加于毫末乎?"①良知不假外求,天理不假外求,"悟性自足",则为学工夫的根本就不在于博学多闻,向外寻求的知识,而是在于回归人的内心,使良知能够如其自身地呈现。在这个意义上,立志就成为为学工夫之根本,唯有先确立必为圣人之志,人才能自知其本心即理,并且自信其本心即理。这一层涵义,唐君毅先生在讨论陆象山发明本心的工夫时,已言之甚详。②

如果说阳明的吾性自足、不加外求的良知说是立志之工夫所以可能的根本所在,那么立志工夫的重要意义则是由阳明对于工夫下手处的理解所决定的。

如前所述,良知本身已然是圆满具足的,学问思辨之功对于良知自身则不能有丝毫损益,因此,在阳明看来,为学的具体的工夫不能着落在良知自身用功,而是要在良知之发用上用功,这正如阳明在《大学问》中所说:

> 然心之本体则性也,性无不善,则心之本体本无不正也。何从而用其正之之功乎?盖心之本体本无不正,自其意念发动而后有不正。故欲正其心者,必就其意念之所发而正之。③

可见,良知本体即是性体,即是至善无恶的,或者如阳明四句教所说,是"无善无恶心之体"。因此,为善去恶的工夫在这里无处着手。心之本体唯有在意念发动之后,才有所谓善恶之分,在这里,才能加诸他所谓的为善去恶之功。

在阳明那里,意念之发动,即是"必有事焉"。意念之所在,必然是关于某物的意识,而没有所谓的空无对象的意识。

---

① 《答顾东桥书》,《传习录》中,《全集》卷二,45页。
② 参见唐君毅:《中国哲学原论:原教篇》,第十章,第六节"象山之发明本心之工夫"。台北:学生书局,1990。
③ 《大学问》,《全集》卷二十六,972页。

> 心者身之主也,而心之虚灵明觉,即所谓本然之良知也。其虚灵明觉之良知,应感而动者谓之意;有知而后有意,无知则无意矣。知非意之体乎?意之所用,必有其物,物即事也。如意用于事亲,即事亲为一物;意用于治民,即治民为一物;意用于读书,即读书为一物;意用于听讼即听讼为一物:凡意之所用无有无物者,有是意即有是物,无是意即无是物矣。物非意之用乎?①

意是良知之用,良知是意之本体。意又是牵连到物来说的。而这里的物,指的是"事",是人参与其中所展开的具体的种种实践行为。因此,格物致知在意念之发动出用功,即是在人之具体的种种实践行为上用功。在这个意义上说,阳明的致知格物之说,确实并非如时人所批评的"是内非外"、"专事于返观内省",而恰恰是要人在"事上磨练",教人"随事随物精察此心之天理,以致其本然之良知"。② 所以,格物致知之功并非默坐澄心,体验未发,而是要随事精察,正其非正,是要人去"做事",而不是"静观"。

因为人的具体的实践行为,往往有其自身的目的与意义,那么如何在这种种具体的实践行为中使得良知之实现与否得以彰显呈现,如何确保每一具体的实践行为都成为致良知的工夫,而不是为私欲所牵引,就成为阳明工夫论中极其重要的一个问题。而这正是我们前面所讨论的,阳明的"立志"观念所解决的问题。

阳明的立志说代表了人在具体的实践行为中所实现的一种视角的转换,这种转换使得每一个具体行为都被放置在"致良知"的大的视域之中得以理解,并且,也唯有放置在其中才能够得以理解。行为的具体意义在这里被忽略,行为唯有在"致良知"的视域中,对于意念的精察、分析、考虑以及正其不正以归于至善的层面才是有意义的。我们可以说,正是立

---

① 《大学问》,《全集》卷二十六,972 页。
② 《答顾东桥书》,《传习录》卷中,《全集》卷二,47 页。

志为阳明格物致知的工夫论敞开了一片可能的空间。在这个意义上,立志一方面成为践履工夫的首要一环,需要首先从根本上确立这种视角,工夫才是可能的;另一方面,立志又是始终伴随每一次的实践工夫,在立志所揭示的空间中,意念与良知的差异才能在具体的行为中被呈现出来。

(原载于《哲学动态》2012年第10期)

王晓黎

王晓黎，1982年2月生于山东淄博，北京大学哲学博士，首都师范大学讲师。专业方向为中国近现代哲学、先秦哲学。主持国家社会科学基金后期资助项目"钱穆儒学思想"，在《哲学门》等国内重要期刊上发表论文十余篇。

钱穆与张君劢"直觉"思想之比较

一

钱穆认为,思想可以分为两种,一种是用语言文字思想的,一种是不用语言文字思想的。前一种是理智,后一种是直觉。钱穆的所谓直觉,就是不借助语言文字思想的动物的本能。"心理学上则只叫它做本能,又称为直觉。"①直觉与理智相比具有以下特点:理智是平铺放开的,直觉是凝聚卷紧的;理智是分析的,直觉是混成的;理智是较浅显的,直觉是较深较隐的。②说理智是"平铺放开"的,是因为理智可由逻辑的方法层层推演得出结论,而直觉却不能用逻辑的方法展开,所以是"凝聚卷紧"的。说理智是分析的,而直觉是混成的,是因为理智必借助于时空观念来思维,而在直觉里,没有时间,也没有空间,一切混成一片,直觉只是"灵光一闪"、"灵机一动"。因为直觉是凝卷的、混成的,所以也是较深较隐的。

在直觉与理智的关系上,理智是后天形成的,而直觉则是自然的先天的,"理智根源于直觉"③。由于理智是分析的,所以理智也是科学和冷静的,但是这在人文界根本难以做到,理智和科学难以把握变动不居、与日俱新的人生事态。人类生命是融本体与认知能力和情感为一体的,所以单凭理智和科学的分析是无法认识的,只有直觉才能体悟到人生最本质

---

① 钱穆:《湖上闲思录》,北京:北京三联书店,2000,第128页。
② 同上书,第120页。
③ 同上书,第132页。

和最有价值的道德和情感。钱穆认为东西方思维的根本区别之一正在于东方人重直觉,西方人重理智。他说:"人生最真切可靠的,应该是他当下的心觉了。"①又说:"理智应属最后起。应有情感来领导理智,由理智来辅导情感。即从知的认识言,情感所知,乃最直接而真实的。理智所知,既属间接,又在皮外。"②这里,钱穆又用"情感"二字来代替"直觉",可见钱穆的直觉必须包含着情感,是一番极真挚的感情由心坎深处的突然流露。人类正是有此直觉的本能,才能由内直觉到外,成万物一体的浑然之感,由现在直觉到将来,有直透事变之未来的先知。

钱穆提出,正是由于直觉思维的存在,引发了人类哲学上两个"极神秘极深奥"的问题发生。"第一是万物一体的问题,第二是先知或预知的问题。"③

西方文化中,自我与宇宙对立,而在中国文化中,自我是人类求知之唯一最可凭据之基点。人在茫茫宇宙中可谓有限之有限,然而这不妨碍其成为宇宙的中心。故大学言正心诚意修身齐家治国平天下。以人自身为基点,层层生发开去。中国人的人生观,乃非个人,非全体;亦个人,亦全体,而为一种群己融洽天人融洽之人生。此乃一种道德人生,亦即伦理人生。伦理人生亦称人伦。于人伦中见人道,亦即于人伦中见天道。无个人,即无全体,而个人必于全体中见。

中国文化的基本精神,简要言之,就是教人做一好人,做天地间一完人。中国社会有五伦。父子与兄弟为天伦,君臣与朋友为人伦。从天伦有家庭,从人伦有社会。而夫妇一伦,则界在天人之际。夫妇如朋友,属人伦,而天伦由此一人伦而来。故就自然言,先有天,后有人。就人文言,实先有人而后有天。钱穆认为,中国人的所谓修身,既不是个人主义的,

---

① 钱穆:《湖上闲思录》,北京:北京三联书店,2000,第 13 页。
② 钱穆:《双溪独语》,台北:台湾学生书局,1983,第 172 页。
③ 钱穆:《湖上闲思录》,北京:北京三联书店,2000,第 130 页。

也不是全体主义的,乃是一种"个人中心之大群主义",也可说是"小我为中心之社会主义"。因中心必有其外围始成一中心,故若无大群,即无小我。因小我实为此大群中心,故小我的地位也并不轻于大群。会合五伦而通观之,以自我为中心,以社会群体为自我之外围,则外围与中心,合成一体。推此到人生世界,以宇宙为外围,以世界为中心,一如以世界为外围,以自我为中心,如是则天人合一,有限与无限融为一体。从这个意义上讲,中国文化的基本精神,也就是以有限中之有限个人——小我为中心,而完成其对于无限宇宙之大自然而融为一体。

个人的生命是有限的,而整个宇宙人生是无限的,如何以有限的生命,预知无限的将来?其关键点,就在"万物一体"的观念。因为具有万物一体的观念,才可以由内直觉到外,由现在直觉到将来,这是钱穆所说的"先知或预知的问题"。钱穆认为中国文化也提供了使有限与无限融合为一的方法。这种融合,钱穆分为以下的步骤:

首先,必于有限中求知,而所知者亦必仍然是有限。中国所长不在宗教,不在科学,也不在哲学,而在注重讨论人生大道上。宗教、科学、哲学探求的是宇宙真理,宇宙真理无限不可穷极。而人生属于有限世界,向有限世界体验,可以当体即是。"人若面向无限宇宙,不免有漆黑一片之感。但返就自身,总还有一点光明。即本此一点光明,逐步凭其指导,逐步善为应用,则面前之漆黑,可以渐化尽转为光明。"①人生乃宇宙一中心,那么人生真理亦即宇宙真理之一基点。人生真理虽然有限,但有限中包含着无限。比如,二加二等于四,这是一真理。二和四是无限数字之中的两个有限的数字,然而二加二等于四却是无限真理,这就是有限之中包含无限的一例。但是这里的无限不是指无限的本体。无限本体必是不可知的,而人类可知的,仅限于这有限中之无限。所以,人类从无限中求真理,只能划定一范围。"故人类当于此无限不可知中寻求一切有限可知之真

---

① 钱穆:《人生十论:如何探究人生真理》,桂林:广西师范大学出版社,2004。

理。……故人必于有限中求知,而所知者亦必仍然是有限。"①人类求知如果跳出有限性的范围,就无此能知,无此能知则必无所知。所以人类求知应该首先就能知而求。西方宗教、科学、哲学的贡献就在于不断扩大可知的范围,向不可知的外围不断前进。

其次,转有限之知为无限真理。西方文化中,自我与宇宙对立,而在中国文化中,自我是人类求知之唯一最可凭据之基点。人在茫茫宇宙中可谓有限之有限,然而这不妨碍其成为宇宙的中心。故大学言正心诚意修身齐家治国平天下。以人自身为基点,层层生发开去。中国人的人生观,乃非个人,非全体;亦个人,亦全体,而为一种群己融洽天人融洽之人生。此乃一种道德人生,亦即伦理人生。伦理人生亦称人伦。于人伦中见人道,亦即于人伦中见天道。无个人,即无全体,而个人必于全体中见。

"万物一体的境界"与"先知先觉的功能",是直觉思维包含的奥秘,也是自然赐予人类的礼物。"人类理智,纵然是日进无疆,愈跑愈远了,但万物一体的境界,与先知先觉的功能,这又为人类如何的喜爱美慕呀! 其实这两件事,也极平常。只要复归自然,像婴儿恋母亲,老年恋家乡般。东方人爱默识,爱深思,较不看重语言文字之分析。在西方崇尚理智的哲学传统看来,像神秘,又像是笼统,不科学。但在东方人来说,这是自然,是天人合一,是至诚。"②可惜的是,随着理智的"日进无疆",人类这种"万物一体的境界"与"先知先觉的功能"却在日渐丧失。正如钱穆所言,"把直觉平铺放开了,翻译成一长篇说话。把凝聚成一点卷紧成一团的抽成一线,或放成一平面。混沌凿了,理智显了,万物一体之浑然之感,与夫对宇宙自然之一种先觉先知之能,却亦日渐丧失了"。③

重视直觉思维是五四以来文化保守主义所共同强调的,这一特点既

---

① 钱穆:《人生十论:如何探究人生真理》。
② 钱穆:《湖上闲思录》,第132页。
③ 同上书,第131页。

与回应西方科学与理智的背景有关,也是现代儒学与传统儒学相衔接的枢纽。现代新儒家的学者对直觉的讨论也非常多,例如梁漱溟有"本能的直觉",熊十力有"超知的证会",冯友兰有"负的方法"等。对直觉的激烈讨论始于20世纪初由张君劢发起的"科玄论战"。在这场论战之前,梁漱溟在其成名作《东西文化及其哲学》中就曾提出过对于"玄学"、"直觉"等问题的看法。经过"人生观论战"这场声势浩大、旷日持久的文化战争,直觉问题迅速扩大为一个全国范围的论题。对于梁漱溟、冯友兰等人的直觉思想,学界讨论颇多,而对于首先发起"科玄论战"的张君劢,人们则多有忽视。

张君劢在"人生观论战"中最为著名的命题就是"玄学为人生观立法",他也因此被丁文江冠以"玄学鬼"的头衔。20世纪初的"人生观论战",张君劢认为不能简单、狭隘地理解为一场关于人生观或者人生哲学问题的论争,他说:

> 实际上,它更准确的名称应该是"科学与玄学的论战"。进一步说,论战中所谓来看待宇宙问题,从而使儒家的兴趣倾向于道德价值方面,对儒家而言,道德价值比逻辑、知识论或任何纯粹抽象的知识具有更重要的功用。"玄学"指的就是经典意义的"哲学"或曰"形而上学",所以,这场论战的实质是哲学与科学的冲突;并且……这是一场"认知"与"意向"、"知识"与"价值"、"理智主义"与"意志主义"、"工具理性"与"目的理性",科学主义与人文主义的交锋。[①]

科学的方法即是理智的方法,而玄学的方法正是直觉的方法。

张君劢提出"科学不能支配人生观"的论断,成为近代史上公开向科学宣战之第一人。张君劢通过对知识的重新划界,将科学发挥作用的范围限定于物质世界,而在精神领域,只能用玄学的方法——直觉的方法,

---

① 黄玉顺:《超越知识与价值的紧张》,成都:四川人民出版社,2002,第12-13页。

才能把握人文世界的真理。"柏氏断言理智之为用,不适于求实在。然而人心之隐微处,活动也,自发也,是之谓实在,是之谓生活。既非理智之范畴所能把捉,故惟有一法,曰直觉而已。是柏氏玄学之内容也"。① 张君劢把"直觉"直接与"玄学"挂钩,把直觉的方法等同于玄学的内容。这里不想对玄学做更深的讨论,只想借下面一段话来阐述我的观点。

记得做过玄学大家汤用彤先生研究生的许抗生在《魏晋玄学史》的序言中写道:"一般说来,玄学乃是一种本性之学,即研究自然(天地、万物)和人类社会(人)的本性的一种学说。它的根本思想是主张顺应自然的本性。它是先秦道家崇尚自然主义思想的继承与发展。……玄学为本性之学,它探求宇宙与人类的本性,则是对汉代理论思维的一次升华。"有人把玄学称为"本体之学",认为玄学是一种"形而上学"。本文更倾向于采用许抗生先生的说法,即玄学乃是"本性之学"。若从"本性之学"的角度来看张君劢对直觉的定义:"所谓直觉,依各直接所感所知之能(faculty)推定外界事物之理曰如是如是。孔子所谓己所不欲,勿施于人。孟子所谓良知良能,即自此直觉之知(Intuition)来也。"② 则不难理解张君劢之直觉,最终还是落实到中国传统文化中之"良心"、"性命"与"道德"诸端。

孟子是张君劢最为推崇的思想家之一,而且张君劢说自己继承的正是孟子和阳明心学一派的思想路线。"心"是可以辨别善恶是非的,因而在"直觉观"上,张君劢直接赋予直觉以判别是非善恶的"良知良能"的功用。具体说来有以下两点:

首先:人有四端。"恻隐之心,仁之端也;羞恶之心,义之端也;辞让之心,礼之端也;是非之心,智之端也。"(《孟子·公孙丑上》)孟子认为:四端与生俱来,如同人有四肢,四端乃为天赋。张君劢认为"人之四端"乃是直觉所具有的价值评判功能的人性论基础。

---

① 张君劢:《中西印哲学文集》,台湾:台湾学生书局,1981,第958页。
② 张君劢:《中西印哲学文集》,台湾:台湾学生书局,1981,第235-236页。

其次:作为道德准绳的善,应该出于情理自然,完全以是非为标准,不可以参以利益的动机。人有此四端,辨别是非善恶,是直接诉诸个人之良心。孔子说"行己有耻"、"克己复礼",都是直接针对主体个人耳提面命。直觉思维超越经验的特点,保证了作为道德准绳的善不受利益的干扰,从而保证了行善动机的纯洁性。

二

钱穆所论之直觉和张君劢所论之直觉具有以下共同点:

(一)都受到西方生命哲学思潮的影响

生命哲学对钱穆的影响主要体现在两个方面:重视心生命和重视客观经验。

从对生命的理解来看,钱穆提出生命最重要的两个方面。他认为,生命最重要的两个方面是身生命与心生命。身生命赋自地天大自然,心生命则全由人类自己创造。故身生命乃在自然物质世界中,而心生命则在文化精神世界中。由身生命转出心生命,这是生命中的大变化,大进步。动物尽管已有心的端倪,有心的活动,但不能说它们有了心生命。只有人类才有心生命。人生主要的生命在心不在身。身生命是狭小的,仅限于各自的七尺之躯。心生命是广大的,如夫妻、父母、子女、兄弟,可以心与心相印,心与心相融,共成一个家庭的大生命。推而至于亲戚、朋友、邻里、乡党、国家、社会、天下,可以融成一个人类的大生命。身生命也是短暂的,仅限于各自的百年之寿,心生命是悠久的,常存天地间,永生不灭。孔子的心生命两千五百年依然常存,古人心后人心可以相通相印,融合成一个心的大生命。

心生命的意义与价值就在于人类的历史文化是由人类心生命创造而成的。动物只有身生命,没有心生命,因此不能创造文化。原始人由于没有进入心生命阶段,也不能有历史文化的形成。人既然在历史文化中产生,也应在历史文化中死去。人类的心生命应该投入到历史文化的大生命中去,这样才能得到存留。在历史长河中留下美名的人的心生命,是在心生命中发展到最高阶层而由后人精选出来,作为人生最高标榜的。人们应该仿照这种标榜与样品来各自制造各自的心生命。

在身生命和心生命发生矛盾和冲突时,钱穆援引孔孟遗训"杀身成仁"、"舍生取义",教人牺牲身生命来捍卫心生命。他说:

> 心生命必寄存于身生命,身生命必投入于心生命,亦如大生命必寄存于小生命,而小生命亦必投入此大生命。上下古今,千万亿兆人之心,可以汇成一大心,而此一大心,仍必寄存表现于每一人之心。中华四千年文化,是中国人一条心的大生命,而至今仍寄存表现在当前吾中国人之心中,只有深浅多少之别而已。①

这个心,是把每个人的个别心汇通成一个群体的共同之心,这个心能上交千古,又能下开后世,一贯而下来养育中华民族之大心,这是一种历史心与文化心。唯有如此,才能使各人的心生命永存不朽于天地之间。

从认识方式看,钱穆认为,在经验与思维这一对矛盾中,人文的认识方式更重经验。西方人认为经验是主观的而思维是客观的,由此引起了主客对立。而中国的儒家摄知归仁,讲爱敬之心,通过思辨达到客观经验的境地,实现了主客统一。钱穆将人的爱敬之心,即仁的思维称为客观经验。他说这种客观经验不是个人的主观经验,也不是主体对外在事物做出反映的客体经验,而是融合了主客体经验为一体的经验,它是人类生命的本体。生命的存在根本上便在于有爱敬之心,即情感,类似于伯格森所说的"绵延"。客观经验就是宋明理学所说的"理",唯有中国儒家经验思维皆有情,把私人小我经验扩大绵延到人类经验之总体,从而超越了私人

---

① 钱穆:《灵魂与心》.桂林:广西师范大学出版社,2004,第114页。

小我之主观性而成为客观经验,故儒家才为中国文化之大宗。钱穆进一步指出,儒家寻求客观经验的思辨,并不主张彻底排除思维而导入纯经验之路,而只是想以一种客观经验来容纳思维,可见,钱穆所谓的客观经验论是容纳思辨又超越思辨的经验直觉主义。虽然钱穆没有留过洋,而且对于西学一直采取拒斥的态度,但不能因此说他对西学没有了解。事实上,在他的论著中多处提到伯格森,不论钱穆本人是否承认,"绵延"、"客观经验"、"历史心"、"文化心"、"历史大生命"之类的提法显然是受到了生命哲学的影响。

张君劢接受生命哲学思潮的影响,始于他随梁启超第二次欧游期间。张君劢师从德国唯心主义哲学家倭伊铿攻读哲学,可以说是他一生思想的一个重要分水岭。1920 年 6 月 27 日,在致林宰平的信中,张君劢对倭伊铿的学说进行了概括,他也因此成为系统介绍倭氏哲学的第一人。张君劢认为,倭伊铿的思想与孔子的"惟天下之至诚,为能尽其性;则可以赞天地之化育"的思想"极相类":"孔子之所谓诚,即奥氏所谓精神生活也;孔子之所谓以诚尽人性物性者,即奥氏所谓以精神生活贯彻心物二者也。奥氏之所谓克制奋斗,则又孔子克己复理之说也。"①

张君劢主要接受了倭伊铿的"精神生活说"和"精神生活奋斗说"。倭氏所谓精神生活,张君劢认为,就人而言,则人之所以为人;就世界之大而言,而为浩瀚宇宙之真理,其义至广大而精微。精神生活,就是自我生活;自我生活扩充及于世界,就是世界生活。倭伊铿所谓"人",所谓"宇宙之真源",二者同属于精神生活的范畴。倭伊铿的精神生活哲学是因反抗主智主义、自然主义而起的。张君劢指出,自然主义,只知所谓物,不知所谓心,且其末流之弊,降为物质文明,所以自然主义不能满足人生的要求;主智主义,虽知所谓心,又仅陷于思想一部,而不能概生活全体,所以

---

① 张君劢:《致林宰平学长函告倭氏晤谈及德国哲学思想要略》,中西印哲学文集下. 台湾学生书局,1983:1117 页。

也需要求一立足点:只有倭伊铿的精神生活哲学,既不偏于物,又不偏于旧唯心主义之思想,而兼心物二者,推及人生全部,以人类生活之日进不息为目标,外则无所不包,内则汇归于一,可以使人生发达,归于"大中至正"之途。

倭伊铿的精神生活哲学之所以能调和心物超脱主客之上,原因就在于他提出的"精神生活奋斗说"。张君劢根据用力方法的不同将倭伊铿的所谓奋斗分为三个阶段:第一个阶段是确认精神生活的存在,并且在个人心中体验它的存在,他把这一阶段称为"立定脚跟之境";第二个阶段是因体验而产生怀疑,他把这一阶段称为"交争之境";第三个阶段是因怀疑而产生精神上超越一切的要求,它把这一阶段称为"克胜之境"。但是精神生活境界并非止于克胜之境,在倭氏看来,人生是无止境的,真理亦无止境,真理无止境,奋斗亦无止境。

在张君劢的思想渊源中,伯格森生命哲学也是非常重要的一方面。张君劢在与丁文江的论战中,多次援引伯格森的思想甚至原话作为论证。胡适在《孙行者和张君劢》一文中就明确指出:张君劢所宣扬的观点,来自伯格森哲学。丁文江也认为张君劢的人生观,一部分是来自于玄学大家伯格森。伯格森的哲学具有神秘主义、唯意志主义和贬低理性、崇尚直觉的非理性主义的特点。张君劢的直觉观念最初来源于伯格森,"柏氏断言理智之为用,不适于求实在。然而人心之隐微处,活动也,自发也,是之谓实在,是之谓生活。既非理智之范畴所能把捉,故惟有一法,曰直觉而已。是柏氏玄学之内容也"。① 在人生观这样一个特殊的论域,科学的方法是无效的,是"非理智之范畴所能把捉的",只有"玄学"才能为人生观立法。玄学的方法就是直觉的方法,因此他又提出"人生观起于直觉"的论断。"科学为论理的方法所支配,而人生观则起于直觉。……若夫人生观,……初无论理学之公例以限制之,无所谓定义,无所谓方法,皆其自身

---

① 张君劢:《中西印哲学文集》,台湾:台湾学生书局,1981,第958页。

良心之所命起而主张之,以为天下后世表率,故曰直觉的也。"① 随着张君劢思想的逐步深入,他逐渐对生命哲学感到不满,而转向康德哲学,这里不做更多讨论。

(二) 都认识到人文学科认识方法的特殊性

钱穆是中国近代史学史上儒家人文主义史学家的代表,他继承和发展了中国传统哲学的认识论思想,提出人文科学的认识方式和自然科学的方式是完全不同的。钱穆认为建立人文科学必须具备价值观和仁慈心两个条件,不仅要有智识上的冷静与平淡,而且要有情感上的恳切与激动,纯理智决不能把握世界人生的真相。所谓仁慈心就是道德与情感。他说,近代西方人文科学从自然科学的认识方式出发来揭示人类社会和建立新的人文科学是错误的。要建立新的人文科学,应该把它建立在价值观和仁慈心的基础上。因为自然科学研究的客体可以是无差别的,也不是人类自身,因而可以是纯理智和无情感的。而人文科学研究客体是一个个不同的人,这就不能不有一种价值观。"抹杀了价值,抹杀了阶级等第而来研究人文科学,要想把自然科学上的一视平等的精神移植到人文科学的园地里来,这又是现代人文科学不能理想发展的一个原因。"② 我们要建立的新的人文科学,既不乞灵于牛顿与达尔文,也不乞灵于上帝或神。真正的人文科学家,不仅要有知识上的冷静与平淡,也应该有情感上的恳切与激动。这并不是说要喜怒用事,爱憎任私,而是说要对研究的对象,有一番极广博极诚挚的仁慈之心。

要寻求一种心习,富于价值观,又富于仁慈心,而又不致染上宗教色彩,又能实事求是向人类本身去探讨人生知识的,而又不是消极与悲观,如印度佛学般只讲出世的,那只有中国的儒家思想。现代人都知道儒

---

① 张君劢:《中西印哲学文集》,台湾:台湾学生书局,1981,第 909 – 913 页。
② 钱穆:《湖上闲思录》,北京:北京三联书店,2000,第 152 页。

家思想不是宗教,但同时又说它不是科学。其实儒家思想只不是自然科学、物质科学与生命科学,却不能说它不是一种人文科学。至少它具备想要建立人文科学的几个心习,那就是重直觉与经验,寓价值观与仁慈心。

　　从所关注的对象来看,科学关注客体,而人文关注主体。科学当然也关注人,但是当它把人作为一个对象来研究时,它是把人看作一个物质存在物,即便是研究人的精神,也是要寻找其客观规律。人文态度则不同,它眼中的人是道德的主体,它关注的是人的尊严和意义,它关注的是善和美,而不是真,即便是真,也不是规律的真,而是情感的真。人文精神的判断是:善的就是真的;而科学精神的判断是:真的才是善的。正是从这一点出发,张君劢分析了人生观问题与科学的五大差别:1. 科学为客观的,人生观为主观的;2. 科学为论理学方法所支配,而人生观则起于直觉;3. 科学可以从分析方法下手,而人生观为综合的;4. 科学为因果律所支配,而人生观则为自由意志的;5. 科学起于对象之相同现象,而人生观起于人格之单一性。① 而正是人生观的上述特点,规定了科学的限度:"科学无论如何发达,而人生观问题之解决,决非科学所能为力,惟赖诸人类之自身而已。而所谓古今大思想家,即对于此人生观问题,有所贡献者也。……彼此各执一词,而决无绝对之是与非。……盖人生观,既无客观标准,故惟有反求之于己,而决不能以他人之现成之人生观,作为我之人生观者也。"② 由于人生观具有主观的、直觉的、综合的、自由意志的、单一的五大特点,所以对于人文学科的认识方法决不能是科学的、理智的方法,而只能是玄学的、直觉的方法。

　　张钱二人对于科学的限度以及科学精神与人文精神的不同都有清醒的认识。概言之,人文精神具有以下特点:(1) 反功利性。人文精神有超出目前的状况、不计较当前的得失——尤其是物质利益得失而为信仰、目

---

① 张君劢:《中西印哲学文集》,台湾:台湾学生书局,1981,第 909 – 912 页。
② 同上书,第 913 页。

标或价值献身的倾向。对于永恒价值的追求使得人文精神常常表现出反功利主义的特点。(2)模糊性。人文精神所追求的多与科学精神相反,不是精确化,而是模糊化,这是因为它的对象是不可能精确化、定量化的。我们无法严格确定哪一种价值更具有真理性、哪一个民族的道德更道德。换句话说,在人文领域不存在严格的因果性,相应的输入不一定有相应的输出,因而无法控制。这与遵循因果规律的科学领域不同。(3)价值多元性。人文精神就是多元精神。它追求人的多元化发展,主张每个人都应当是有个性的。多元精神坚持价值和意义的多样性,反对统一化、普遍化的要求,因为人的本性就应当是多元的,而不应当是千篇一律的雷同,人性的,就意味着多样的。所以人文精神就意味着要打破各种严格的、非人性的清规戒律,它追求的恰好是不确定性,而不是确定性。(4)自由意志性。这也是由人文精神追求多元的倾向决定的。要发展个性就必须打破对人的种种限制,这就要求有自由。这种自由与自然科学所理解的自由迥然不同,自然科学上的自由是指对自觉规律的控制,就是说只是对自然规律的利用,它是有前提条件的,这种自由只在自然规律允许的范围内和前提下才存在。这种自由从人文精神的角度看不是自由,真正的自由是按照自由意志行事,用康德的话说,叫做"实践理性",还原为中国传统文化的表述,叫做"为仁由己"。

对于科学与人文的区别的自觉直接导致了认识方法上直觉与理智的二分。张君劢和钱穆虽然都重视直觉,却也没有因此否定理智的作用。钱穆并不是绝对反对理智,他反对的只是纯理智的以科学的心习去研究人文科学。张君劢受到康德哲学的影响不仅表现在"道德论"方面,而且表现在"知识论"方面。在知识与德性的关系上,钱张二人都表现出调和理智与直觉、知识与德性并重的倾向。

钱穆提出,人的存在是有理想和目的的,学习知识是人之生存和发展所必需的,是为追求理想和目的服务的。所谓以知识融通德性,即主张做学问要师之积学,博涉多方,做人要从历史里探求本源,在大时代的变化里肩负维护历史文化的责任,与中国传统儒家"尊德性而道问学"的学术精神相一致。

为学与做人,乃是一事之两面。若做人条件不够,则所做之学问,仍不能达到一种最高境界。但另一方面,训练他做学问,也即是训练他做人。如虚心,肯负责,有恒,能淡于功利,能服善,能忘我,能有孤往精神,能有极深之自信等,此等皆属人之德性。具备此种德性,方能做一理想人,方能做出理想的学问。真做学问,则必须同时训练此种德性。若忽略了此一面,便不能真正到达那一面。①

钱穆继承了朱熹"格物致知"的治学方法,同时坚持了王阳明"致良知"的致思方向,体现出融合程朱理学和陆王心学的思想风格。

在思想资源的汲取方面,张君劢和钱穆有所不同,除了共同的儒家思想渊源,张君劢还受到了康德哲学的影响。随着张君劢思想的逐步深入,他不久就对倭氏柏氏哲学感到了不满,他认为这二人的学说侧重于所谓生活之流,归宿于反理智主义,将一二百年来欧洲哲学系统中之知识论弃之不顾。而康德的知识论综合了欧洲的经验主义认识论和理性主义认识论。康德主张德知并重,"与儒家之仁智兼顾、佛家悲智双修之途辙",则别无二致。②受康德哲学的影响,张君劢的"唯实的唯心主义"哲学体系也主张调和西方哲学中的理性主义和经验主义、中国儒家哲学中的孟子与荀子、陆王与程朱的分歧,实现心物平衡,理智与直觉并重,道德与知识并举。

(三)都赋予直觉的方法以道德本体论的内涵

钱穆认为,心和精神既有认识的功能,又是认识的对象,因而对于人

---

① 钱穆:《新亚遗铎摘抄,钱穆纪念文集》,上海:上海人民出版社,1992,第205页。

② 张君劢:《中西印哲学文集(上)》,台湾:台湾学生书局,1983,第44页。

文世界的认识具有"体用不二"的性质与特征。在西方思想中,经验与思维是主客对立的,而能够融情感于经验和思维,恰当处理好三者关系的只有中国的儒家。在这里,钱穆所说的经验与思维不仅是一认识论问题,还包括了本体论和价值论。他认为中国儒家思想的长处就在于以价值论来限定和统摄认识论,将本体论和认识论融合为一。人类生命是融本体与认知能力和情感为一体的,所以单凭理智和科学的分析是无法认识的,只有直觉才能体悟到人生最本质和最有价值的道德和情感。在这里,他特别强调情感在认识当中的作用。直觉不仅不排斥情感,而且以情感作为基础。只有情感最丰沛的人,才是直觉最敏锐的人。"故中国人生彻头彻尾乃人本位,亦即人情本位之一种艺术与道德。"①在情感问题上,钱穆不再采用李翱的"性善情邪"说,而认为本然之性和天赋的情感是统一在心体之内的,这与朱熹"心统性情"的观点相一致。他把传统哲学中性与情的对立,转换为情与欲的对立,他说:"情以理节,欲以法制,两者之别,实有深意之存在。"②他认为,中国人看重道德,是重情轻欲的;西方人崇尚权力,是重欲轻情的,这是中西方文化的一大区别。把情感上升到道德本体论的高度,乃是直觉由认识论而本体论的理论基础。

　　钱穆认为,真实而丰富的情感是一个有道德的人最应具备的品质。他对孔子推崇备至,而最为看重的,乃是孔子的真情挚性。人必有哀乐之情感,否则不能称之为人。孔子虽在后世获得了光芒万丈的荣耀,但孔子亦是一平凡人,哀乐之流露处,乃见其真性挚情。"子食于有丧者之侧,未尝饱也。子于是日哭,则不歌。"(《述而》)"见齐衰者,虽狎必变。"(《乡党》)虽然丧葬以为日常习见,但孔子见到有穿丧服之人,仍为之动容。又言:"凶服者式之。"(《乡党》)可见孔子对死者,有一份敬悼的哀情。同时他也有他的乐趣,"子在齐闻韶,三月不知肉味"。(《述而》)"子与人

---

① 钱穆:《晚学盲言》,桂林:广西师范大学出版社,2004,第399页。
② 同上书,第397页。

歌而善,必使反之,而后和之。"孔子对于音乐乃有深挚的趣味,一个具有艺术气质的,必也是热爱生活的人。总而言之,孔子是一个感情恳挚而浓郁的人,其哀乐之情,皆沉着而深厚。正是由这种沉着而深厚的感情为基础,才有了孔子一生事业之成就。"仁"为儒家道德本体论最重要的观念。子曰:"巧言令色,鲜矣仁。"(《学而》)人与人相处,贵在直心由中,以真感情相感通,巧言令色以求取悦于别人,非仁也。孔子之"仁"完全是发于真情挚性,没有任何虚伪与应付。仁者,二人也。仁字的本意就是人与人相处之道,自内部言之,人与人相处所共有之同情曰"仁心",自外部言之,人与人相处所躬行之大道曰"仁道",凡能具仁心而行仁道者,曰"仁人"。钱穆言:"人群当以真心真情相处,是仁也。"①在钱穆的勾勒下,孔子不再是几缕檀香背后那张泛黄的圣人像,而是一个促膝谈心的朋友,一位耳提面命的师长。怀着这种心情,进入到孔子的学说当中来,彷佛置身于圣人谆谆教诲的学堂之上,所受所感必不相同。只有以真实的情感相沟通,才能成为具仁心而行仁道的"仁人",这是直觉的方法所具有的道德本体论的内涵。

张君劢在哲学本体论上既是二元论的,也是唯心论的,一方面,他认为心与物是宇宙间的根本元素,两相对立,二者都是本原,"既非由甲生乙,亦非由乙生甲"②。但是他又说:"心者应视为宇宙之根本也,非自物质流出者也,非物质世界中寄宿之旅客也。申言之,心之地位,至少应与物同视为宇宙之根本与实在。惟如此,宇宙观之不以心为根本或特殊物者,则其说终无以自圆。"③他一方面强调心物并重,认为一切事物都是理性与经验的共同组合,但同时又强调心或理性永远处于主宰地位。在张君劢看来,本体是超时空的绝对精神,它超绝神秘,不是感觉的对象,也不

---

① 钱穆:《钱宾四先生全集·论语要略》,台湾:联经出版社,1998,第85页。
② 张君劢:《中西印哲学文集》,台湾:台湾学生书局,1983,第91-92页。
③ 同上书,第100-101页。

是思维的内容,因此知识对于本体是无能为力的,本体只能在道德界中由人们作神秘主义的领会。张君劢对直觉的解释是:"所谓直觉,依各直接所感所知之能(faculty)推定外界事物之理曰如是如是。孔子所谓己所不欲,勿施于人。孟子所谓良知良能,即自此直觉之知(Intuition)来也。"①从这个定义中也可以清楚地看到,张君劢将直觉理解为中国哲学智慧中的"价值理性"(道德),已经不仅仅是从认识方法上来讲直觉,而也是从道德本体论的角度来讲的。

无论是钱穆的"本能"还是张君劢的"本性",讲直觉的方法,其实质都是在讲中国人的文化人生和道德生活,这是钱穆和张君劢的共同特点。二人的不同点在于张君劢只将直觉用于人生观领域,而钱穆则把它看成整个中国哲学区别于西学的独特的方法。直觉即功夫即本体的观点,不是张钱二人独有,冯友兰也有类似的论述。冯友兰认为"正的方法",即逻辑分析的方法不能达到人生的最高境界,只有"负的方法"才能进入最高的"天地境界"。"天地境界"是圣人的境界,天地境界的人具有理、气、道体、大全的概念,以这些概念来看万事万物,则我与万物融为一体。引导人入圣域的"负的方法"便是直觉的方法。冯友兰的直觉,同样是在本体论的层面上讨论,但冯友兰的本体论不能称为道德本体论,而应称之为"形而上学"本体论。因为在冯友兰那里,道德境界是比天地境界低一级的精神境界,冯友兰不满足于传统儒学的道德本体论,而是以理、气、道体、大全等概念建构了一个形而上学的体系,直觉的方法正是透过道德境界到达形而上学境界的方法。钱穆和张君劢则更钟情于传统儒学的路子,将本体、天人合一都确定在人文世界当中,钱穆多次提到,"中国传统文化,彻头彻尾,乃是一种人道精神、道德精神""修身齐家治国平天下,全只是在人圈子里尽人道。人道则只是一善字,最高道德也便是至善。

---

① 张君劢:《中西印哲学文集》,台湾:台湾学生书局,1983,第235-236页。

因此说,治国的文化精神,要言之,则只是一种人文主义的道德精神。"①"故中国传统文化精神,乃一切寄托在人生实务上,一切寄托在人生实务之道德修养上,一切寄托在教育意义上。"②张君劢也是将直觉直接定义为"孔子所谓己所不欲,勿施于人"和"孟子所谓良知良能",所以我们说这是一种"道德本体论"的直觉观。

三

钱穆和张君劢二人在直觉主义上的共同点来源于文化认同上的一致性。

张君劢和钱穆在近现代哲学中的处境同样是尴尬的。"张君劢是一个徘徊于政治和学问之间"的人物,一般而言,海内外学术界肯定张君劢作为政治家、新儒家在中国文化建设、宪政建设方面的重要贡献与影响,但对其作为思想家的学术理论体系往往研究不多,评价不高。这无形中削弱了张的影响,也泯灭了其作为新儒家所阐发的人生哲学智慧对于我们当下的文化建设所应有的借鉴意义。学界研究张君劢,无论港台或大陆,更注重其"外王"事业,即其宪政思想和作为政治家的影响,至于其"内圣"之心性学,尤其是其内圣外王自然贯通之理论体系,学界研究还远远不够,评价亦有失中肯与公正。当今学者论及新儒家人物,往往都会跳过张君劢,其在学界之吊诡地位可想而知。

钱穆作为20世纪最一流的学者,被称为"最后一位国学大师",其在国学方面的造诣是领袖群伦的,把他称为历史学家、国学大师都不会有太多异议。但对钱穆的哲学思想,特别是人生哲学思想却很少有人问津。人生观问题是近代中国文化的核心问题,钱穆先生作为二十世纪中国知

---

① 钱穆:《民族与文化》,香港:香港新亚书院,1962,第29页。
② 钱穆:《民族与文化》,香港:香港新亚书院,1962,第33页。

识分子的代表人物，同样肩负着救亡与启蒙的双重历史使命，他一生以弘扬和传承中国传统文化为己任，并且认为文化是历史的内容与归宿，而人又是文化的中心，人生、人类生活才是文化的本质。因此，他不可能不关注人生的问题。他不仅有讨论人生的专著《人生十论》，而且他的人生观思想贯穿于他的整个学术体系，与他的历史、文化、哲学、政治、宗教、艺术、文学思想相始终，散见于著述各处的关于人生的论述数量众多。这与对钱穆人生哲学的研究现状形成强烈的反差。

张君劢和钱穆两人在哲学理论方面共同的缺失是显而易见的，没有系统的体系建构，也缺乏深入全面的理论分析。张君劢早年追随梁启超从事立宪活动，是政闻社的骨干人物，自30年代又组建或者参与组建过中国国家社会党、中国民主政团同盟和中国民主社会党，参加过两次宪政运动，是国防参议会参议员，国民参政会参政员，1946年政治协商会议代表，并为《中华民国宪法》起草人之一。张君劢这种既搞政治、又搞学术的生涯对他的学术研究有一定的消极影响。从事政治活动，必然耗费大量的时间和精力，而且在1950年以前，张君劢的主要时间和精力是用在政治活动上面。没有一定的时间和精力作保证，很难在学术上取得巨大成就，所谓"鱼与熊掌无法兼得"。冯友兰和贺麟成名要晚于张君劢，冯友兰创立了新理学新儒学思想体系，贺麟创立了新心学新儒学思想体系，而张君劢的"唯实的唯心主义"体系并没有真正地创建起来，一个重要的原因，就是他的政治活动耗费了过多的时间和精力。但政治活动带来的影响也并非完全是负面的，正是这样一个"志于儒行，期于民主"的张君劢，对道德人生和民主宪政、对"德法合一"和"内圣外王"，有着象牙塔里的学者不可能获得的独到体悟。

钱穆的学术之路是以研究子学肇始，以史学研究成名。其历史名家的地位无庸置疑。其实，钱穆学术思想涉及十分宽广的领域，其在历史、哲学、宗教、政治、经济、文学、教育以及中西文化比较等学术范畴，都有十分重要而引人注目的建树，他以一生心力凝结而成的人文思想，更是现代中国思想史上的一座精神丰碑,是振兴民族文化的富矿。在20世纪文化学者中,钱穆所走的是一条与众不同的学术之路,他没有留学经历,但学贯中西,他终身致力于国学研究,又突破了传统国学的治学范式,他坚守民族文化立场,其学术眼界却明显超越了五四期单纯固守本土文化的"国粹派"的视线。钱穆一生治学反对门户之见,杏坛教学生涯以造就"通学"和"通人"为目标,在文化建设上更是秉持立足于整个文化传统的大文化观。钱穆试图打通各个学科门类的界限,所以哲学与人生连言,人生与文化连言,没有过多的理论抽象和逻辑推理,对人生问题的讨论都是博尔返约,心有所感、性之所致,信手拈来,语句随和娓娓道来,全然是中国学问切几体察、虚心涵泳的味道。与其说这是钱穆的失误处,不如说是其动人处。

作为同辈学人,钱穆与张君劢似乎也谈不上什么私交。1958年元旦,张君劢、唐君毅、牟宗三、徐复观在香港《民主评论》上发表《中国文化与世界——我们对中国学术研究及中国文化与世界文化前途之共同认识》的宣言,被认为是新儒家的形成标志,当时曾邀钱穆联署,而钱穆拒绝了。许多学者以这则材料为依据,将钱穆和新儒家划清了界限。但是不能因此而否定的是,二人对于文化和人生的深切关注是共同的。面对内忧外患的民族危亡,他们都以一种历史的担当感来捍卫中国文化,重振民族精神。张君劢认为"人生观是文化的核心",钱穆也提出"文化就是人生"。在以新文化来领导新民族,以新人生观来重塑"新人"这一点上,二人是没有分歧的。这种看似最低限度的一致,却是最本质的文化认同的一致。如果用"民主"和"法治"来标注张君劢,用"史学"和"教育"来标注钱穆,那么他们的不同是明显的。但回顾20世纪的中国知识分子,他们却有共同的关键词:"文化"和"人生"。

钱穆毕生从事教育事业,从乡教十年到北大讲学,从流转西南到定居台湾,为文化建设培养了大批优秀的学术人才。钱穆怀抱着对传统文化的"温情与敬意",开创了"大器通学"的一派学风,为中国学统的建设作出了贡献。张君劢是一个"徘徊于学术和政治之间"的人物,他对儒家内圣强而外王弱的不足有着充分的认识,投入大量的精力在民主法治体制的建构上,为中国现代政统的开出而孜孜不倦地努力着。钱穆一生最为推崇孔子和朱子:

> 在中国历史上,前古有孔子,近古有朱子,此两人,皆在中国学术思想史及中国文化史上发出莫大声光,留下莫大影响。旷观全史,恐无第三人堪与伦比。孔子集前古学术思想之大成,开创儒学,成为中国文化传统中一主要骨干。北宋理学兴起,乃儒学之重光。朱子崛起南宋,不仅能集北宋以来理学之大成,并亦可谓乃集孔子以下学术思想之大成。此两人,先后矗立,皆能汇纳群流,归之一趋。自有朱子,而后孔子以下之儒,乃重获新生机,发挥新精神,直迄于今。①

张君劢则最为看重孟子和阳明。他称赞孟子不仅是"继承中国道统之孔子的继承者",②而且"实为一有过于孔子之伟大哲学家"。③ 孔子的贡献是为儒学奠定根基,孟子则是"阐明其原理,深究其意蕴",④从而建立起明晰的儒学体系。孟子给予后世哲学家的基准是:称尧舜、道性善、主能思之心、养崇高之德。⑤ 此等基准为后世哲学家特别是陆王心学所继承,对中华民族的民族精神和思想特点的形成,起了非常重要的作用。

钱穆在气象上近孔子,为由"书斋"而"讲坛",为弘扬学统的一代儒师;张君劢在气象上近孟子,由"仁心"而"仁政",为兼济天下的一代儒仕。无论选择哪一种方式,他们最终关注的仍然是中国传统文化的复活和中华民族精神的延续。这使我想起了牟宗三先生提出的"三统并建"。中国社会的现代化应当道统、政统、学统"三统并建",以道统来领导政统

---

① 钱穆:《朱子新学案》,台湾:联经出版社,1998,第3页。
② 郑大华:《张君劢学术思想评传》,北京:北京图书馆出版社,1999,第68页。
③ 同上注。
④ 同上注。
⑤ 同上注。

与学统,以政统和学统来实现道统。如果将道统做一个"钱穆式"的广义的理解——"整个中国文化传统即是道统",那么钱穆和张君劢两人正是这个道统上,并蒂而开的两朵奇葩,无论他们的人生经历和致力领域有多大的不同,他们最终的落脚点却是殊途同归的。

(原载于《哲学门》第26辑,北京大学出版社2012年版)

朱清华

朱清华，1972年9月生于山东阳信。北京大学哲学博士，首都师范大学副教授、硕士生导师。专治西方古代哲学、海德格尔哲学。专著有《回到源初的生存现象：海德格尔前期对亚里士多德的存在论诠释》等，译著有《柏拉图与〈理想国〉》、《亚里士多德-发展史纲要》等。在《世界哲学》、《现代哲学》等期刊上发表学术论文十余篇。和学界同仁共创《学灯》学刊，网刊历时8载，《学灯》纸版自2015年由香港浸会大学资助出版。

柏拉图的正义与幸福

柏拉图的《理想国》内容丰富,洋洋大观。有人在里面看到了形而上学,有人看到了政治学,有人看到伦理学,有人看到教育学,还有人看到了女权主义。确实,柏拉图对这些学科理论都提出了自己鲜明的主张。本文关注于他在《理想国》中提出的一整套的教育体系的目的—幸福。首先,什么是幸福? 在古希腊,一般而言幸福就是生活得"好"或者说善。在苏格拉底看来,人都以好的事物(善,agathos)为自己行为的目的。有很多东西都被看作好的(善):富裕、健康、俊美以及身体方面其他的优点;出身、权力、荣誉,以及节制,正直,勇敢这些德性,还有智慧,好运,等等。(《欧绪德摩篇》279A)那么要生活得幸福,需要获得什么样的善呢?苏格拉底已经确定了达致幸福的善的领域,那就是灵魂上的而非外在的善。苏格拉底在法庭上大声指斥雅典人,"最优秀的人啊,你们是雅典城邦的公民,这是最伟大的城邦,以其智慧和能力而闻名于世,你们难道不感到羞耻吗,因为你们只关心获得财富、声望和荣耀,而从不关心也不思考智慧、真理和灵魂的完善?"(《申辩》29D)①智慧、真理和灵魂的完善才是真正值得人去关心的,外在的善以及身体的善,都不是获得幸福的首要因素。在《理想国》第一卷,苏格拉底进一步通过技艺类比和功能论证来说明生活的好,即幸福是灵魂的善——德性的结果(352E ff.)。每个事物凡是有一种功能的,都有一种特定的德性,眼睛、耳朵有视、听的功能,它们

---

① 翻译据 Plato, *Plato*: *With an English Translation I*, trans. By Harold North Fowler, Cambridge, Mass.: Harvard University Press; London: Heinemann, 1946 – 1976, p. 109.

能够看、听，乃是因为眼睛、耳朵都有其德性。① 如果它们失掉自己的德性，就不能发挥自己的功能了。人的心灵也有自己特有的功能，所以也要有自己的特有的德性，才能生活得好。而正义就是灵魂的德性，所以，"一个正义的灵魂和一个正义的人就会生活得好，而不正义的人就会生活的悲惨"。(《理想国》354E)②

正义的人比不正义的人生活更加幸福，这是柏拉图在这部副标题为《论正义》的著作中除了讨论正义是什么之外的另一个重要论题。苏格拉底和智者色拉叙马霍斯在论辩过程中，提出了这个重要的论点。他将善的事物划分为三类(《理想国》357B－C)，第一类是仅仅为其自身而要它，比如快乐。这样的事物没有别的结果。第二类是既为其自身又为其后果的善，它们在这两个方面都是好的。第三类是仅仅为了其后果而被追求的善，它们自身并不可爱，比如体育训练、医疗等。这三类善中，显然第二类善最好。因为它优于其他的两种，其他的只有一种善，而它兼有两种善：它自身和它的结果都是好的。苏格拉底认为，正义应当属于那种最好的善，它的后果是好的，它自身也是好的。但是只是提出这个论点并不能令人信服，作为苏格拉底的追随者的格劳孔和阿德曼托斯就表示，虽然他们很乐意相信苏格拉底所说的，但是人们的作为却表明，正义之事乃是人们不得已而为之，如果做不正义的事情不受惩罚的话，人们会纷纷作不正义的事情以捞取好处。假设做正义的人反而对自己有害的话，人们不会仅仅为了正义自身的缘故而追求它，即使这样做了的人最终也会后悔。也就是说，正义自身并不被人们看作是好的，人们去做正义的事情，仅仅

---

① "德性"希腊文是 arete，arete 表示"任何种类的好、优秀，尤其是男人的品质"，也指神和女人的善，以及物体、动物的善。然后是指道德上美德。*A Greek - English Lexicon*, compiled by Henry George Liddell and Robert Scott, Oxford: Clarendon Press, 1996. p. 238. 这里说眼睛的德性，就是说眼睛能够很好地发挥其功能，眼睛的功能上的好，善。

② Plato, *Complete Works*, edited, with Introduction and Notes, by John M. Cooper, Cambridge: Hackett Publishing Company, 1997, p. 998.

为了结果,为了好的名声、报酬等。这确实是一个很现实的问题。在充当社会教育功能的中国俗语中也包含着类似"修桥补路双瞎眼,杀人放火子孙全"的教训。善人未必有善报,正义的人不一定幸福。但是,柏拉图却力图证明,只有正义的人才会幸福。可以笼统地说,柏拉图用了《理想国》后面的篇幅来回答这两个问题。

一、正义造成幸福?

在《理想国》开始,除去作为前言部分的第一卷,第二、三、四卷正文部分都在探讨建立一个善的城邦(427E)要做的首要的工作,就是对护卫者的教育。这个教育包括了针对身体的体育训练和直接针对灵魂的音乐教育。而教育的这两大门类的最终目的,不是分别为了身体和心灵的健康,这和希腊传统的教育理念不同,柏拉图认为,教育的这两个方面所关注的都是人的灵魂。(410C)目的是使得城邦中的公民有正义的灵魂,而这是整个国家获得幸福的保证。其中首要的是,通过音乐和体育这两方面的教育使得护卫者的灵魂各个部分得到恰当的培养,爱智和激情两个部分刚柔结合,张弛得宜,灵魂达到和谐。以这样的人为基础建立的国家整体被认为是幸福的。这样的城邦是善的,通过这个理想城邦,柏拉图找到了正义在国家中的定义。进而,他通过国家和灵魂的类比,来回答正义对一个人而言是什么,这样才能说明正义能否给公民个人带来幸福。在《理想国》443C-D以及444B-E柏拉图给出了作为人的德性的正义的定义。灵魂的三个构成部分——理性、激情、欲望各做各的事情,相互协调,处于一种和谐的状态,就是正义。如果三个部分内部争斗,互相干涉,一个做另外一个的工作,不适合统治灵魂部分的反叛那应当统治的部分,这就是不正义,是恶。因此,正义被称为"心灵的和谐"。

但问题是,一个和谐的灵魂就能够被认为是通常意义上的正义的吗?[5]再者,这样的人就是幸福的吗?柏拉图对这种正义的进一步说明可以给后者一个肯定的答复,他说,正义的灵魂好比是健康的身体,因为它的各个成分处于一种"自然的"统治和被统治关系中;而不正义的灵魂好比有病的身体,它内部的各个成分"反乎自然地"统治和被统治着(444D)。健康的身体当然比有疾病的身体更幸福。不过,前面一个问题似乎更加致命,如果不解决它,就危及柏拉图关于正义的定义的合法性。完全可以想象一个心灵和谐的人,他极其理性,在任何时候都由理性来统治灵魂,但是他是一个冷酷的不近人情的人,甚至是一个恶人。而反之,一个传统意义上的正义的人,如《理想国》第一卷出现的克法罗斯,则完全不知道柏拉图的正义。如果柏拉图试图论证,正义的人是幸福的人,那么他所谓的正义的人应该过幸福的生活吗?David Sachs 就对此提出了严重的质疑。他在其著名的一篇文章《在柏拉图的〈理想国〉中的一个谬误》[6]中提出了两个著名的问题。这些问题基于他的一个设定,在《理想国》中,实际上有两种正义概念,一种是柏拉图的正义概念,另一种是通常意义上的正义概念。在第一、二卷中色拉叙马霍斯、格劳孔、阿德曼托斯等人所说的正义是通常意义上的正义。而柏拉图自己却另外给出了一个正义的定义。那么问题就来了,第一个问题是,拥有柏拉图的正义的灵魂的人是否不会去做通常被认为是不正义的行为,并且他的行为也符合通常的道德标准?第二个问题是,在通常意义上正义的人,是否就是柏拉图所谓的正义的人?只有对这两个问题都给予肯定的答复,并且给出令人信服的证明,柏拉图才回答了色拉叙马霍斯以及格劳孔和阿德曼托斯的问题,证明了正义自身是好的,它的结果也是好的,正义的人比不正义的人幸福。Sachs 认为,如果只满足第一个要求,拥有柏拉图定义的正义,正义的人就不会犯罪作恶,做俗常认为的不正义的事情。那么,最幸福的人就存在于俗常所称的正义的人中间。那么色拉叙马霍斯的立场就被拒斥了。但是如果不同时满足第二个要求,那么流俗所认为正义的人,如果不符合柏拉图的正义的定义,则他们就是不幸福的。但是在第一卷中出场的克法罗斯等人显然是流俗的正义的人,但是他们没有柏拉图的正义概念,那么他们就是不幸福的。这是我们不能接受的,同时,也不能完全回答格劳孔的问题。如果满足了第二个条件,但是不满足第一个条件,即所有的俗常所谓正义的人都属于柏拉图的正义,也可以证明正义的人是幸福的,从而反驳色拉叙马霍斯。但是却留下一种可能性,存在柏拉图定义的正义的人,他是幸福的,但是他会犯俗常定义的不正义的过错和罪恶。Sachs 认为,柏拉图既没有很好地回答第一个问题,并且甚至没有回答第二个问题。苏格拉底仅仅反复说,符合柏拉图正义的定义的人绝不会抢劫神庙、偷盗、背叛朋友、不遵守誓言等俗常意义的不正义的事情。但是他并没有对之进行证明;而且他甚至都没有提到第二点。所以,Sachs 认为柏拉图并没有达到他整部书的目标——证明正义自身是善的,正义的人是幸福的。

Vlastos[7]肯定了 Sachs 提出的问题的重要性,但是认为,Sachs 的结论并不成立。他指出,和 Sachs 说的不同,柏拉图确实论证了第一点。从柏拉图的正义的定义来看,只有城邦的各个阶层很好地完成了自己的工作的时候,这个城邦才是正义的,类比到灵魂中的正义的定义,只有灵魂的各个成分恰如其分地完成了自己的职责,心灵处于一种和谐状态,拥有这样的灵魂的人才是正义的人。而灵魂的理性部分如果仅仅是发布做什么的命令,还不是完成自己的职责,只有在它作出正当的道德判断并由此发布命令的时候,才在实施自己的功能。而一个不正义的人内心充满了淫荡、贪婪和骄傲。就像在《理想国》第九卷所描绘的多头怪兽,它是肉欲和贪婪的化身,它的一个头被砍去的话,还会再长出新的头。如果这样的怪兽统御了灵魂,那么理性的力量将十分虚弱。所以,应当在怪兽能够统治之前,就应当驯化它,使得理性能够主宰人的整体。正义的灵魂,即和谐的灵魂中,理性的统治不再使用强力,多头怪兽和狮子都自愿地做自己的事情,臣服于理性。理性所发布的命令都是正义的,所以拥有正义——一个和谐的心灵——的人,必定会做正义的事情。而不正义的人的心灵中,没有什么能够阻碍多头怪兽的众多的贪欲,狮子也为所欲为,不受辖制，它们所要求的都不是能够通过正义的手段获得的，所以，这种不正义的人，必定会做不正义的事情。关于第二个问题，Vlastos 的回答非常简单，通常的真正正义的人必然是心灵和谐的。因为谁都不会将那些仅仅出于利益动机而做正义的事情的人称为正义的。这种意义上的正义不是柏拉图的正义，柏拉图也不是要证明这种正义会带来幸福。一个真正意义上的通常而言的正义的人(commonly just man)会非常衷心地和深刻地忠实于通常的道德戒律，承受得住严重的诱惑。

这样就不用担心，柏拉图的正义的人会做通常所说的不正义的事情，而我们通常所说的正义的人也一定会拥有心灵的和谐。但是，Vlastos 没有充分展开的是，正义能够带来幸福，并不仅仅是因为这种和谐，心灵的和谐只能算是幸福的前提条件。在引入形而上学的论证之前，对正义的这个定义只能算作是一个初步的定义。这个定义表现出正义最普遍的特征，但是还没有深究它的本源。只有在富有柏拉图特色的理念、善自身等的讨论对它进行充实之后，真正的正义才显现出来。如果我们分析"洞喻"的话，在柏拉图的理想国中大部分的公民仍然生活在洞穴中。他们不能认识真正的美，真正的善，将影子视为真实。因为他们生活在理想城邦中，就说他们是幸福的，似乎并不充分。只有那些成功地进行了灵魂转向（518D）走出洞穴外的人，哲学家，看到了真实的相的世界，看到了善自身的人，才能真正体会幸福。他们同那些仍然生活在洞穴中的人相比较，"他会宣称第一种灵魂在其经验和生活中是幸福的，他会怜悯后者"。(518A)[1]所以，在柏拉图那里，幸福的获得是一种灵魂的体验，虽然在理想国中，能够获得这样的体验的人城邦已经为他提供了生活上的保障，别人的尊崇、颐养晚年等外在的条件。（465B – D，540B）但是，只有灵魂在具有真正的知识，而非仅仅有对可见世界的意见，并进一步达到最高的关

---

[1] Plato, *Complete Works*, edited, with Introduction and Notes, by John M. Cooper, Cambridge: Hackett Publishing Company, 1997, p. 1135.

于善自身的知识的时候,才能享有最高的幸福。

形而上学讨论之前所说的正义,已经被柏拉图认为是幸福保证。但是,如果仅仅这样就可以幸福的话,就没有必要进行形而上学的讨论了。真正意义上的正义,从而也是真正的幸福,是在形而上学的讨论中揭示出来的。

二、哲学家回到洞穴

那么就会有一个问题,是否只有哲学家才是正义的和幸福的?因为只有他们才可以说是走出了洞穴、看到了真实的人,只有他们才真正地知道,什么是善,什么是智慧,什么是节制,什么是正义,以及其他的关于真实世界的知识。他们能够看到真实世界中正义自身,所以,他们自己最能够模仿正义自身,并根据它而做正义的行为。另外,只有哲学家能够看到善自身,柏拉图把关于"善的相"的知识看作要去学习的"最重要的东西,正义和其他的东西只有在和它的关系中才是有用和有益的"。[①] 并且,"如果我们不知道它,即使是关于其他东西的知识再多,也对我们无益,就像是我们拥有任何财产,但是却没有得到它的好处(good,善)一样"。(505A)[②]并最终把善自身推到了知识和存在的来源的高度,"不仅知识的对象由于善而被认识,而且它们的存在也是由于善,虽然善不是存在,而是在等级和能力上都高于存在"(509B)。[③] 看到了善自身的人是最幸福的,因为,他们就像从黑暗的洞穴出来,到达了光明之境的解放了的囚徒,在洞穴外面看到的是真实的世界,从事的是"神圣的思考"(517D)。

由此来看,哲学家更应该是正义的人,从而是更加幸福的人。但是是

[①] Plato, *Complete Works*, edited, with Introduction and Notes, by John M. Cooper, Cambridge: Hackett Publishing Company, 1997, p. 1125.

[②] 同上书,p. 1126.

[③] 同上书,p. 1129.

否能说在理想城邦中,只有哲学家是正义的,只有哲学家是幸福的呢?显然柏拉图不允许这样。在尚未进入形而上学的讨论之前,柏拉图就已经说明,"我们将会说,如果这些人(卫国者)是最幸福的,就像他们所是的那样,这一点不会令人奇怪,但是,在建造我们的城邦的时候,我们的目的不是为了使得某一个阶层特别的幸福,而是使得整个城邦最大可能地幸福。我们认为,我们会在这样的城邦中最容易地发现正义,在与其相反的城邦中发现不正义"(420B)。① "我们的目的是……使得整个城邦幸福。"(420C)如果说形而上学的讨论(第五卷,第六卷,第七卷)是整部《理想国》的核心,前此的讨论是一个序幕,那么在这个序幕中就定下了基调,构建新的城邦的目的不是为了城邦中部分人的幸福,而是为了整体的幸福。而在形而上学的讨论中,柏拉图虽然确定了,真正的善和幸福最应当属于哲学家,但是他仍然坚持前面的这个立场:整个城邦的幸福作为目的。他说,在理想城邦中,"使得城邦中的某个阶级尤其幸福,这不是法律所考虑的,它所谋划的是通过劝说或者强制的方式,使得公民彼此和谐一致,彼此分享每个阶层能够给予公众的利益,使得幸福普及整个城邦"(519E)。② 如果城邦的目标是幸福,而且不是某些人的幸福,而是城邦整体的幸福。那么,如何达到这种幸福?

从柏拉图形而上学部分的说明来看,幸福不但是前面序幕部分所说的在于理性统治下的心灵的和谐,而且更进一步,还要求灵魂能够认识真正的正义、善。用"洞喻"来说,就是从阴暗的洞穴转身,向上来到光明和真实的世界。只有将整个灵魂从生灭世界转向存在,它才有可能认识善自身。洞穴中的囚犯要离开洞穴,需要人给他们解开禁锢,被引导着,有时是"被迫"着向上走出洞穴。而在城邦中,这个过程是教育完成的。

---

① Plato, *Complete Works*, edited, with Introduction and Notes, by John M. Cooper, Cambridge: Hackett Publishing Company, 1997, p. 1053.

② 同上书,p. 1137.

"因此,教育就是关于这件事情的技艺:如何能够最容易地和最有效地促使灵魂转向。"(518D)①教育并不是灌输知识,这种灌输在柏拉图看来是无济于事的,这就像妄图将视力直接放进瞎子的眼睛里一样。(518B)最适合做这种教育者的,当然是已经看到了外面的真实的世界的哲学家。

所以,为了城邦整体的幸福,柏拉图提出哲学家必须放弃自己最幸福的生活,回到城邦。哲学家回到城邦,一方面是进行统治,另一方面,对城邦的幸福也是最根本的,就是从事教育。即使是在柏拉图设计的理想城邦中,也不是每个人都有能力从事哲学的沉思的。这些人只是城邦中最少数的人,他们是经过层层的挑选,最后保留下来的被证明是最适合学习辩证法的人。(537B)而回到城邦的哲学家为城邦所做的,首先是统治城邦,另一方面就是为城邦培养下一代的统治者。新的统治者也是哲学家,他们的幸福可以得到保障。他们所获得的是最高的幸福。而其他没有能力学习哲学的人,他们的幸福能够得到保障吗?可以说,他们的幸福在理想城邦中得到了最大的实现,虽然他们所获得的幸福是次一级的幸福。他们的幸福的保证是他们的灵魂也是正义的。Vlastos 指出,②在柏拉图的乌托邦中,不可能只有哲学家才拥有心灵的和谐。如果那样的话,那么对他的理想的正义的城邦将有毁灭性的后果。虽然只有哲学家能够看到正义等的相,并由其激励了道德的效果,但是对正义、节制等德性的爱不是最后才形成的,而是在最早在婴儿时期就开始了在感觉、情感、想象和正确的信念等方面对大众进行了精神的塑形。这种早期的教育针对的是所有的公民,而不仅仅是未来的哲学家。所有人都要接受柏拉图所称的音乐教育(paideia):这个过程不但运用音乐和其他艺术,而且还对社会环境中的一切进行控制(小到孩子的游戏和人们的发型),使心灵有正确的信念,更加上正当的情感掌控,以便使得他对正义的东西感到难以拒绝的

---

① Plato, *Complete Works*, edited, with Introduction and Notes, by John M. Cooper, Cambridge: Hackett Publishing Company, 1997, p. 1136.

② Gregory Vlastos, The Argument in the Republic that "Justice Pays", *The Journal of Philosophy*, Volume LXV, No. 21, November 7, 1968, p. 673.

诱惑,而与其相反者的东西被认为是丑陋的。这样内在的控制被保证,被称为"和谐"的心灵状态被达到。在为了达到城邦整体幸福而做的一切工作中,柏拉图可谓煞费苦心。他从选择良好的男女公民配对以获得更好的后代,到限制保姆讲给孩子听的故事,孩子系统的教育规定的各项内容,以及城邦中的雕塑、刺绣等艺术,事无巨细地进行了讨论。保证公民从童年期就耳濡目染到美和善,对美和善产生本能的爱,而对丑恶的东西本能地憎恨。在对善和美以及正义等事物的熏染下,人们从小就有了和谐和正义的心灵,这保证了他们的生活幸福。

三、理想国幸福教育的悖论

柏拉图构建了这样一个理想城邦,社会各个阶层秩序井然而又互相和谐一致,社会正义得到维护,而又是一个可以设想出来的最幸福的国家。但是在这个理想城邦的设想中,却包含着貌似悖论的问题。和本文相关的,一个是,在这个幸福教育图景下,哲学家舍弃最幸福的生活,"回到洞穴"。他有什么理由这样做?另外一个是,哲学家为一般公民安排了几乎整个生活。丧失了选择权的一般公民,会真正地幸福吗?

哲学家必须回到洞穴是很多柏拉图学者讨论过的问题。柏拉图建立了理想城邦,目的是让最正义的人最幸福。但是最终,最正义的人——哲学家却不能享受最大的幸福。如果哲学家不能获得幸福,这导致人们产生两种怀疑:或者柏拉图提出了一个他自己没能解决的问题;或者整部书的外在的目标下狡猾地掩盖着一个完全相反的信息——理想城邦完全是个闹剧,是不可能实现所设定的目标的。[1] 持前种看法的学者,如 Adkins 就认为,[2]

---

[1] John D. Harman, The Unhappy Philosopher: Plato's "Republic" as Tragedy, *Polity*, Vol. 18, No. 4 (Summer, 1986), p. 579.

[2] A. W. H. Adkins, *Merit and Responsibility* (Oxford: Oxford University Press, 1960), p. 290. 参:John D. Harman, The Unhappy Philosopher: Plato's "Republic" as Tragedy, p. 578.

柏拉图没有能够证明正义的生活是最好的生活,因为哲学家是最正义的人,他们却要被迫放弃纯粹的哲学而回到洞穴从事政治,政治生活却是远比哲学生活糟糕的生活。而 Allan Bloom 则提出,①柏拉图有意如此,意图是让人把《理想国》看作一个喜剧,从而反对将哲学运用在政治中,以及哲学家从事政治。John D. Harman 不同意这两个结论。他同意 Adkins 说的,统治对于哲学家来说是一个负担,是哲学家不情愿担负的,但是在理想城邦中,哲学家是不能避免统治以专注于自己的幸福的。但是这也并不说明正义就不好。就像看、思考这样一些善一样,正义也是那种既为了它自身也为了它的结果的善。虽然这些善也有一些不利的因素,令人不快乐,但是,不能因此说它们不是善。他也同意 Bloom,理想国是不能实现的,正义的理念的完满实现同样不可能。但是他更认为柏拉图导演的是一出悲剧,而非喜剧。因为喜剧的解释造成一种荒谬,这是由喜剧主角的人性弱点引起的,是人们应该引以为戒的。喜剧主角是受到嘲讽的对象。而悲剧却在那种不可能性中体现的是一种英雄主义的不幸,其主角知其不可而为之,勇敢面对这种不幸,具有值得模仿的道德价值。②

　　Cooper 却持一种相反的观点。他认为,③只有下到洞穴进行统治,这样的哲学家兼政治家最终才是更加幸福的。哲学家是否正义和是否幸福,取决于他是否有真正的知识,既然最高的知识是善自身,那么,关于善自身的知识是人的幸福的保障。但是真正认识了善自身的人,他的目标就不会仅仅关注自己的善和幸福,而是要在整个世界推进善,推进理性秩序的统治,这是关于善的知识对人的要求。当然,沉思善自身的生活是最

---

① Allan Bloom, "Interpretive Essay," *The Republic of Plato* (New York: Basic Books, 1968), 参: John D. Harman, The Unhappy Philosopher: Plato's "Republic" as Tragedy, p. 578.

② John D. Harman, The Unhappy Philosopher: Plato's "Republic" as Tragedy, *Polity*, Vol. 18, No. 4 (Summer, 1986), p. 591 – 593.

③ John M. Cooper, The Psychology of Justice in Plato, *American Philosophical Quarterly*, Vol. 14, No. 2 (Apr., 1977), p. 151 – 157.

接近善的生活,也就是最幸福的,舍弃这种幸福固然哲学家是不情愿的(520E,540B4-5),但是他由自己对善的知识激发的改善整个世界的目标,使得他放弃那种更加幸福的生活,而过一种晦暗而混乱的政治生活。他有关于善自身的知识,而善自身要求他不只是关心自己的幸福,而是要推进整个世界的善和幸福,这成为他的最终目标。如果说一个人幸福的程度由他在多大程度上实现最终目标来衡量,那么一个仅仅关心自己的幸福的哲学家就不如那下到洞穴过政治和理智混合生活的人幸福。

这两种观点都有其可取之处。但是,说哲学家放弃他能够获得的更高的幸福,而过一种较为低下的生活,这并不证明哲学家下到洞穴在进行统治活动的时候是不幸福的。因为,按照柏拉图的标准,幸福与否主要是针对人的灵魂而言的。一个认识了最高的善的人,知道正义的模型,是最正义的人,从而也是最幸福的。这样的人最少受到外界环境的影响,他的幸福几乎不因外界条件的改变而有所变更。所以,下到洞穴的哲学家,他确实受到善自身的感召和要求,去实现更大的善,而不仅仅是自己的善。他受到洞穴里面晦暗的气息影响甚少,他不会忘记自己已经具有的关于善自身和正义自身的知识,所以,他仍然是一个幸福的人。而且由于他现在的目标是更大的善,所以就像 Cooper 所说的,他会在实现善的过程中获得同等的幸福,如果不是更大的幸福的话。

就第二个悖论,理想城邦中除了哲学家之外的其他人,是否幸福。Cooper 表现出了这种担忧。他指出,[1]在理想城邦中,哲学家之外的阶层确实对至善没有知识,他们做正义的事情的保证,是受到哲学家的指派。这样,就产生了极权主义的弊端。在现代人眼里,对其他阶层的人,这是不公平的。因为他们的个性和自由都被忽视了。从现代的标准来看,柏拉图确实难以逃脱极权主义和忽视个性及个人自由的指责。但是,如果

---

[1] John M. Cooper, The Psychology of Justice in Plato, *American Philosophical Quarterly*, Vol. 14, No. 2(Apr., 1977), p. 153.

我们审视柏拉图自己的标准,那么,就不难理解,他为什么说这样的城邦是最幸福的。柏拉图崇尚的是人灵魂中的理性,而将欲望视为低下的。理性部分如果能够联合激情部分,对欲望进行节制,那么这种灵魂是最和谐和最幸福的了。在理想城邦中,在哲人王指导下进行的一系列的公民教育,都是为了达到这个目标。无论是删节荷马史诗的看似粗暴的书报检查制度,还是将诗人驱逐出城邦,无论是进行初步的数学课程学习,还是最后挑选出来的人进行辩证法训练,目的都是对灵魂进行培养和训练,使得灵魂整体都接受理性的指导。从这个角度来说,哲人王的统治或许没有照顾到每个人的不同欲望,但是,灵魂的理性部分却得到充分的发展,从而使得人能够最大程度地认识善自身。在他的培养下,城邦的公民会最大程度地是正义的,从而是最大程度地获得了幸福。

(原载于《江苏社会科学》2012年第1期)

亚里士多德《物理学》中ὑποκείμενον意义分析

ὑποκείμενον(下用此词的拉丁化拼写形式 hypokeimenon)在亚里士多德哲学中不能不说是一个很重要的术语。它从《范畴篇》,到《物理学》,再到《形而上学》都被一再提及,并作为一个重要的标准,来衡量实体的实体性(substantiality of the substance)。暂且不论它是否是最重要的甚至是唯一的标准,它的地位的重要性在亚里士多德那里就已经很明确了。但是 hypokeimenon 的意义并不因为它的重要而很清楚了。相反,它的意义在各个文本中有时候是确定的,有时候却是不那么清晰的。而在翻译和注释的过程中,反而加深了这种模糊。① 如在《范畴篇》中 hypokeimenon 通常被译为 subject,而在《形而上学》中,则一般被翻译成 substratum,在《物理学》中它也被有的译者翻译为 underlying thing。同样的一个词却有多种不可统一的翻译方式,如何在一个文本中恰当地理解它,就成了需要慎重考虑的事情。

虽然 hypokeimenon 意义问题非常重要,对它的专门论述并不多见,②尤其是国内的研究非常缺乏③。本论文拟多少弥补这一缺憾。

---

① M. Frede 也同意这一点。见 Michael Frede, "Substance in Aristotle's Metaphysics", *Essays in Ancient Philosophy*, The University of Minnesota Press, 1987, p. 74.

② 重要的论述参:Michael Frede, "Substance in Aristotle's Metaphysics", *Essays in Ancient Philosophy*, The University of Minnesota Press, 1987. Michael Frede and G. Patzig, *Aristoteles*:"*Metaphysik Z*", Munich, 1988. Herbert Granger, "Aristotle on the Subjecthood of Form", Christopher Shields, "The Subjecthood of Souls and Some Other Forms: A Response to Granger", Herbert Granger, "The Subjecthood of Form: A Reply to Shields" (*Oxford Studies in Ancient Philosophy*, Ed, C. C. W. Taylor, Vol. XIII, Oxford: Clarendon Press, 1995).

③ 聂敏里教授在其《<物理学>第一卷中亚里士多德对巴门尼德存在论的批判》(载《哲学研究》2009.5)中对ὑποκείμενον概念有精辟的论述。

一、《范畴篇》中的"述谓"标准

在《范畴篇》中,亚里士多德用 hypokeimenon 来确定实体(ousia)。他用"述谓一个 hypokeimenon"(being said of something as subject)和"在一个 hypokeimenon 里面"(being in something as subject)将事物区分为四类(1a24ff)①:

A. 述谓一个主体但是不在主体中。比如种属,人、动物等。

B. 在主体中,但是不述谓一个主体。如个体的白。

C. 既在一个主体中,又述谓一个主体。如知识。

D. 既不在一个主体中,也不述谓一个主体。如个体的人、马。

亚里士多德说,"实体(ousia),就其最真正的、第一性的、最确切的意义而言,乃是那既不可以用来述说一个主体(hypokeimenou)又不存在于一个主体(hypokeimenoi)里面的东西,例如某一个个别的人或某匹马"(2a13ff)。② 在这里"述谓"和"在……里面"是确定实体的标准。而"述谓"和"在……里面"之所以能够确定一个实体,乃是因为,它们都需要一个基底(hypokeimenon)。③ 如果同时符合这两个标准,同时成为这两个标准的基底的,就是首要的、第一性的实体。亚里士多德这样说,"第一性实

---

① 翻译根据亚里士多德:《范畴篇·解释篇》,方书春译,商务印书馆,2008。

② 亚里士多德:《范畴篇·解释篇》,方书春译,商务印书馆,2008,第 12 页。

③ Ackrill 提出,"being in something as subject"和"being said of something as subject"除了在《范畴篇》外,很少作为技术化的术语出现,但是它们所表达的意思却在亚里士多德几乎所有文本中都起着主导作用。"述谓"和"在……里面"似乎说的是完全不同的概念,前者是语言的或语法的,而后者是形而上学的或本体论的。所以,在"述谓"中的 hypokeimenon(译为 subject)意味着"语法上的主词",而在"在 hypokeimenoi(译为 substrate)里面",则是说的基底。但事实上亚里士多德的四重划分划分的是事物而非名称,述谓别的东西的也是某物(种或属),而非名称。Aristotle, *Aristotle's Categories and De Interpretatione*, Translated with Notes by J. L. Ackrill, Oxford at the Clarendon Press, 1963, p. 74-75.

体之所以最得当地被称为实体,乃由于这个事实,即它们乃是其他一切东西的基础(hypokeisthai)"(2b15)。① 如果我们要辨析什么是 hypokeimenon 的话,也必须回转到这两个标准。那作为基底的东西之所以是基础,是因为"其他一切东西或者是被用来述说它们,或者是在它们里面"(2b16)。在这里,实体就是 Hypokeimenon,而且是最可说是"基底"的那种 hypokeimenon。实体最终落实在了 hypokeimenon 上。

进而,亚里士多德将最终的 hypokeimenon 确定为 tode ti(这一个)。所谓的 tode ti,亚里士多德解释为"个别的并且数量为一(individual and numerically one)"(3b11)。虽然两种实体——第一性的实体和第二性的实体——看起来都可以说是 tode ti(3b10),但是亚里士多德排除了第二性的实体,因为种、属等是述谓许多东西的。所以它更像是性质——是就一个东西的实体性规定其性质(3b19)。第一性的实体,就是个别的人,个别的马,显然是个体,在数量上也是一个,就才是最恰如其分的 tode ti。个别的物体之所以"最是实体"(2b18),是因为它 hypokeisthai(躺在……下面)所有其他的东西(2b16)。它"躺在"别的东西的"下面"的方式是,其他的或者述谓它,或者在它里面。

通过"述谓一个 hypokeimenon"标准,并配合以"在 hypokeimenon 里面"这个限制,亚里士多德确定了实体(ousia)即主体(hypokeimenon)。亚里士多德通过"述谓"标准,确定了最终的 hypokeimenon 是那作为 tode ti 的东西。Tode ti 在这里指个别的事物——个别的人、个别的马。在《范畴篇》中,最终的 hypokeimenon 就是作为个别事物的实体。在这里,Hypokeimenon 被看作是所有其他范畴的承载者,那"躺在下面"的东西。这个东西当然不是死的或被动的接纳者和承受者,而恰恰是那最具有实体性的,即最存在的东西。M. Frede 认为《范畴篇》将实体归为 hypokeimena(underlying subjects)是从述谓标准出发而言的。一个事物将另外一个事物当

---

① 亚里士多德:《范畴篇·解释篇》,方书春译,商务印书馆,2008,第13页。

作自己的 hypokeimenon,当它是真实地述谓后者的时候。《范畴篇》就是讨论在本体论中任何一物其 subject(hypokeimenon)是什么。如果它没有任何意义的 subject,那么它自身就是一个 subject。如果它有 subject,则这个 subject 是个别对象或者不是。如果不是,则继续问它的 subject 是什么,这样直到最终达到一个不再有 subject 的 subject,这个系列的终点是个别的对象。① 根据 Frede 的观点,hypokeimenon 就是通过述谓标准确立起来的,是不再述谓其他主体的主体。

二、《物理学》第一卷中 hypokeimenon 的三个说明和两个意义

对《物理学》中的 hypokeimenon 的翻译不像《范畴篇》中那么统一,Barnes 本② R. P. Hardie 和 R. K. Gaye 翻译为 subject,Charlton 译注本③翻译成 underlying thing,而 Ross④ 翻译为 substratum。德文译本中,Zekl 的翻译是 Zugrundeliegende(躺在底下的东西),倒和希腊词根一一对应。之所以出现如此多样的翻译方式,除了因为对文本的理解不同,强调的角度不同,更因为亚里士多德对 hypokeimenon 的说明也有些左右摇摆。这极大地影响了我们对《物理学》第一卷自身的理解。

在《物理学》第一卷中,一个重要的问题就是解决存在者——尤其是自然物的本原(arche)问题,它们有几个以及是什么。而理解其本原对理解存在者本身有着非常重要的意义。在《物理学》一开始,亚里士多德就

---

① Michael Frede, *Essays in Ancient Philosophy*, Minneapolis: University of Minnesota Press, 1987, p. 73.

② Aristotle, *Complete Works*, ed. By Jonathan Barnes, Princeton University Press, Princeton, N. J. 1991.

③ Aristotle, *Aristotle's Physics Books I and II*, Trans. With Introduction and Notes by W. Charlton, Oxford at the Clarendon Press, 1970.

④ Aristotle, *Aristotle's Physics*, a Revised Text with Introduction and Commentary by W. D. Ross, Oxford at the Clarendon Press, 1960.

说明了理解本原对理解事物的重要价值:我们只有拥有关于 arche（principles，原则、本原）、aition（causes，原因）和 stoicheion（elements，元素）的知识，才真正把握了一个事物。（184a2）其中，arche（本原）问题首当其冲，所以"关于自然的知识必须由解决本原问题着手"。在第一卷第六章和第七章，亚里士多德推断出，自然物的本原有三个:相反者和作为它们的基底的东西（hypokeisthai）（191a4）。那么如何理解这个作为基底的东西？亚里士多德在第一卷中对 hypokeimenon 给出了几个说明。

（一）述谓标准

在第一卷第三章亚里士多德就说过，"附属的（symbebekos）述谓基底（hypokeimenon）"（186a34）。何谓"附属的"？亚里士多德解释说（186b19），①它能够属于或不属于。如，"坐着的"，是一种附加的东西，因为它是可以分离的。人或者动物没有坐着也可以存在。或者②它所附加于上的东西的定义进入了它。在"扁鼻"中有"鼻子"的定义，定义塌鼻子必须有鼻子的定义在里面。所以，"扁鼻的"是附加在鼻子上的。这样的例子还有:秃顶的,光脚的,脸色发白的。这样看来，所谓附属的东西，最应该是诸范畴中的实体之外的属性范畴。它们述谓那作为基底的东西，它们所附属于其上的东西。

Hypokeimenon 作为被述谓的而不述谓别的什么，这一点在《物理学》第一卷第六章被确认。"Hypokeimenon 是一个本原（arche），它被认为是先于（prior to）述谓它的东西。"（189a32）并且，"一个本原不应该是述谓一个 hypokeimenon 的某个东西"（189a30）。也就是说，其他的述谓 hypokeimenon，而作为本原的 hypokeimenon 自身不再述谓其他东西。从述谓关系上来说，它应当是终极的被述谓的东西。

就述谓关系上来说，这里的 hypokeimenon 和《范畴篇》中的 hypokeimenon 并无二致。这似乎能够使得我们得出结论，这里的 hypokeimenon 也是指《范畴篇》中的第一实体，即个别的事物，tode ti。亚里士多德接下来的一句话也似乎使得这个看法得到印证，他说，因为当一个量、质、关系、地点只有是一个 hypokeimenon 的量、质等，才能生成。因为只有 ousia 才不进而述谓其他的（作为它的基底的）东西，相反，其他的都述谓 ousia。（190a34）这里的 ousia 就是指个别的物体，Zekl 直接翻译为 Dinge（东西）。Hypokeimenon 和这里的 ousia（指个别物体）都是被述谓而不述谓别的东西的，它们应该表示的是同一个东西。亚里士多德所举的若干例子，也让人加深了这个印象。他在第一卷第七章用人和"懂得音乐的"、"不懂得音乐的"来说明 hypokeimenon 和相反者之间的关系。他说，"我所谓的相反者，是不懂得音乐的，而那基底，是人"（190b13）。人就是具体的、个别的存在者、实体。

Hypokeimenon 是个别事物，这在第二卷第一章也得到确认（192b33）：具有这样的本原的事物，都具有自然，这样的事物是 ousia。因为它是一个 hypokeimenon，自然总是在 hypokeimenoi 中。① 亚里士多德所举的这些自然事物的例子包括了水、火、土、气，它们的复合物，植物、动物以及它们的部分。这些事物都是 ousia，是 hypokeimenon，自然的运动和变化就发生在它们之上。

但是，假如认为亚里士多德所说的自然物的 hypokeimenon 就是 ousia，就是个别的自然物，亚里士多德接下来的说法却转向了另外的解释。他提出，个别的事物还有自己的 hypokeimenon：ousia 以及简单说来存在的东西，都产生自某个 hypokeimenon。比如，植物和动物产生自种子。（190b1）这里表明，亚里士多德使用 hypokeimenon 的时候，和《范畴篇》不同，他在这里并不是总将它完全等同于 ousia 自身。因为 ousia 的生成还要依托于它自己的 hypokeimenon。②

---

① Ross 的注释规避了这一点，以防人们将自然和 hypokeimenon 等同。Aristotle, *Aristotle's Physics*, A revised text with Introduction and Commentary by W. D. Ross, Oxford: Clarendon Press, 1936, p. 349, p. 501.

② Ross 的解释明显将 hypokeimenon 归于最终的作为基底的质料。他说实体之外的其他范畴都有作为基底的实体（underlying substance），而实体的生成预设了一个 substratum。（p. 345）

在《范畴篇》中，述谓标准找到的最终的主体是个别事物，它不能再有进一步的主体。但是在这里，个别的自然物被认为还有自己的 hypokeimenon。这就令人迟疑，hypokeimenon 就其自身到底是什么？

(二) 是 tode ti，还是 hyle？

看来仅仅通过通常的述谓标准，并不足以在所有情况下判别什么是 hypokeimenon。这大概是为什么亚里士多德现在只是把述谓当作一个初步的标准。在《物理学》第一卷第七章中，亚里士多德又提出了一个判别方法，在变化中"保留下来的"是那基底之物（hypokeimenon, underlying thing）。(190a14) 当一个事物从另外一个事物变化而来，"我们或者谈论简单之物，或者谈论复合之物"（189b33）。比如一个人从不懂得音乐变得懂得音乐，不懂得音乐的人和懂得音乐的人是复合之物，而人、不懂得音乐的、懂得音乐的，是简单之物。在变化中，简单之物有的保留着，比如人；而不懂得音乐的不保留。则那保留下来的是 Hypokeimenon。在变化中"保留下来的"这个标准似乎可以给出我们要找的 hypokeimenon。但问题是，单凭是否"保留下来"，也不能确定什么是 hypokeimenon。在《论生成和毁灭》（De gen. et cor. I 4）中，亚里士多德举的例子就表明了这一点。当气变为水的时候，透明和冷还保留着，气却不再存在。透明和冷虽然是在变化中保留下来的东西，却显然不是我们要找的基底之物，它们只是一些属性。所以，亚里士多德说，"当一个量、质、关系、时间或者地点生成的时候，它是一个基底之物的"。属性范畴不能作为基底之物，它们是述谓基底之物的。"因为只有 ousia 不再述谓其他的东西，而所有其他的东西都述谓 ousia。"（190a34）"保留下来的"和"述谓"两个标准一起，确定了那基底之物是 ousia。在不懂得音乐的人变为懂得音乐的人的例子中，在变化中保留下来的是人，而不懂得音乐的和懂得音乐的都是述谓人的，所以人是基底之物。在这里，我们可以确定，那作为基底之物的，比如人，是 tode ti，是单一的和个别的，也就是 ousia。

不过亚里士多德接着说，"ousia……也产生自基底之物"（190b2）。什么是一个 tode ti 的基底之物？亚里士多德举的例子颇为混杂，让人莫衷一是：植物和动物来自种子，通过改变形状而产生的雕像，通过增加，比如生长而产生的事物，通过减少而产生的东西，比如赫尔墨斯从石头中产生，通过组合产生的东西，如房子通过砖石、木头等的组合而产生出来，还有质料方面的变化产生的事物（190b3）。如果说在这些生成变化的事物中，我们很难总结出什么才是那"保留下来的"东西，亚里士多德在这里又运用了另外一个方法：形式—质料划分。"如果按照不是伴随的、偶然的生成，而是就其本质而言的（kata ten ousian）生成而言，一切都产生自基底之物（hypokeimenon）和形式（morohes）。"（190b20）也就是说，本质的生成有两个要素：hypokeimenon 和形式。首先需要厘清这里的"形式"指什么。如果仅仅指砖石成为房屋、石头变成雕像而获得的形式，那么就不好解释"懂得音乐的"也是形式。而人和作为材料的石头显然也不是同样意义的 hypokeimenon。亚里士多德说明，他所谓的形式是"秩序、音乐知识，或其他类似的谓词"（190b28），所谓的"音乐知识"作为谓词，就是"懂得音乐的"。把形式理解为一种述谓，而不是限于本质生成中实体性的形式，就可以理解为什么人——懂得音乐的和砖石——房屋可以成为并列的例子。亚里士多德下面这段话为我们指示出，他想规定的 hypokeimenon 是什么："（变为这一个的事物）是双重的：或者是基底之物，或者是那相反者。我所谓的相反者，是指不懂得音乐的，而基底之物，是人；无形状、无形式、混乱是相反者，青铜，石头，金子是基底。"（190b12）这样，我们可以将一个生成的事物分成基底和相反者，相反者是有形式和形式的缺失。用房屋作比喻的话，morphe 就是房屋的样式，而 hypokeimenon 就是砖、石、木料等建筑材料。在砖、石、木料获得房子的形式之前，就是"无形式的"、"混乱的"。在房子产生之前，砖石等没有获得房子的形式，而在房子产生之后，砖石有了房子的形式。形式—无形式就是那对相反者。而砖石等建筑材料是"保留下来的"，是基底。

需要注意的是,上面所说的"无形状、无形式、混乱"并非表明,基底是完全无定形的、不确定的"原初质料"(prime matter):一切都可以变动,唯有原初质料不变化,一切来自它,又回归到它。如果是这样的话,那么亚里士多德就和前苏格拉底的自然哲学家没有本质的区别了。他们强调的是质料因,并将其他的原因也尽量的归于质料。亚里士多德是完全不同于他们的,他并不认为质料是唯一重要的原因,甚至质料也不是所有原因中最重要的一个。这一点在我们所熟悉的《形而上学》第一卷中,充分表现出来。在《物理学》中亚里士多德对前苏格拉底自然哲学家的批评也表明了这一点。所以,亚里士多德的"无形式"的基底也不应该是完全无形式、无定的质料。①

因此,可以说 hypokeimenon 在那生成的事物中是质料,但是,它不是无定形的"纯质料",亚里士多德反复说,hypokeimenon 虽然在数量上是一,在形式上(eidei)却是两个(190b23,190a15)。一个是在相对的无形式的、不确定状态下,如有待使用的建筑材料,另外一个就是已经有了房屋的形式的砖石等。② 所以,hypokeimenon"……是人,金子,以及一般而言的可以计数的质料(hyle);它毋宁说是一个确定的 tode ti(这一个)。"(190b25)既然是"可以计数的",所以,毋宁说它是一个 tode ti。亚里士多德的 hyle,不是无形式的纯质料,而是相对而言的质料。对于形式而言,它是质料。但是它自身也是 tode ti。所以,在《物理学》中屡次转换,并不

---

① W. Charlton 也认为亚里士多德在这里并没有暗示什么完全无定的质料。这一点下面还要提及。Aristotle, *Aristotle's Physics Books I and II*, Trans. With Introduction and Notes by W. Charlton, Oxford at the Clarendon Press, 1970, p. 77.

② Thomas Aquinas 将这里的 eidos(Charlton 译为"形式")译为 ratio, ratio 有"方式"、"性质"的意思。人变得懂音乐,人作为主体是一个,而在性质上是两种了:从"不懂得音乐的"变成了"懂音乐的"。Thomas Aquinas 的翻译可以让人避免不必要的误解。Thomas Aquinas, *Commentary on Aristotle's Physics*, Trans. By Richard J. Blackwell, Richard J. Spath & W. Edmund, Thirlkel: Yale U. P., 1963. Html edition by Joseph Kenny, O. P, p. 58.

解释,时而说 hypokeimenon 是 tode ti,时而又说是质料。

用这个分析来解释上面亚里士多德所列举的 hypokeimenon 的那些起先看起来令人困惑的例子。在实体的生成中,动物和植物来自种子,相对于动物和植物长成,形式已经实现,种子还是比较粗糙的质料。后面的几个例子,雕像、房屋等的生成是比较明显的质料获得形式的变化过程。在质料方面的变化引起变动,这个例子最易于让人怀疑 hypokeimenon——那在变化中"留下来的东西"不是质料。不过,这里所指的的确还是相对于形式的质料性的东西,比如气变成水,气这种质料变成水这种质料,但是在这种变化中,有一种保留着的东西,它仍然是某种质料,无论我们是否称它为水或其他的。

(三) 作为质料的 hypokeimenon

亚里士多德说(191a8),至于 hypokeimene physis(作为基底的自然之物),必须通过类比(kat' analogian)来把握:就像铜之于铜像,木头之于床,或者无形式的东西在它获得一个形式之前之于那具有确定的形式的东西,正如同 hypokeimenon 之于一个 ousia,之于 to on,之于 tode ti。这里的作为基底的自然物,指的是水、火、土、气等这些元素。

在这里,亚里士多德将 hypokeimenon 和 ousia 以及 tode ti 的关系类比于木头之于床或者铜之于铜像的关系。关键是,它和 tode ti 对立起来了,不再是一个 tode ti,一个确定之物。这和前面得出的结论:hypokeimenon 是 tode ti 不一致。有人据此认为,既然它不是任何个别的东西,那么亚里士多德这里所说的 hypokeimenon 是没有任何形式的原初质料,之所以需要"类比地"理解,就是因为它自身是完全不确定的,无法描述。但是,这种结论下的太匆忙。Charlton 就反对这种看法。① 他指出,即使亚里士多

---

① Aristotle, *Aristotle's Physics Books I and II*, Trans. With Introduction and Notes by W. Charlton, Oxford at the Clarendon Press, 1970, p. 78 – 79.

德相信原初质料,也不可能在这里提出,况且亚里士多德并未指出有这样的东西。首先,原初质料只能作为火、气、水、土的质料,而亚里士多德也并没有称火等为"ousia 以及 tode ti"(参 met. Z1040b5 – 10)。其次,木头是床之产生的切近的"所从出的东西"(proximate "thing out of which");原初质料并不是人、狗所产生自的最切近的东西,而是种子或血肉。再者,即使亚里士多德相信有原初质料,他将它列为一个原则的话会和他自己的看法违背(195b21 – 3, Met. H 1044b1 – 3):我们应当集中注意力于切近的原因和原则(proximate causes and principles)。最后,亚里士多德不可能以如此含糊的方式介绍一个如此惊人的观点——有一个完全不确定的普遍的 substratum,而在前面对此毫无准备。

Charlton 提出的这种 proximate causes and principles,也就是最接近的、直接的原因和本原用以解释亚里士多德所说的作为质料的 hypokeimenon,我认为更加符合亚里士多德的物理学中讨论的作为 hypokeimenon 的质料的本意。如果生成之物是房子,我们说它的质料和 hypokeimenon 是砖石、木料以及其他建筑材料,而不说是火、土等元素,更不用说是构成火、土的纯质料。亚里士多德说这些作为 hypokeimenon 的自然物只能通过类比的方式来理解,Charlton 认为①,因为所有自然物都有相反的因素,如冷和热,稀疏和稠密,这些因素在每种情况下都不一样,而只有在类比的情况下才是相同的——它们都是相反者。除此这两个相反者之外还有第三个因素,它也是在不同情况下不同的,只有在类比的意义上,才都是和那一对相反者相对的基底。它不是某个在相反者之外的东西,而是相反者之一在不同的表述下的同一个东西。形式和缺乏的基底是一个,基底并不脱离开形式和缺乏而独立地存在,毋宁它总是两个相反者之一的基底。

---

① Aristotle, *Aristotle's Physics Books I and II*, Trans. With Introduction and Notes by W. Charlton, Oxford at the Clarendon Press, 1970, p. 79.

《物理学》中作为质料的 hypokeimenon 不是完全无形式的、混乱的纯质料或者原初质料。而是一个自然事物最切近地由之所出的东西。相对于它后来得到的形式而言,之前它是无形式的、不确定的。但就其自身而言,仍然是有一定的形式的,是一个 tode ti。

三、《形而上学》中 hypokeimenon 和 ousia 的关系

在《形而上学》Z3 中,亚里士多德提出了 hypokeimenon 的三个意义,但是他首先指出的 hypokeimenon 意义是指质料。他这样做大概出于两方面的原因:①建立在他自己的理论基础上,②对通俗用法的默认。在《物理学》187a12 对前苏格拉底哲学家的批评中,对于他们说 hypokeimenon 是质料,亚里士多德不置可否。他们所说的 hypokeimenon 就是本原和原因。亚里士多德当然不同意他们关于本原和原因的说法。但是,他并没有批评他们对 hypokeimenon 的这个用法。虽然他自己也不完全同意他们将 hypokeimenon 和质料等同,但是毕竟他最后也将 hypokeimenon 归为了质料。不过,与其说随俗使用 hypokeimenon 这个概念,亚里士多德更在他自己的阐述中确认了这个说法。

在《形而上学》Z 中,亚里士多德也试图用 hypokeimenon 来确定什么是实体,"那作为一个事物基底的东西首先被认为是最真实意义上的实体。"(Met. Z1029a1)。如果这样就可以确定实体,那么,《范畴篇》的结论就足够了。并且,他在这里的确也首先像《范畴篇》那样,还是按照述谓标准来说明什么是基底,"基底是那种东西,其他东西都述谓它,而它自身不述谓别的东西"(Met. Z 1028b36)。但是,《形而上学》却并没有因为接受《范畴篇》的述谓标准的基底说,而重复《范畴篇》的结论——基底是个别事物。现在最终基底不再被认为是个别事物,在《形而上学》Z3,他提出,"在一个意义上,质料被说成是基底性的,在另外意义上,形式是这样的,而在第三个意义上,两者的结合是基底"(Met. Z1029a2)。他解释说,

所谓质料,指的是如青铜,而形式是 to schema tes ideas,型相轮廓,而二者的结合是雕像。这三者没有一个是《范畴篇》所认定的最终的 hypokeimenon。①

亚里士多德在《形而上学》Z3 除了述谓标准,又用了"保留下来的"这个标准,使得质料这种 Hypokeimenon 作为实体的可能性似乎更明显:"当所有其他的都被剥离,显然除了质料什么也没有保留下来。"(1029a11)首先剥离了那些偶然性质——遭受、行为、潜能等,然后剥离长度、宽度、深度、数量这样的"在思维中可以被剥离的"②性质。把其他的都拿掉,剩下来的也就是在变化中保留下来的东西。在《物理学》中用这个标准并配合以述谓标准作为确定 hypokeimenon 的准则。不过我们发现,在这里亚里士多德的"剥离"和"保留"最终服从于述谓原则。能够被剥离的,都是述谓那保留下来的东西的。这种被剥离了一切谓词后的质料,既不是一个个别事物,也不是任何其他的范畴(1029a24),恍兮惚兮,无法描述。它是否真的存在,亚里士多德并不置一词,但将它作为实体最终却被亚里士多德断然否定:"这是不可能的。"因为它不符合"首要地属于实体"的条件:分离性和个体性(tode ti)。(1027a28)在这里,我们发现,亚里士多德鲜明地提出了以前所未涉及的实体的条件,以排除纯质料作为实体的可能性。

以上分析表明,在《形而上学》中,实体并不等同于 hypokeimenon。这是和《范畴篇》甚至《物理学》是不同的。Hypokeimenon 不但不能够确定 ousia——on he on 这个核心概念,反而成了一个累赘,妨碍人们恰当地思考 ousia:如果实体还是被看作那不述谓别的 hypokeimenon 而别的都述谓

---

① 如 M. Frede 的分析,形式和质料的结合不等同于个别事物。因为个别事物是形式、质料再加上一些偶然属性:一定的尺寸、重量、颜色等等。Michael Frede, *Essays in Ancient Philosophy*, Minneapolis: University of Minnesota Press, 1987, p. 74.

② Aristotle, *Aristotle's Metaphysics* (Volume II), a Revised Text with Introduction and Commentary by W. D. Ross, Oxford at the Clarendon Press, 1924, p. 165.

它的东西,即最终的 hypokeimenon,那么质料最符合这个特征,"实体之外的其他范畴都述谓实体,而实体述谓质料(1029a23)"。亚里士多德在这里说明这个述谓标准"不够"(1027a9),并且按照这个标准认定质料是 hypokeimenon 的话,就造成一个不能接受的结果:质料就变成了 ousia。质料是 ousia,这是亚里士多德一直致力于反对的,就像他在各处反复对前苏格拉底哲学家进行的批判那样。所以,他毫不犹豫就否定了这个可能性。

Frede 在其 "Substance in Aristotle's Metaphysics"① 中认为,《形而上学》延续《范畴篇》中的思路,仍将最终的 hypokeimenon 看作是实体,虽然这一点往往被后来的翻译所模糊。同《范畴篇》将具体的个别事物作为 hypokeimenon 不同的是,在《形而上学》Z3 亚里士多德提出了三种 hypkeimenon 的选项。他试图说明,这些 hypokeimenon 最后归于 tode ti,而真正的 tode ti 是形式,因为只有形式是保证事物的自我同一性的因素。质料是潜在的 tode ti。这样,亚里士多德最终确定了形式是最终的 hypokeimenon 和 ousia。但是 Grange 不同意 Frede 的观点。他提出,②Frede 及其追随者并没有能够令人信服地说明 form 是一种 tode ti。所以,并不能证明 form 是最终的 hypokeimenon。在他看来,亚里士多德在《形而上学》中不再坚持《范畴篇》中的说法,而是逐渐将 hypokeimenon 的重要性减弱。在确定什么是实体的时候,亚里士多德虽未正式放弃 hypokeimenon(subjecthood)标准,但是他通过忽略而放弃了它,而最终采用了新的原因标准(Causality)来确定什么是实体。

对《形而上学》中什么是实体的问题,事关重大,不是本文要考虑的

---

① Michael Frede, *Essays in Ancient Philosophy*, Minneapolis: University of Minnesota Press, 1987, p. 72 – 80.
② Herbert Granger, "Aristotle on the Subjecthood of form", ed. by C. C. W. Taylor, *Oxford Studies in Ancient Philosophy*(Volume13,1995), Oxford: Clarendon Press, p. 135 – 160.

内容。而就其中 hypokeimenon 问题,本文比较倾向于 Grange 的观点。亚里士多德虽然曾将形式(morphe)列为一种 hypokeimenon,但是并未正面讨论它是如何成为 hypokeimenon 的。他反而一再地说质料以及质料和形式的复合体为 hypokeimenon,尤其强调质料作为最终的 hypokeimenon。而他所鲜明反对的观点却恰恰是质料作为实体。因此,亚里士多德在《形而上学》中对 hypokeimenon 的重视已经降低,甚至完全忽视这个标准,也许这样说并不为过。

不过诚如 Frede 所言,亚里士多德的 hypokeimenon 自身大致是通过述谓标准来确定的。除了 Z3,在《形而上学》另外一处(Θ7),亚里士多德又指出,通过述谓标准,可以得到两种最终的 hypokeimenon(to eschaton, ultimate subject):tode ti 和质料。

Met. 1049a27 – 36:For the subject and substratum differ by being or not being a 'this'; the substratum of *accidents* is an individual such as a man, i. e. body and soul, while the accident is something like musical or white…Wherever this is so, then, the ultimate subject is a substance; but when this is not so but the predicate is a form or a 'this', the ultimate subject is matter and material substance. (by W. D. Ross)(主体和基底通过是不是"这一个"而不同;偶性的基底是一个个别事物,如一个人,即,身体和灵魂,而偶性是类似懂音乐的或者白色的这样的东西。……是这样的情况的地方,那最终的主体就是一个实体;但是当不是这样的时候,而谓词是一个形式或者一个"这一个",那么最终的主体是质料和质料性的实体。)

这是 Barnes 版 W. D. Ross 的译文,他首先将一个词 hypokeimenon 翻译成了两个词:subject and substratum,为了适应它的两种不同的意义——tode ti,即个别事物,和质料(hyle)。这两种 hypokeimenon 之所以都被称作是"最终的 hypokeimenon",必然是因为它们都不能再进一步找到另外的 hypokeimenon,从而它们也是不可互相还原的。虽然我们很容易就会把前一种归为后一种,即将 tode ti 再分为质料和形式,根据述谓标准,形式述谓质料,得出这样的结论:只有质料是最终的 hypokeimenon。但是亚里士多德并没有将这两种归为一种,没有得出质料是唯一的 hypokeimenon 的结论,而是说它们是两种最终基底。

四、hypokeimenon 在《物理学》中的意义

在《物理学》中被称为 hypokeimenon 的,我们已经看到,有和在《范畴篇》中一样的作为个别事物的人,也有质料,如木头之于床,石头之于雕像,砖石之于房屋。这是和形式相对的、并且和 tode ti 不同的比较严格的质料。在《形而上学》中亚里士多德对 Hypokeimenon 的分析也提出了类似的看法,即,个别事物和质料是基底,并且他在《形而上学》中明确认为,它们是两种不同的"最终基底"。据此我们也可以推断,亚里士多德在《物理学》中所说的个别事物和质料是两种分别不同的 hypokeimenon,也是两种不可互相还原的最终的 hypokeimenon。这样,在《物理学》中,hypokeimenon 最终还是两义的,即个别事物和质料(tode ti 和 hyle)。这也和 Herbert Granger 所分析的《形而上学》中的基底(substratum)的两个意思符合。① 这样才能解释亚里士多德在《物理学》第一卷第七章反复举的例子:不懂得音乐的人变成懂得音乐的人,在这个变化中,人是 hypokeimenon。懂得音乐的显然不是人的形式,人也不是质料,人是 tode ti。而桌子的木头,雕像的青铜却是真正的质料意义上的 hypokeimenon。我们说有这样两种 hypokeimenon,而不是消解为一种,也和亚里士多德那里的两种不同性质的自然运动变化相对应:属性的变化和实体变化。个别事物作为基底,它获得一个"形式",就是属性的变化。而质料作为基底,它获得一个形式,就是实体的生成。

---

① Herbert Granger,"Aristotle on the Subjecthood of form", ed. By C. C. W. Taylor, *Oxford Studies in Ancient Philosophy*(Volume 13,1995), Oxford: Clarendon Press, p. 137.

这两种 hypokeimenon 在《物理学》中却并非完全没有关系。首先，hypokeimenon 恰恰是以这两种形式（eidos）现实地存在的：tode ti 和质料。在获得形式之前，在"缺乏"状态下，它是质料，在获得形式之后，它在一个个别事物中。Hypokeimenon 都会以这两种方式之一的形式存在，那么，就不会有抽象的、纯粹的 hypokeimenon 存在。在获得形式之前，它所处的"无形状、无形式、混乱"（190b12）状态。是相对于获得一个形式的状态的"缺乏"状态，而不是绝对的混沌。这种"缺乏"是相对于那尚未成为的东西而已的缺乏，也就是说，这个 hypokeimenon 已经潜在地是那个它尚未成为的东西了。

其次，也与上面的那一点相关，《物理学》中作为 hypokeimenon 的质料并非纯粹的无任何形式的原始质料，而是一个潜在的个别事物，即潜在的 tode ti。"hypokeimenon……是人，金子，以及一般而言的可以计数的质料；它毋宁说是一个确定的 tode ti（这一个）。"（Physis, 190b23）不过，既然它尚未获得相应的形式，并因此处于"混乱"状态，就不能说它就是那个它尚未成为的个别事物。即使如 Frede 和 Patzig 所认为的，质料不独立于形式被说明，而是由它所属的形式规定，也不能因为就认为，它可以兼有形式的功能。它对于那由形式才能最终规定的个别事物，只能是一个非主导性的原则。这也符合在《物理学》第二卷第一章中亚里士多德论证三本原中形式比质料更应该被称为自然的做法。那些认为质料是自然的人，将质料看作事物的实体（ousia），安提丰持这种看法，如埋下床，会发芽长出木头。所以其 ousia 是在受到诸种影响后那保持不变的东西，其他的东西仅仅是它的属性、状态和次序。但是亚里士多德并不认同这个观点。他认为，形式比质料（hyle）更可以被称为自然。因为当一个事物是现实的（entelecheiai）我们说它是某物，更胜于它仅仅是潜在的（dynamei）。（193b7）

就 hypokeimenon 的翻译，有人主张翻译为"主体"，在大多数地方这个翻译都很恰切。尤其是在 hypokeimenon 被看作实体或者实体之可能选项的时候。它就是一个事物的"主",其他的是附属于它的。但是,考虑到在《物理学》以及在《形而上学》中当 hypokeimnon 被确认为质料的时候,不被亚里士多德看作是事物的"主"的时候,这个翻译就变得悖谬。这时把它翻译为"基底"更加合适一些。Ross 同时用两个词——subject 和 substratum——来表示它,表明了这种翻译的困境。而有些译者在不同的文本中用不同的词来翻译它,往往又有不能连贯一致之弊。如果用一个对应的词来翻译它,相对于有些学者统一将它翻译为"主体","基底"更加符合词的本意,也能表达出 hypokeimenon 的两种基本意义。因此,我认为,译为"基底"更为恰当。

(原载于《世界哲学》2011 年第 2 期)

梅剑华

梅剑华，1980年1月生于湖北秭归。北京大学哲学博士，首都师范大学副教授。研究领域：心智哲学、实验哲学、形而上学。主持国家社会科学基金青年项目"实验语言哲学的批判性研究"，在《世界哲学》《哲学研究》《哲学动态》《自然辩证法通讯》等重要刊物上发表论文近十篇。入选首都师范大学青年燕京学者培育对象。

解释鸿沟

一

太阳东升西落,大地四季轮回,自然世界与我们人类生活交织相连、真实可感。但太阳真的东升西落吗?如果我要和你较真,你可能不会像两小儿辩日一样,利用可感(冷热、大小、远近)来和我论辩。你大概会说,如果按照天文学的看法,地球在自转的同时围绕着太阳公转产生了我们日常可感的东升西落。如果有人问:你是静止不动的吗?粗粗回答你说是,但你也可以说不是,这时你引入了一套现代物理学的话语:相对地球这个系统来说,我是静止的;但我也在随着地球一起运动,只是由于地球和我之间的引力和惯性,我们根本感觉不到自己的运动。

我们有一套可感的语言,幸亏有了这套语言,我们才能和这个世界打交道。只言片语就能交流,甚至一个眼神就能明白彼此的心意,此时无声胜有声。我们有了多少次表白,为偶然一次的沉默谋取了意义。日常生活自然而然产生了日常语言。与世界打交道,日常语言足矣。只是有时,我们还不得不求助另外一种语言或者说另外一种言说系统。那是因为,我们发现在某些情景中可感的语言不够用了,我们要接受离感觉远一点的客观语言(如物理语言或病理学语言)来述说月暗星沉、生老病死。有时候,我们要放弃日常的思维,去接受一种离日常经验远一点的思维方式来理解世界。尽管我感觉到世界如其所是,但在某些事情上更愿意接受科学的解释。现代的学校制度让我们发蒙之初就开始接受物理、化学、生理、地理、生物各种科学的系统教育,以客观整全的视角来理解世界和人类自身。在这个意义上，世界本身无所谓客观，如内格尔所言客观的原初意义是指我们的观念和看法。在学科教育和实践生活中，我们逐渐摆脱自身的局限，从更大的背景来认识世界，我们似乎变得更客观了。甚至，我们会放弃感知的标准，去接受科学的解释，这或许是人类不断演化进阶的原因。

人类曾经相信自己是万物中之最灵者，地球是唯一受到上帝、佛陀或玉皇大帝庇护的世界。演化论告诉我们，人类是从猿猴演化过来的。宇宙大爆炸理论给出了更为宽阔的解释，地球只是浩瀚宇宙中微不足道的一粒。这一切造就了我们对科学的信仰，据说二十世纪与以往最大的不同就是科学塑造了我们的世界观，因为科学既拓展了我们日常生活的实际需求，也加深了我们对世界和自我的理解。

科学帮助我们认识到比银河系还巨大的星系，也帮助我们认识到比质子还微小的粒子。20 世纪后半叶，认知科学的蓬勃发展还帮助我们认识自身，尤其是大脑。宇宙浩瀚，大脑渺小，渺小大脑的活动却一点也不比宇宙星系的运行简单。大脑如何产生出错综复杂的意识？我如何能觉察到百无聊赖的孤独、感受到锥心刺骨的疼痛、体会到如梦如幻的快感？上述种种难以名状的感受能借助科学获得解释和理解么？在心智哲学的行当里，有一个重要的话题：大脑产生的主观经验如何获得满足理解标准的科学解释。这种主观经验仅仅是大脑活动过程（神经元通路的激活），单单依靠科学就能解释吗？抑或这些感受是"无法还原的象"，科学只能对之保持沉默？

有论者称主观经验是无法获得还原解释的，科学解释有自身的局限。在科学知识和感知知识之间存在一条罅隙，不管如何努力我们都无法把感知知识还原为科学知识，二者之间无法建立一种合理的联系，是为解释鸿沟。

二

什么是感知知识呢？我看到了红色、听到了心跳、感到害羞、忍受住疼痛等等。科学知识的对应表述则是一个物理个体的视网膜上落入某种波长的光子；某个物理个体大脑中的 C 神经元被激活并产生了通路等等。常人看来，视网膜上的光子解释不了我看到红色这个充满个人体验的事实；大脑中的 C 神经元激活解释不了我感到疼痛这个意义丰满的事实。解释鸿沟描述了我等常人对科学解释的警醒，总有科学做不到的事情。康德说科学要为信仰留有余地，似乎科学还应该为主观感受留有余地。

细究起来，这里似乎有一个解释的不对称性，我们对于山川大地万物的认识既可以用感知语言来描述，也可以用科学语言来描述，没有谁觉得需要把感知语言完全转换为科学语言。直观上我们觉得这两套解释都对，至于需要那一套描述，取决于实际需要。我们大致会说用感知语言描述的事实可以用科学语言进行描述。我们不会说科学语言阐释没有为我们提供基本的理解，世界就是科学语言所描述的那个样子，尽管我并没有感受到这一点。为什么在解释主观感受的时候，我们直观上觉得科学语言所描述的一切传达不出感知语言描述的内容呢？

我们对自然世界的理解可以接受两个层次的标准，有时候甚至要用科学的标准去代替感知的标准；对自身感受的理解却很难接受两套标准，甚至坚持感知标准不能用科学标准来替代。有一个理由说，关于我们自身的感知是切身的，对自我的把握具有绝对的确定性。而关于外部世界的感知却是可能出错的，因此后者需要科学来纠正我们感知产生的错误，而前者并不需要。

当说科学要为信仰留有余地之时，似乎科学对其他领地没有留有余地。尽管对于其他事物存在两种解释，但我们相信科学是终极解释。也许科学没有传递出日常感知的意蕴。但日常感知所理解的事实，也许可以在科学里得到更好的理解,如果你对科学有足够理解的话。

当我们说科学要为感受留有余地时,似乎感受是自然世界中一种特异的事物。科学解释不能成为感受的终极解释,甚至我们认为,科学根本没有解释什么是感受。尽管它确实说明白了感受的各种神经生理机制。但我们的直观感受是:神经生理机制并没有告诉我们什么是感受。有哲学家说在关于感受问题上要区分难易:科学家解决那些容易的问题,比如意识、感受产生的生理机制。感受本身是怎样一回事却是一个困难的问题。

套用难易问题的说法,科学解释可以成为容易问题的终极解释,但不能成为困难问题的终极解释。据说我们小老百姓,有点想法的哲学思考者都是为困难问题而困惑。这个难易问题的区分多多少少带了几分对科学的警惕,说的不好听点儿甚至是轻视。凭什么科学家就只能处理容易问题,而哲学家才能处理难问题?大脑的神经生理机制一直是认知科学上最难的问题,到哲学家这里,就在原则上成了容易问题。据闻哲学家向来只提出和回答最难的问题。这话说来容易,即使在容易问题上,目前也是举步维艰。克拉克在《惊人的假说》里面不过弄清楚了视神经的神经生理机制。眼耳鼻舌身意六识的神经生理机制大部分还处在摸索阶段。当然科学家相信我们最终也能获得对它们的认识。哲学家也不否认这一点,他们说是的,也许到了最后的时刻,你们获知了对六识的全部认识,但那都是一种容易的认识。困难问题是原则性的,不能为容易问题所取代。

回想起来,我们似乎没有对山川大地的认知做一个容易问题和困难问题的区分,尽管我们确实有两种不同类型的理解。为什么在感受性这件事情上要区分了?我们为什么不追随先人对天文学、物理学、化学、生物学的理解,让认知神经科学成为感受性的终极解释呢?当然我们不否认关于感受性的知识对于我们理解的重要,就像先人关于山川大地的感知知识对他们很重要一样。在我看来一个特别的困惑是:为什么在关于山川大地的感知中,先人们接受科学的解释,保留自己的感性理解。而在关于切身意识的感知中,我们却拒斥科学的终极解释,把自我感知当作理解的标准。

对主观感受的理解能否还原为神经生理机制解释?这是一个特别困难的问题,远非本文所能处理。挂一漏万,让我们换一个与此相关的问题:我们能用更客观一点的语言来描述稍微主观一点的语言所描述的事情吗?① 不用深究,这貌似就是可能的,虽然我们总是通过一套可感的语言表达将心中的感受情绪传递给他人,但高明的传达者却会用一些更为客观化的语言来描述自己的感受。你被人踩了一脚,我说:"踩的真疼。"换一个会形容的人可能会说:"疼的跟针扎了似的。"我们对"真疼"的标准众口不一,但我们大概对疼的跟针扎了似的有一个大致相似的标准。

在《普通认识论》一书中,石里克将这种理路表达得相当极端,他认为没有什么东西是物理学家无法描述的。物理学家不需要为诗人留有阐释空间,尽管诗歌在言说我们切身的感受这一点上占据着得天独厚的优势,但是在石里克看来,即使诗人也只能借助描述身体动作的词句来表达人的悲伤或喜悦。因为只有通过这些更客观、更可观察的东西,"诗人才能使这种悲伤成为可被听众直觉到的东西"。一个诗人越熟练使用诗歌语言,就越少直接使用一些描述主观感受的心理语句,诸如我感到痛苦、我希望快乐、我渴望幸福等等。按照石里克的说法:"他将代之以为力图用一种显然是间接的方法来达到他的目的,他将描述悲伤者行走的样子,他的表情,头部的姿态,手的疲乏的动作,或者记下他的片言只语——总之利用那些物理学家同样可以描述的事件,尽管物理学家将用另一些符号来描述它们。"

石里克的解释如果完全成型将是一个极端还原论的雏形,我们不需要走的那么远。也许我们不能一气把主观感受完全还原为神经生理机制

---

① 还原是一个相当复杂的概念,在本文中,我采用两种语言之间的翻译来做解说,或许更为妥当。

解释,但是总可以把主观感受的言说转换成一个稍微客观点的言说。用一个更客观点的言说方式代替一个稍微主观点的言说方式,我们可以接受用生理学代替心理学,但我们不必一下子把心理学还原为物理学。

回想最初,困惑是:为什么面对大部分自然事实,我们可以接受两套标准,甚至放弃日常的标准接受科学的标准;而面对主观感受这个"自然事实",我们却不愿意放弃自我的标准,接受科学的阐释。我对这个问题并无确论。科学论者会强调:感受性一定可以通过科学得到解释,并不存在所谓的解释鸿沟。如果你觉得这是一个鸿沟,是因为你还不是一个真正的科学主义者,一旦接受真正的科学教育和训练,你就会放弃"鸿沟"这个幻觉。反对者不能接受这种回答,他们认为主观感受原则上不能被还原为神经生理解释,存在着无法为物理语言所言说的私人感受,面对感受性,我们不得不放弃科学的标准,求助于日常理解。

这两种答案都不太令人满意。在我看来,并不存在科学理解和日常理解的严格两分。我们的科学阐释中凝结了先人的日常经验,科学的发展和变化也反过来渗入、改变乃至塑造我们的日常理解。诚然物理学家在谈论星球的时候,他心目中的天体和我们常人所想已大有不同,但是对这些星球的描述、规定多多少少源自我们的日常经验。科学家爱用日常的例子来为一些深奥抽象的理论寻求理解。我们要借助于日常关于球体的理解才能理解原子的模式。爱因斯坦用与少女相处感到时间短暂,盛夏与火炉相处感到时间漫长来解说时间的相对性。

不管是感知语言完全可以转换为物理语言,还是感知语言完全不能转换为感知语言,都忽视了感知语言和物理语言之间漫长的中间地带。用主观和客观来描述感知语言和物理语言之间的差异似更切合实际。我们用更客观一点的语言来描述较主观一点的语言所表述的事实,这是可行的。当我们使用两端的比喻,就出现了解释鸿沟,一端是感知语言(事实),一端是物理语言(事实)。让我们假设感知语言是绝对主观的语言,物理语言是绝对客观的语言,在绝对主观客观之间,有着程度不一的主客观语言。一个事情,我们可以用较客观一点的语言来描述,也可以用较主观一点的语言来说。至于选择哪种语言,如卡尔纳普所言取决于我们的实际需要。假设 A 到 Z 的序列,表示不同语言的连续序列,从感知语言(A)一直到物理语言(Z)。如戴维森所言,我们不能把 A 翻译成 Z,但我们可以把 A 翻译成 B,也可以把 Y 翻译成 Z。相邻的语言之间的可翻译似乎是理解和解释的应有之义。

在我看来,感知语言能否完全翻译为物理语言这个提法本身造就了解释鸿沟,错误的问题只能导致错误的回答。西门庆勾引潘金莲这个事情,用完全物理学的术语去解释是荒谬的,但我们可用一个较为客观的视角来描述西门庆的行为、表情和潘金莲的反应,事实上《水浒传》中就是以这种方式来描述西门庆勾引潘金莲的。大脑如何产生一种主观的感觉经验,用切身性的术语去解释也是荒谬的,我们有时候用认知神经科学的模式去解释,如果我们关心的是大脑机制如何运作的话;我们有时候借助一些常人理解的日常语汇来解释,到医院看病,医生给你量了血压、查了心电图、做了核磁共振,告诉你得什么病,年轻医生告诉我一大串关于血液、血压等病理学术语,说的清清楚楚,我却听的糊里糊涂。老练的医生,几句话就让你明白了:你这血液好比水里污泥太多所以流的慢。用更切身或更具有主观经验的几句话把需要用专门病理术语阐释的事情说了。

为了寻求理解,我们有时想要更主观一点的解释,有时想要更客观一点的解释。在寻求理解中没有泛泛的问题:主观感受能否得到科学解释?日常生活中,主观感受千差万别各有不同,有一些是纯然主观的,有一些是较为客观的,对它们的解释不是寻求原则上的还原解释,而是针对其实际情形,做出不同的解说。我们有时要把较为主观的语言翻译为较为客观的语言来达致理解;我们有时反其道而行之,把较为客观的语言翻译为较为主观的语言来达致理解。有时候我们用 Z 来解释(翻译和解释可以互换)Y,用 B 来解释 A,但我们也可以用 Y 来解释 Z,用 A 来解释 B。并不存在解释上的传递使得我们最终用 A 来解释 Z,或者用 Z 来解释 A。原因大概在于,每一个相邻的还原或翻译都是针对某一个具体的情形,也许这个情形只是针对于 E 和 F 之间,而不存在与整个序列之中。

  针对主观感受我们放弃科学的标准,这个说法也许一开始就有问题。主观感受(subjective experience)是一个泛泛的词,我们得在不同的情形下,看看放弃了怎样的科学标准,也许我们放弃了物理学的标准而坚持了化学的标准,也许我们放弃了生物学的标准而坚持了生理学的标准,等等。我们总是用较为主观(客观)的语言来解释较为客观(主观)的语言,这也是人类理解能力不断拓展的一副图画。在这幅图画里,不存在完全理想的物理语言、物理学、物理学家,每一步都是主观性和客观性的不断转换,在一个新的阶段和视野下,曾经被视为客观的东西可能会被视为主观的东西,曾经被视为主观的东西也可能被视为客观的东西。我们无法达致对某个事情绝对完满、理想、客观的理解。似乎这种对完满的否定性言说本身就是错误的。依我看,超越了认识能力的玄思才是导致解释鸿沟的原因。放弃了完满、理想、原则上可还原的"我执",解释鸿沟仅仅是一种幻觉而已,不过这种幻觉已经不是科学论者意义上的幻觉,它不是被科学解释所填平的,如维特根斯坦所言:它是被消解的。

[原载于《改革》(文化版)2015 年第 1 期]

自盲与内省:反思内感觉理论

导 言

内感觉理论(inner sense theory,Armstrong1968,Lycan1996)主张内省(introspection)和知觉(perception)是相似的。外部对象和感知之间有一个偶然的因果联系,被内省到的对象和内省之间也存在一个偶然的因果联系。如果我的视觉是真实的,我看见我的摩托车在楼下,它就准确表征了摩托车的位置。在这个例子中,摩托车的位置有助于导致我的知觉状态。类似地,内感觉理论主张内省状态在真实情形下是由它们所表征的状态导致的。

对于知觉来说,会因为知觉者的差异或者知觉者某些知觉功能的强弱,出现知觉上的自盲(self-blind)①情况。感知者可能会看错或者听错某些事物,或者看不到或者听不到某些事物。大家都听莫扎特,音乐家的耳朵比我们格外细腻;同样看画,受过绘画训练的人能看到常人注意不到的细节;诸如此类。在内省上也会出现类似的自盲,比如战斗中的士兵感受不到疼痛、发怒中的丈夫不觉得自己是在向妻子发怒等等。这种普遍存在的现象支持了内感觉理论的基本主张:内省和知觉是相似的,内省就

---

① 《自我知识》一书的译者徐竹将 self-blind 译为"自我蒙蔽",也是适当的。感谢奥地利萨尔兹堡大学哲学系 Johannes Brandl 教授给予本人的指导建议,实际上在萨尔茨堡大学哲学系交流的那段时间,在教授的 introspection 专题讨论课上我才开始关注这一话题;随后在和陈嘉映教授几次的通信中,我才逐渐意识到对于自盲两种概念区分的重要性,一并致谢。

是"内在的感觉"。

休梅克(Shoemaker 1994)认为上述主张是错误的。在他看来,感知的确存在自盲的情况,但对于内省来说不可能存在自盲。内感觉理论蕴含了内省的自盲,如果自盲是不可能的,那么内感觉理论就是错误的。通过对自盲之不可能的论证,休梅克反驳了内感觉理论。

休梅克对自盲是不可能的这一结论的论证依赖于他的理性概念:一个有理性能力的生物(具有智力、概念能力和理性的常人)不可能出现自盲,自盲是概念上不可能的。在笔者看来,休梅克和内感觉理论对于自盲的理解存在根本的差异,说明二者之间的争论基于不同的自盲概念是理解争论的关键。

一、内感觉理论

洛克是内感觉论者,他把内省描述为知觉在内部的相似物:

"任何人都在其自身中具备观念的这一来源……尽管就其与外部对象无关而言,它不是感觉;但它与感觉很相像,可以恰当地被称之为内感觉。"(洛克1689,第二部分,1.iv)

当代的内感觉理论者大部分接受了洛克关于内感觉的观点,其中大卫·阿姆斯壮(David Armstrong 1968/1993),阿尔文·古德曼(Alvin Goldman 2006),埃里克罗尔曼德(Eric Lormand 1996),威廉·赖肯(William Lycan 1996)以及肖恩·尼克尔斯和斯蒂芬·斯蒂奇(Shaun Nichols and Stephen Stich 2003)都是当代内感觉理论的支持者,本文主要涉及阿姆斯壮和赖肯的内感觉理论。

在《心智的唯物主义理论》一书第15章(Armstrong:323-339),阿姆斯壮对内省给出了系统的解释。知觉的对象在外部世界,内省的对象在我们心智之中。在知觉和内省之间存在诸多类比之处:

（一）一个主体有感知并不意味着这个主体具有对应的感知语言和概念。比如动物和小孩都能感知万物，但却不会说话或者缺乏相应的概念，相似的，也就没有什么理由表明内省逻辑上依赖于语言。一个主体具有内省状态并不意味着主体具有关于内省的报告。对于动物和小孩而言，也可以说它具有内省，能察觉到自己的疼痛。它们拥有内省的能力，但缺乏关于内省的报告。这种类比背后有着非常复杂的哲学蕴含，像笛卡尔、康德、麦肯道威尔（见其所著《心灵与世界》）这一类哲学家是反对这种类比的，在他们看来没有语言和概念的生物是不会和人一样具有相似的感知经验的。

（二）在知觉中，我们要区分知觉和知觉的对象，在内省中也要区分内省和被内省到的对象。知觉和知觉的对象之间的区分是很容易的，比如我的知觉和外部世界的一个物理事物。困难在于理解内省和被内省到的对象，这二者都是心理状态，如何区分呢？很多人把二者混淆了，阿姆斯壮说："一个心理状态不能察觉到它自身，就好像一个人不能吃掉他自己一样。"（Armstrong：324）。进一步，内省也可以成为高阶内省的对象，高阶内省可以成为更高阶内省的对象，以此类推，但这个链条是有终点的，最终的内省不能成为其他内省的对象。因为大脑是有限的，不会允许这种无限倒退发生。内省是大脑中的自我扫描过程。如上所述，扫描活动也会被高阶扫描活动扫描，但最终我们会有一个没有被扫描的扫描者（活动）。

（三）身体感知是私人的主观经验。比如我看到独一无二美轮美奂的风景，体会到一种无可奈何的孤独，处于一种不可自拔的绝望之中，感受到撕心裂肺的疼痛，这样一些主观性的经验似乎完全不能为他人感知，也不能用一种科学术语对之加以描述。但是对于阿姆斯壮来说，感觉的私人性只是一个纯粹偶然的经验事实，我们完全可以想象我们也能获得一种直接的感觉通道来获得他人的感受。比如有一种传感装置将我大脑中接受感觉的神经元与另外一个人接受感觉装置的神经元联系起来，同时切断我大脑神经元与身体感官之间的通路,我就能感觉到另外这一个人的感觉。相似的,对于内省也是一样的,我们也可以想象获得直接的内省通道来获得他人的内省状态。我们也能涉及一种传(内)感装置,使得我可能获得另外一个人的内省状态。

(四)在万千世界中,有我们感知不到的事物;在诸多心理状态之中,有我们内省不到的心理对象。比如无意识状态,就是没有被内省到的心理状态。存在着不为感知的存在,也存在着没有被内省到的心理状态,认识到这一点似乎是弗洛伊德的重要发现。

(五)知觉是可能出错的,内省也是可能出错的。这是本文讨论的重点,知觉的可错,就是知觉被蒙蔽出现的情况,内省出错也是内省被蒙蔽(自盲)出现的情况。在第2节重点就此进行讨论。

二、休梅克对内感觉理论的拒斥

休梅克描述了自盲的情况:一个理性生物具有诸如信念、疼痛这样通常的心理状态,而且也能熟练运用相关的概念,但很可能这个理性生物(人)不能内省到自己的思想。这样的生物就是自盲的。休梅克认为不可能出现这种自盲的情景,心理状态和相关现象的本质要在内省中揭示自身。这种不可能,应该理解为逻辑的不可能。阿姆斯壮和莱肯都相信由于自然选择和演化进展不可能实际出现自盲的情况。这里的不可能实际出现要稍作一点解释,它指的是:自盲不可能作为理性生物的群体特征(本质特征)出现,如果人类生物普遍是自盲的,那么就不可能存活下来。也许存在人类生物的普遍盲区,但只要这种遮蔽不会影响人类的生存延续,就是允许的。可以给出稍微复杂一点的表述:自盲现象不可能作为影响理性生物生存延续的群体特征(本质特征)出现。休梅克接受实际情景中偶尔的自盲,他要表明的是自盲是逻辑上不可能的。

"逻辑上可能"是哲学上通常的论证,在反对物理主义的论证中,查尔莫斯(David Chalmers)试图表明僵尸(和与其对应的个体具有相同的物理属性,却缺乏相应的现象属性)存在的逻辑可能性,大家都知道僵尸不可能实际存在,如果僵尸存在是逻辑上可能的,那么就表明心灵(意识)和物质(身体)是可以分开的(既不同一,也不依随),物理主义就需要对意识给出超越物理科学的解释,而这是不可能的,因此物理主义是错误的。

可以重构一下休梅克利用自盲进行的论证,我将它简单称为自盲论证①:

1. 如果内感觉理论是正确的,自盲就是逻辑上可能的。
2. 自盲是逻辑上不可能的。
3. 所以内感觉理论是错误的。

先考虑关于自盲的例子:在休梅克看来,疼痛的自盲是逻辑上不可能的。如果我在疼痛,我就知道我在疼,我疼和我知道我疼是一回事。拥有疼痛的概念和感到疼痛就假定了主体相信自身疼痛。虽然存在一些临界的情形,比如激战中的士兵,只有在退到战壕之后才发现自己受伤了,感到了疼痛,但这并不是通常情形。一个疼痛的状态直接导致了对疼痛的觉察,这似乎是一个概念真理。在什么情况下你觉得疼其实你并不疼?或者你真的具有疼痛但你却没有感觉到疼呢? 其次,关于信念的自盲是不可能的,一个人能够随着环境的变化调整自己的信念,这说明他能觉察到他的信念。个体有能力修改自己的信念,这似乎是一个概念真理。如果主体断定了 P,那么他的行为就会揭示他相信:他相信 P,信念主体就不是自盲的。本文暂不考虑信念等相关情况,将论证聚焦于现象性质(疼痛等)。

---

① Amy Kind(2003)有一个不同版本的论证。

三、赖肯和格特勒(Gertler)对休梅克的回应和理性概念

莱肯(Lycan 1996)认为休梅克混淆了疼痛的感觉(现象意识)和对疼痛的察觉(awareness),他对意识①的定义已经包涵了二者。休梅克回应说作为理性的生物,感到疼痛就蕴含了对疼痛的察觉。其他非理性动物虽然感到疼痛了,但并没有蕴含对疼痛的察觉。对于理性动物来说,现象状态和察觉有本质的关联,理性概念在这里起到了关键的作用。

疼痛的感觉和对疼痛的察觉之间的联系,在于理性概念,只有理性动物才能察觉到自己的疼痛。但是让我说一只受伤的狗没有觉察到它的疼痛?它只有单纯的因果反应:受伤—添伤口,而不是说狗觉得疼而添伤口,这听起来很奇怪。休梅克认为对某一事实和现象存在自盲只针对有能力想象这种事实和现象的动物。比如文盲可以通过其他方式来获得在书本上的东西,而低等动物(动物和小孩)并不具有这种概念能力。对于低等动物来说根本不存在是否自盲这一可能性(Shoemaker :226)②。

休梅克在支持前提2时,实质地引入了理性概念:自盲是逻辑上不可能的,如果一个人是理性生物。如前所述,理性生物就是具有智力、概念和理性的一种生物。对于理性生物而言在被内省到的对象和内省之间是透明的,认知者总是有能力觉察到自己的心理状态。

格特勒认为内感觉理论对于理性的本质是中立的,它的主要关注点在于自我觉察发生的过程。内感觉理论可以开放地接受休梅克的理性概念,根据这一理性概念,理性必然包含某种程度的自我觉察。在一个具有

---

① 赖肯在《意识与经验》一书中区分了关于意识的七种用法。

② 与休梅克不同,阿姆斯壮认为感知的存在,并不依赖是否有关于感知的语言(概念),动物和小孩虽然不能说话,但依然能感知事物。相应地,内省的存在也不依赖于是否有关于内省的语言(概念),因此可以合理的假定动物和小孩不仅仅具有疼痛,也能察觉到疼痛。(Armstrong 1968 :323 – 324)

恰当地健全(robust)理性概念下,自盲生物不会满足理性的要求。这样的理性概念和内感觉理论是相容的,内感觉理论不会推出自盲的可能性。理性的本质在内感觉理论看来,只在于内省与被内省到的对象之间的联系要比感知与被感知到的对象之间的联系要紧密一点而已,但并没有什么本质上的不同。休梅克关于内省的理性概念并没有动摇内感觉理论关于感知和内省的基本模型(Gertler 2011:155—156)。格特勒拒斥了自盲论证的前提1:如果内感觉理论是对的,那么自盲就是逻辑上可能的。

四、自盲的两种概念

在笔者看来,休梅克错误理解了内感觉理论假定的自盲。在关于内感觉理论的讨论文献中存在着自盲概念的两种用法。内感觉理论支持一种自盲概念,Schwitzgebel(2008)也属于这个行列。休梅克则支持另一种自盲概念,德雷斯克(Dretske1994)大致属于这个行列。内感觉理论蕴含自盲是可能的,这是一种弱的(自然)的自盲形式。休梅克并没有否认这种例子的存在:"激烈战斗中受伤的士兵感觉不到疼痛;直到停止比赛,受伤的运动员才注意到自己的伤痛,诸如此类"(Shoemaker:273)。但是,休梅克认为这种现象是例外的、偶然的。对于内感觉理论来说,这是一种自然的现象,在人类漫长的实践中时常发生。内感觉理论和休梅克都否认强(理性)的自盲的可能性。对于休梅克来说,人不可能自盲(强),这是一个概念真理,因为"处于疼痛状态的人,总是想摆脱疼痛,当然觉察到了疼痛的存在"(Gertler:150)。在现象性质和对现象性质的觉察之间不存在一条鸿沟。对于内感觉理论而言,人们不可能实际出现强的自盲,这是一个自然真理。"自盲生物绝无可能是自然选择的产物。"(Gertler:149)

现在,我们有两种自盲的概念,一个是弱的(自然)概念,另一个是强的(理性)概念。根据我的理解,休梅克和内感觉理论都接受弱自盲的可能性,同时都拒斥强的自盲的可能性。休梅克与我(以及内感觉理论者)的分歧在这儿:他认为内感觉理论蕴含全面自盲的可能性。我则想说明内感觉理论仅仅蕴含了弱自盲的可能性,绝不蕴含强自盲的可能性。按照内感觉理论,自盲论证可以有两种形式:

强版本的自盲论证:

4. 如果内感觉理论是正确的,强自盲就是逻辑上可能的。

5. 强自盲是逻辑上不可能的。

6. 内感觉理论是错的。

弱版本的自盲论证:

7. 如果内感觉理论是正确的,弱自盲就是实际上可能的。

8. 弱自盲是实际上不可能的。

9. 内感觉理论是错的。

显然4是错误的,内感觉理论并不蕴含全面的自盲,所以强版本的自盲论证是错误的;8是错误的,自然的自盲是实际上可能的,所以弱版本的自盲论证是错误的。只要我们接受强弱自盲概念的区分,把自盲论证分解为上述两个版本论证依次考察,就会发现休梅克并没有成功地反驳内感觉理论。

基于休梅克的立场,Johannes Brandl① 教授提出了相似的反驳,他认为:

> 接受弱的自盲概念并不能完全回应休梅克的反驳。只有当谁说明休梅克意义上的自盲是不可能的这一点,能够用内感觉理论解释,休梅克的反驳才是可以被拒斥的。问题在于,内感觉理论并不能解释这一点。如果休梅克是对的,那么自盲就是不可能的,内感觉理论

---

① 在和笔者的英文初稿的书面评论中,Johannes Brandl 教授提出了这个反驳。

就是失败的,因为它解释不了为什么自盲是不可能的。

首先,如果我们接受的上述关于两种自盲概念的区分,这个反驳就可以被合理地拒斥。Johannes 的论证基于这样一个前提:内感觉理论蕴含了强自盲的可能性。我不认为内感觉理论会支持这个假设。当我们谈论实际情形中的自盲,总是涉及自然的自盲。赖肯说:疼痛症状的哪些组分受到一阶疼痛因素的影响,哪些组分受到二阶觉察因素的影响,这完全是一个经验的问题(Lycan:18)。赖肯这个著名的内感觉理论者,接受了自然的自盲。他接着说:"当然,对于任何一种生物都不可能在强烈、复合的意义上没有觉察到自己的疼痛(Lycan:19)。"在这里,赖肯有两个论证。一方面,从自然演化的角度考虑,强自盲是实际上不可能的;另一方面,基于强弱自盲的区分,强自盲也不是概念上可能的。

其次,休梅克不能系统解释偶或出现的"没有感觉到的疼痛"等相似的例子。自然的自盲现象不能放入休梅克的理性主义框架。"尽管没有感觉到的疼痛并非频繁发生,但是他解释不了为什么会偶尔发生。"(Lycan:18)对于内感觉理论来说,可以运用感知和内感知(内省)之间的类比来解释。就像我们有时候会有视觉、触觉、听觉的偶尔蒙蔽,我们也会有内感觉的偶尔蒙蔽。

自然的自盲无处不在,诸如没有感觉到的疼痛、没有注意的情绪、没有反思到的信念等等。这是一种相当普遍的心理现象。"大部分人在内省时,都很少觉察到自己的意识经验……我们无知并且容易犯错"(Schw:247)。Schw 接受了自然的自盲,所以他断定素朴的(naive)内省是不可靠的。Schw 在其论文中的几个例子与本文所列的例子是类似的,我妻子让我饭后帮着洗碗,我卖力刷碗筷,妻子提醒我,尽管我很卖力但看起来我很愤怒。不过我并没有意识到这一点,并不认为自己很愤怒。实际情况是:我的妻子从我脸上读出来的我的心理状态要比我自己内省反思的心理状态更为可靠(Schw:252)。

五、总结

  如何理解内省,内感觉理论可能会说,我们需要从感知和外部世界的类似关系入手,德雷斯克强调表征系统和外部世界的关系;休梅克则认为内省知识源自于人的理性。大致来说,内感觉理论和德雷斯克的表征理论属于经验主义理论,休梅克属于理性主义理论。关于内省、自盲逻辑可能性的争论其实是经验主义和理性主义争论的一个现代翻版。

  基于内感觉理论(阿姆斯壮和赖肯)的文本,我认为内感觉理论并不蕴含强自盲,休梅克并未能表明内感觉理论是错误的。更有意味的在于,内感觉理论能够比休梅克的理性模型更好地解释广泛存在的自盲现象。

(原载于《现代哲学》2014 年第 5 期)

张浩军

张浩军，1980年10月生于甘肃武威，中国人民大学哲学博士。曾任首都师范大学副教授，现为中国政法大学副教授，硕士生导师。主要从事胡塞尔现象学研究，主持国家社会科学基金青年项目"胡塞尔先验逻辑学思想研究"，在《哲学研究》《世界哲学》《中国现象学与哲学评论》等学术刊物上发表论文、译文多篇，著有《从形式逻辑到先验逻辑——胡塞尔逻辑学思想研究》，译有《论移情问题》。

现象学与分析哲学的对话

——论胡塞尔的"Noema"概念

鲁道夫·贝奈特(Rudolf Bernet)在《胡塞尔的"Noema 概念"》一文中指出,"只有少数几个带有胡塞尔烙印的概念会像'意向相关项'(Noema)概念这样受到如此普遍的关注并且引发如此巨大的期待。……但也只有少数几个带有胡塞尔烙印的概念会像'意向相关项'概念这样被如此有争议地接受下来"。① 的确,这个概念一经提出,就受到了来自欧陆现象学和英美分析哲学的广泛关注,不论是赞成还是反对,拒绝还是接受,哲学家们都从各自的立场和角度给出了自己的解释。本文的目的就在于从胡塞尔本人的思想出发,通过现象学和分析哲学的双重视角来考察"意向相关项"这一概念的合法性,为现象学和分析哲学在这一问题上的对话寻找一条可能的道路。

一、"意向相关项"概念的缘起

在《逻辑研究》的第一版时期,胡塞尔对于意识体验本质的研究还仅仅停留在意识行为的层次上,他认为行为的意向本质是质料和质性的统一,质料和质性是"一个行为的完全本质性的并因此而永远不可或缺的组成部分"②。但是在先验转向之后,胡塞尔对意识本质的认识发生了变

---

① Rudolf Bernet, "Husserls Begriff des Noema", *Edmund Husserl, Critical Assessments of Leading Philosophers*, volume Ⅳ, ed. Rudolf Bernet, Donn Welton and Gina Zavota, London and New York: Routledge, 2005, p. 265. 中译文参见《胡塞尔的"Noema"概念》,倪梁康译,载于《论证》,赵汀阳主编,辽海出版社,1999 年,150 页。

② 埃德蒙德·胡塞尔:《逻辑研究》第二卷第一部分,A392/B1417,倪梁康译,上海:上海译文出版社,2006,第 483 页。

化。在《观念》I中,通过先验现象学的还原,胡塞尔发现,每一个意向体验都具有一个平行的结构,即意向活动—意向相关项(Noesis—Noema),亦即体验的实项组成部分和体验的非实项的、意向的组成部分。就意向活动来说,它是行为的意向性的来源,它将非意向的质素(hyle)也就是"僵死的"感觉材料"激活"(beleben),赋予它们以统一的意义,从而构造出一个对象来。就意向相关项来说,它不是意识体验的实项组成部分,而正是意向活动通过赋予质素以意义而构造出来的那个对象,这个对象通常也被称作意向的相关物(Intentionales Korrelate)。①

在胡塞尔看来,先验还原不但没有缩小现象学的研究领域,反而使现象学扩展到了对意向相关项的研究,而意向相关项的领域在某种意义上则是现象学的真正研究领域。随着现象学研究领域的变化,"现象学的"一词的含义也随之发生了变化。在《逻辑研究》第一版时期,"现象学的"完全等同于"实项的"、"心理学的",因为在这一时期,胡塞尔现象学的研究范围还完全局限在对意识的意向行为的分析之中。而在《逻辑研究》第二版中,胡塞尔已经有意识地把"实项的"和"现象学的"区分了开来。为此,胡塞尔说道:"事实上,'现象学的'这个词与'描述的'这个词一样,在本书的第一版中所指的都仅仅与实项的体验组成有关,并且在这一版中至此为止也主要是在这个意义上被使用。这与心理学观点的自然出发点相符合。但在对已进行的各项研究的在此深思中以及在对被探讨的实事的更深入考虑中——尤其是从这里开始——,有一个问题会变得敏感起来,并且还会越来越敏感,即对意向的对象性本身(就像它在具体的行为体验中被意识到的那样被理解)的描述展示了另一个描述的方向,即纯粹直观地和相应地进行的描述的方向,这个方向不同于对实项的行为组

---

① E. Husserl, *Ideen zu einer reinen Phänomenologie und phänomenologischen Philosophie. Erstes Buch: Allgemeine Einführung in die reine Phänomenologie*, Husserliana III/1, Den Haag, 1976, §88.

成的描述方向,并且这种描述也必须被标识为现象学的描述。如果人们遵循这些方法的暗示,那么,这里得以突破的问题领域就会得到必然的和重要的扩展,而且,通过对描述层次的完全有意识的划分,我们就会获得长足的进步。参阅我的《纯粹现象学与现象学哲学的观念》第一卷(尤其是在第三篇中关于意向活动与意向相关项的阐述)。"①

为什么说,"通过对描述层次的完全有意识的划分,我们就会获得长足的进步"呢?这是因为,只有划分了意向活动—意向相关项这两个不同的描述层次(或方向),现象学认识论的基本问题,即认识行为如何"切中"(treffen)认识对象的问题才能被真正提出来。正如贝奈特(Rudolf Bernet)所说,"将意向相关项引入现象学的研究领域,这个做法的最初的和最强烈的动机无疑是在现象学认识论的提问中产生的。在胡塞尔著作中,有效认识的可能性问题主要被理解为关于认识行为的'切合性'(Triftigkeit)问题。问题在于:认识行为的意向意指是否达到它们的'目标',即是说,对实事的规定是'切中'实事,还是偏离实事。② 所以,"对认识之切合性的现象学研究不能满足于对认识行为的明见的和纯粹的被给予性的考察。如果认识行为和认识对象的可能一致性或相关性是问题所在,那么认识对象也就必须被纳入现象学上明见的被给予性的范围中来。"③。

事实上,胡塞尔之所以提出"意向相关项"概念,其深层的动因也是

---

① 埃德蒙德·胡塞尔:《逻辑研究》第二卷第一部分,A374/B₁397,倪梁康译,上海:上海译文出版社,2006年,第463页。
② Rudolf Bernet, "Husserls Begriff des Noema", *Edmund Husserl, Critical Assessments of Leading Philosophers*, volume IV, ed. Rudolf Bernet, Donn Welton and Gina Zavota, London and New York: Routledge, 2005, p. 267. 中译文参见《胡塞尔的"Noema"概念》,倪梁康译,载于《论证》,赵汀阳主编,辽海出版社,1999,第151-152页。
③ Rudolf Bernet, "Husserls Begriff des Noema", *Edmund Husserl, Critical Assessments of Leading Philosophers*, volume IV, ed. Rudolf Bernet, Donn Welton and Gina Zavota, London and New York: Routledge, 2005, p. 267. 中译文参见《胡塞尔的"Noema"概念》,倪梁康译,载于《论证》,赵汀阳主编,辽海出版社,1999,第152页。

为了解决布伦塔诺遗留下来的问题。布伦塔诺认为一切意识行为或心理体验都可以区分为"心理现象"和"物理现象",所谓心理现象指的是各种各样的意识行为,而物理对象则是各种各样的意识行为所直接指向的对象或体验到的内容。心理现象与物理现象的本质关系在于一切心理现象都"内在地"包含了某种物理现象作为自己的对象。"意向性地把对象包含于自身之中"这是心理现象所独具的特征。① 在胡塞尔看来,由于布伦塔诺没有区分作为意识体验的实项组成部分的意识活动和作为意识体验的非实项的、意向内容的意向相关项,因而实际上把物理现象当成了实在地存于心理行为之中并且依赖心理行为而存在的感觉内容,当成了"心理现象",所以最终陷入了唯心论(Idealismus)。② 为了克服布伦塔诺所面临的这种理论困境,胡塞尔对"意向性"概念做了某种修正,也就是说,所谓意识的意向性是指,作为意识体验的实项内容的意向活动对作为意识体验的非实项的、意向内容的意向相关项的指向性。这样一来,对于那些没有实在对象与之相对应的幻觉(hallucination)和"半人半马怪"(centaur)这样的想象物存在的情况下,"意识总是关于某物的意识"这个现象学的基本教条才能得到贯彻。③ 正如达米特在《分析哲学的起源》中所正确地指出的那样:"通过对心理行为的对象与其意向相关项的区分,胡塞尔找到了一种对布伦塔诺问题的最终解决办法。每一个心理行为都必须具有一个意向相关项,因此也必须具有被指向一个对象的性质:一个语言表达式虽然有意义,但这个意义却不能为它、为这个如其所是的世间存在者提供任何现实的对象所指物,这没有疑问;同样,一个意向相关项没有

---

① Franz Brentano, *Psychology from an Empirical Standpoint*, London and New York: Routledge, 1955, pp. 88-89.
② 参见《逻辑研究》第五研究第二章"意识作为意向体验"。
③ Dagfinn Føllesdal, "Husserl's Notion of Noema", *Edmund Husserl, Critical Assessments of Leading Philosophers*, volume IV, ed. Rudolf Bernet, Donn Welton and Gina Zavota, London and New York: Routledge, 2005, p. 161.

目标,没有一个与之相对应的外部对象存在,这也没有疑问。因此,一种虚幻的知觉也就不再是什么问题:不仅真实的知觉具有意向性的特征,而且虚幻的知觉也具有意向性的特征,它只不过没有任何现实的对象罢了。"①

在说明了"意向相关项"概念的由来之后,我们紧接着来看一看胡塞尔本人对这个概念的一些基本规定。

二、胡塞尔对"意向相关项"概念的基本规定

(一)意向相关项是受到现象学还原的对象

在《逻辑研究》中,胡塞尔在两个意义上使用"意向对象"(intentionale Gegenstand)这个词,一个是"如其被意指的对象"(Gegenstand, so wie er intendiert ist),另一个是"被意指的绝然对象"(schlechthin der Gegenstand, welcher intendiert ist)。② 所谓"如其被意指的对象"指的是在任何一个意向行为中这样或那样被表象的对象,而且作为这样的对象,"它在可能的情况下是变换不定的意向目标,即判断的、感受的、欲求的意向等的目标"。而所谓"被意指的绝然对象"指的是这些不同的意向行为所共同指向的同一个对象。③ 比如,就拿破仑而言,我们既可以说他是奥斯德立兹的胜利者,也可以说他是滑铁卢的战败者。"奥斯德立兹的胜利者"和"滑铁卢的战败者"就是"如其被意指的对象",而拿破仑则是同一个"被意指的绝然对象"。

实际上,胡塞尔关于"如其被意指的对象"和"被意指的绝然对象"的

---

① Michael Dummett, *Origins of Analytical Philosophy*, London: Gerald Duckworth & Co. Ltd. 1993, p. 74.
② 埃德蒙德·胡塞尔:《逻辑研究》第二卷第一部分,A376/B1400,倪梁康译,上海:上海译文出版社,2006,第466页。
③ 同上书,第466页。

区分与他后来在《观念》I中所提出的关于"意向相关项"和"绝然对象"的区分是相对应的。参照胡塞尔的思想背景,在通常情况下,我们完全有理由把"绝然对象"理解为"自然对象"、"现实对象"、"外在对象"或"超越对象",而"意向相关项"则是经受了先验现象学还原之后的对象,是被加了引号的"对象"。在《观念Ⅰ》第90节中,胡塞尔说:"我们必须坚持依靠在纯粹体验中的所与物,并将其置于清楚性的范围内。于是现实的客体应当被'置入括号'。让我们来考察一下这究竟意味着什么:如果我们一开始就是处在自然态度中的人,那么现实客体就是在我们之外存在的东西。我们看着它,站在它面前,我们使目光牢牢地指向它,而且正如我们发现它在空间中面对着我们而存在那样,去描述它,并作出关于它的陈述。同样我们在评价中也采取一个针对它的立场;这个面对着我们的、在空间中被我们看到的东西,使我们喜悦,或者决定着我们去行动;我们把握或者处理这个被给予的东西,等等。如果我们现在实行现象学还原,那么每种超越设定,因此首先是内在于知觉本身的一切东西,都受到其排除性的加括号作用,而且这种程序将逐步涉及一切被奠基的行为、一切知觉判断、给予知觉判断的价值设定,还可能有价值判断等等。因为,我们只能去观察、描述所有这些作为自在的本质的知觉、判断等等,去确定一切与本质相关的方面或在本质之中明见地被给予的东西。"① 也就是说,处在自然态度中的实在对象本身是一个超越的设定,而意向相关项则是在绝对明见的被给予性中所自身呈现的"对象"。因此,正如贝奈特所说:"意向相关项在这里是受到现象学还原的对象,而且更确切地说,是在一个受到现象学还原的行为中恰恰如此直观地被给予和被意指的对象。作为各种行为的相关者、作为各种思维(cogitatio)的所思(cogitatum),这

---

① E. Husserl, *Ideen zu einer reinen Phänomenologie und phänomenologischen Philosophie. Erstes Buch: Allgemeine Einführung in die reine Phänomenologie*, Husserliana III/1, Den Haag, 1976, S. 208–209.

个意向相关项是一个'本体的'(ontisches)现象,它不能被混同于那个在杂多现象中作为统一而构造起自身的对象。因此,作为'受到现象学还原的对象'的意向相关项一方面可以标志着一个构造着的、纯粹的'现象',另一方面也可以标志着一个在这些现象的有序联系中被构造的、统一的、加引号的对象。"①

索克洛夫斯基(Robert Sokolowski)在《现象学导论》中对"意向相关项"这个词也进行了与胡塞尔相一致的解释:"'意向相关项'这个词指的是意向性的对象相关项;它指的是由我们的自然态度的意向所意指的任何东西:一个物质对象、一幅画、一个词、一个数学实存物、一个他人。但是,更确切地说,它指的恰恰是从先验的态度出发所看到的如此这般的对象相关项。它指的是已经通过先验现象学的还原而被加了括号的对象相关项。有时'意向相关项'这个词也可以用作形容词和副词:我们可以提供一种意向相关项方面的分析(noematic analysis),我们可以研究某个东西的意向相关项方面的结构,我们可以从意向相关项方面(noematically)考察对象。任何使用这些语词的用语都属于先验用语(transcendentalese)。它们是哲学的用语。它们假定,为哲学所固有的中立性变样已经被引入了。'意向相关项'这个词的使用,标志着我们已经处在现象学之中,处在哲学的话语之中,而且也标志着我们正在从一种哲学的观点而非自然态度的观点来谈论事物。"②

---

① Rudolf Bernet, "Husserls Begriff des Noema", *Edmund Husserl, Critical Assessments of Leading Philosophers*, volume Ⅳ, ed. Rudolf Bernet, Donn Welton and Gina Zavota, London and New York: Routledge, 2005, p. 268. 中译文参见《胡塞尔的"Noema"概念》,倪梁康译,载于《论证》,赵汀阳主编,辽海出版社,1999,第152-153页。

② Robert Sokolowski, *Introduction to Phenomenology*, Cambridge University Press, 2000, p. 59.

(二) 意向相关项的结构:意向相关项的意义与论题特征

在胡塞尔看来,一个完整的意向相关项是由两个部分组成的,其中的一个组成部分是"意向相关项的意义"(noematischer Sinn),有时也称作"在其规定性方式中的对象"(Gegenstand im Wie seiner Bestimmtheiten)①、"对象的意义"(gegenständlichen Sinn)②、意向相关项的核心层(Kernschicht)或意向相关项的核(Kern)③。另一个组成部分是"论题特征"(thetische Charakter),有时也称作对象的"被给予方式"的意向相关项方面的相关物或者"对象之被意识方式"的意向相关项方面的相关物。"被给予方式"的一个重要部分是行为的"论题特征"、"设定特征",另一部分是"充实",是"直观的意义"。④

"意向相关项的意义"与"论题特征"之间的关系相当于"质料"和"质性"的关系。正如胡塞尔所说:"我们因此可以在意向相关项方面来理解这些概念;'质性'(判断质性、愿望质性等)只不过是我们迄今为止在宽泛的意义上看作'设定'特征、'论题'特征的东西。……每一特定的论题都有其质性,但其本身不应被称作质性。显然,现在,作为总是从'质性'中获得设定特征的"什么"的'质料'与'意向相关项的核'相对应"。⑤在《逻辑研究》中,胡塞尔把"质料"看作狭义的意义,把"质料"与"质性"的结合称作广义的"意义"。在《观念Ⅰ》中,胡塞尔则把"意向相关项的意义"称作狭义的意义,而把意向相关项的意义与论题特征的结合称作"意向相关项",因而,"意向相关项"构成了广义的意义。

---

① E. Husserl, *Ideen zu einer reinen Phänomenologie und phänomenologischen Philosophie. Erstes Buch: Allgemeine Einführung in die reine Phänomenologie*, Husserliana Ⅲ/1, Den Haag, 1976, S. 303.

② Ibid., S. 210.

③ Ibid., S. 206.

④ 参见 Dagfinn Føllesdal, "Husserl's Notion of Noema", *Edmund Husserl, Critical Assessments of Leading Philosophers*, volume Ⅳ, ed. Rudolf Bernet, Donn Welton and Gina Zavota, London and New York: Routledge, 2005, p. 163.

⑤ Ibid., S. 298.

在《逻辑研究》中,胡塞尔虽然认为意识的意向本质是质性和质料的统一,二者缺一不可。但是,在客体或对象的构造方面,质料却具有"优先"地位。为什么质料具有"优先"地位呢?这是因为,在胡塞尔看来,质性不具有与对象的关系,而作为"立义意义"(Auffassungsinn)的质料则是行为的某种对象相关物,它充当了行为意指对象的中介或手段。行为与一个对象的相关性是在质料之中构成的。胡塞尔说:"质性特征,即那个自在自为地使表象成为表象,并前后一致地使判断成为判断,使欲求成为欲求以及如此等等的质性特征,它在其内部本质中不具有与对象的关系。……这样一个[质性]特征没有补充的'质料'就不可能存在;只有带着这个'质料',那种与对象的关系才能进入到完整的意向本质之中并因此而进入到具体的意向体验本身之中。"①"行为的质料决定了,对象被行为看作是这个而不是那个对象,它在某种程度上就是那个为质性奠基的(但无视那些质性区别的)对象性立义的意义(或简称为'立义意义')。相同的质料永远不可能给出一个不同的对象关系;但不同的质料却能够给出一个相同的对象关系。"②

《观念Ⅰ》继承了《逻辑研究》中的思想,认为意向相关项的意义相对于论题特征来说,也具有优先地位,它是完整的意向相关项的核心。胡塞尔说:"完整的意向相关项是由诸意向相关项要素所构成的一个复合体,在该复合体中,特定的意义要素构成了一个必不可少的核心层,其他要素本质上奠基于这个核心层之上,为此,我们同样可以把这些要素称作意义要素,不过只是在一种扩展了的意义上把它们称作意义要素。"③为什么意向相关项的意义构成了完整的意向相关项的核心要素呢?这是因为,

---

① 埃德蒙德·胡塞尔:《逻辑研究》第二卷第一部分,A409-410/B1436,倪梁康译,上海:上海译文出版社,2006,第513页。
② 同上书,第481页。
③ E. Husserl, *Ideen zu einer reinen Phänomenologie und phänomenologischen Philosophie. Erstes Buch: Allgemeine Einführung in die reine Phänomenologie*, Husserliana III/1, Den Haag, 1976, S. 206.

一方面,意向相关项的意义发挥了使一个行为指向其对象的作用,正是它构成了一个意识体验的意向本质。在《观念 I》第 128 节中,胡塞尔说:"意识与一个对象性的关系首先具有其意向相关项方面。意向相关项本身在自身中,即通过它自己的'意义',有对象性关系。"①在第 129 节中,胡塞尔又说道:"我们把'意义'理解为内容,关于意义我们说,意识在意义内或通过意义与某个作为'其'对象的对象之物相关。……每一个意向相关项都有一个'内容',即它的'意义',并通过这个意义与'其'对象相关。"

另一方面,意向相关项的意义是为所有那些指向同一个对象的行为所共有的,也就是说,两个具有不同论题特征的行为可以具有相同的意向相关项意义。不论一个行为是知觉行为、回忆行为,还是想象行为,只要它们是从同一个角度、同一个方面来描述同一个对象,那么它们的意向相关项意义就始终是同一的,而与行为的"论题"特征无关。比如,我看见胡塞尔花园中的一棵树。这个行为具有一个意向相关项,而且这个意向相关项有两个组成部分:(1)论题部分,它决定了我的行为是一个知觉行为而非想象行为;(2)意义部分,它规定了正在被知觉的对象是什么。现在,假设过了一段时间,我准确无误地回忆起了我曾经知觉到的这同一棵树。这个回忆行为也有一个意向相关项,而且这个意向相关项也有两个组成部分。显然,回忆的意向相关项的论题部分与知觉的意向相关项的论题部分不同,因为前者与一个回忆行为相关,后者与一个知觉行为有关。但是,在胡塞尔看来,回忆行为的意向相关项意义和知觉行为的意向相关项意义是同一的,因为它们都是从同一个角度来规定同一个对象的。②

---

① Ibid., S. 296.
② David Woodruff Smith and Ronald McIntyre, "Intentionality via Intentions", *Edmund Husserl, Critical Assessments of Leading Philosophers*, volume IV, ed. Rudolf Bernet, Donn Welton and Gina Zavota, London and New York: Routledge, 2005, p. 173.

(三)意向相关项意义的结构:可规定的 X 与作为规定的内容(谓词-意义)

在胡塞尔看来,"意向相关项的意义"并不是一个单纯的东西,它也是由两个要素组成的,即可规定的 X(die bestimmbare X) 与作为规定的内容。

在《观念Ⅰ》第 130 节中,胡塞尔说:"每一个意识都有其'什么'(Was),每一个意识都意指'其'对象之物;显然,就每一个意识而言,从根本上来说,我们必须能够实行一个如此这般的、"如其被意指那样准确的"意向相关项的描述;我们通过说明和概念把握获得了一整套封闭的形式的或质料的、实质上被规定的或'未被规定的'('空乏地'被意指的)'谓词',这些意义发生了变化的谓词规定了所说的意向相关项的对象核的'内容'。"① 在这里胡塞尔区分了"对象核"(Gegenstandskern)和关于这个对象核的谓词规定,即"内容"(Inhalt)。

紧接着,胡塞尔在 131 节中又说道:"但是,谓词总是关于'某物'(Etwas)的谓词,而且这个'某物'也显然不可分离地属于上文所提到的核:它是我们上面所说的那个中心的统一点。它是诸谓词的联结点或'载体'……它必然应当与诸谓词相区别,尽管不应与诸谓词相并列或分离;反过来说诸谓词本身都是它的谓词:没有它是无法设想的,但可以与它相区别。我们说,意向客体是在连续的或综合的意识过程中被连续地意识到的,但在这同一个意识过程中却总是'不同地呈现'自己;它是'同一的';它只是在具有一个不同的规定性内容的其他谓词中呈现;'它'只从不同侧面显现自己,在此,尚未被规定的谓词得到了进一步的规定;……如果这种情况总是被理解为对每一个被意指物本身的意向相关项的描述,而且如果这个描述,像任何时间都可能的那样,在纯粹的相即中被实行了的话,那么这个同一的意向的'对象'显然就与变化着的和可变的

---

① E. Husserl, *Ideen zu einer reinen Phänomenologie und phänomenologischen Philosophie. Erstes Buch: Allgemeine Einführung in die reine Phänomenologie*, Husserliana Ⅲ/1, Den Haag, 1976, S. 301.

'谓词'相区别了开来。它作为**中心的意向相关项要素被分离了出来：'对象'，'客体'，'同一之物'，'其可能谓词的可规定的主词'——从一切谓词中抽离出来的纯 X**——，而且它与这些谓词，或者更确切地说，与谓词意向相关项(Prädikatnoemen)分离了开来。"①在这里，胡塞尔再次区分了"某物"、"中心的统一点"、"诸谓词的联结点或载体"、"同一的意向的对象"、"中心的意向相关项要素"、"同一之物"、"从一切谓词中抽离出来的纯 X"与对之进行规定的谓词。

实际上，上文中所提到的"对象核"(Gegenstandskern)与这里提到的"某物"、"中心的统一点"、"诸谓词的联结点或载体"、"同一的意向的对象"、"中心的意向相关项要素"、"同一之物"、"从一切谓词中抽离出来的纯 X"指的是同一个东西，就是胡塞尔所谓的"可规定的 X"，而关于这个"可规定的 X"的谓词规定就是意向相关项意义的"内容"。

为什么胡塞尔要区分"可规定的 X"与规定性的内容呢？这主要是为了解决意识对象的同一性问题。我们知道，不同的意识体验或意向行为可以指向同一个对象，因而可以形成不同的意向相关项或意向相关项意义，但是，这些不同的意向相关项或意向相关项意义却并不是彼此无关的，它们总是关于"某物"的，因而总是关于某个同一的意向对象的。这个"某物"不是别的，就是胡塞尔所谓的"可规定的 X"。这个"可规定的 X"构成了诸意向体验或意向行为的"中心的统一点"、"诸谓词的联结点或载体"，所有关于这个 X 的判断，就构成了一个同一性的统一体，而这个同一性的统一体也就是我们所能认识的对象。正如胡塞尔所说："在任何一个意向相关项中，意义都不能缺少，而且意义的必然中心、统一点、纯粹可规定的 X 都不能缺少。没有'某物'，又没有'规定性的内容'，也就没有'意义'"②，"不仅每一个意义都有其'对象'，而且如果这些不同的意义都被纳入到一个意义统一体之中的话，那么它们也与同一个对象相

---

① Ibid., S. 302.
② Ibid., S. 303.

关,在这个意义统一体中,被统一的意义的诸可规定的 X 彼此相合(Deckung),而且与各个意义统一体的全部意义的 X 相合。"①

(四)对胡塞尔意向相关项理论的基本评价:先验还原与语义上行

胡塞尔关于"意向相关项"这个概念的讨论与其意义理论是分不开的,从先验还原到语义上行(semantic ascent),这是胡塞尔的一个基本思路,尽管胡塞尔在任何地方都没有明确说明这一点。从现象学的角度看来,意向相关项首先是一个经受了先验还原的对象,是直观地被给予和被意指之物。但是,从语义学的角度来看,意向相关项则是恰当地描述了这个行为的一个语言表达式的意义,这个语言表达式的意义由意向相关项的意义和论题特征构成;而意向相关项的意义则是一个对意向行为之中被体验到的特定对象的恰当的、确定的描述的意义,它由可规定的 X 与规定性的内容构成。史密斯(David Woodruff Smith)和麦金泰尔(Ronald McIntyre)通过图示的方式,向我们清楚地表明了(1)语言描述与它所描述的行为的意向相关项意义的内容之间的关系;和(2)一个陈述或者一个命题是如何表达意向相关项,尤其是意向相关项的意义的。

图 1:

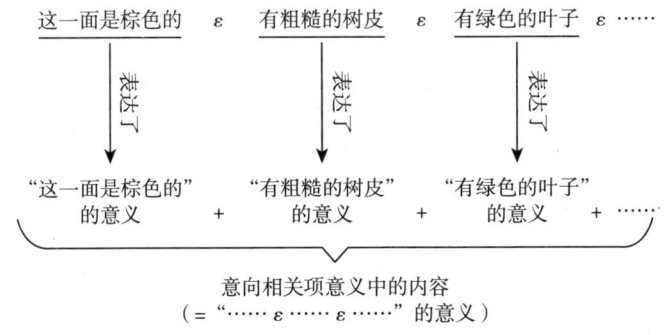

---

① Ibid., S. 303 – 304.

图解:图1刻画了语言描述与它所描述的行为的意向相关项意义的内容之间的关系。比如,当我看见一棵树的时候,语言表达式将会准确地描述这棵被我在一个特定的看的行为中并且从某个特定的角度看到的树。这个语言描述可能是这样开始的:"我看到某物,它的这一面是棕色的,它有粗糙的树皮,它有绿色的叶子……"每一个用来描述这棵如我所见的树的谓词都表达了一个意义(一个语言学的意义),而且每一个谓词——意义都是相关行为的意向相关项的意义或意义的组成部分。因此,对所看到的对象的一个完整的描述就是意义的"内容"。这个内容是意向相关项意义的一个主要组成部分(尽管不是唯一的):正是这个组成部分规定了被体验的对象所具有的属性,这个组成部分在描述中被谓词所表达,而对象又是在描述中被体验到的。①

图2:

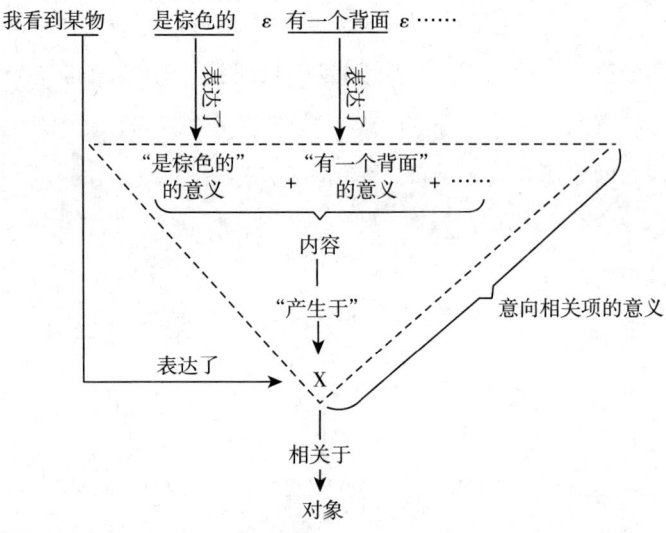

图解:图2说明了一个陈述或者命题是如何表达意向相关项,尤其是

---

① David Woodruff Smith and Ronald McIntyre, "Intentionality via Intentions", *Edmund Husserl, Critical Assessments of Leading Philosophers*, volume Ⅳ, ed. Rudolf Bernet, Donn Welton and Gina Zavota, London and New York: Routledge, 2005, p. 177.

意向相关项的意义的。一个被给予的行为正是通过意向相关项的意义才指向了其对象。比如,当我知觉一棵树的时候,我可以从不同的角度或方面来知觉它,比如颜色、形状、气味、方位等。当我这样做的时候,我的原初的意向相关项就会被后续的一系列新的意向相关项所代替。虽然每一个新的意向相关项在其内容方面会多少有所不同,但是,总有某个东西是为这些意向相关项或意向相关项的意义所共有的,这个东西是什么呢?——可规定的 X。正是意向相关项意义之中的这个可规定的 X 决定了我的每一个行为都是对同一棵树的知觉行为、都是指向同一个对象的行为。可规定的 X 与规定性的内容之间的区别说明了不同的行为如何能够指向具有不同属性的同一个对象。①

三、关于"意向相关项"概念的一些争论

德雷福斯(Hubert Dreyfus)在《知觉的意向相关项——古尔维奇的重要贡献》一文中指出,胡塞尔的"意向相关项"概念因其自身的模糊性而导致了许多无法达成一致的解释,其中最重要的两个解释者是弗莱斯达尔(Dagfinn Føllesdal)和古尔维奇(Aron Gurwitsch)。由于弗莱斯达尔的解释是新近才出现的,而且其工作也主要是对胡塞尔文本的解释,所以尚未形成一个解释派别(a school of interpretation),但鉴于古尔维奇的解释自 1929 年就提了出来,而且其意图在于"进一步推进和发展而非仅仅详细解释"(advance and to develop further rather than merely expound)胡塞尔的观点,所以已经形成了广泛的影响。而且他的解释也已被凯恩斯(Cairns)、舒茨(Schutz)、伯姆(Boehm)和芬克(Fink)等人所接受。② 德雷

---

① Ibid., p. 180.
② Hubert Dreyfus, "The Perceptual Noem: Gurwitsch's crucial contribution", *Edmund Husserl, Critical Assessments of Leading Philosophers*, volume Ⅳ, ed. Rudolf Bernet, Donn Welton and Gina Zavota, London and New York: Routledge, 2005, p. 188-189.

福斯的这种说法有其合理之处,但依笔者看来,古尔维奇一派并非与弗莱斯达尔截然对立,相反,仅就古尔维奇而言,其对意向相关项的解释也受到了弗雷格的影响,因此在某种意义上与弗莱斯达尔是一致的,只不过古尔维奇试图依照格式塔理论(Gestalt theory)来解释胡塞尔的知觉的意向相关项的观念罢了。尽管德雷福斯还说,也正因为意向相关项概念的模糊性,所以我们很难肯定地决断上述两种解释孰是孰非,但依照他在这篇文章中的讨论,他本人最终还是站在了弗莱斯达尔一边,其理由在于:弗莱斯达尔对意向相关项的解释与胡塞尔本人的思想更为一致,而古尔维奇对意向相关项的解释虽然试图弥合胡塞尔体系当中的一个根本的缺陷,但他实际上误解了胡塞尔,其对知觉的意向相关项的激进的和独创的解释"完全改变了胡塞尔对先验现象学的构想"。①

事实上,关于"意向相关项"概念的争论,不仅仅局限于弗莱斯达尔和古尔维奇一派,英伽登(Roman ingarden)、索克洛夫斯基(Robert Sokolowski)、史密斯(David Woodruff Smith)、麦金泰尔(Ronald Mclntyre)、德拉蒙德(John J. Drummond)和达米特(Michael Dummett)等人都参与其中。下面我们就来看看他们所争论的几个主题。

(一)意向相关项是否是一个表象(Appearance/Erscheinung)?

这个问题主要是针对古尔维奇的。古尔维奇关于意向相关项概念的讨论主要是围绕着"知觉的意向相关项"(perceptual Noema)这个概念来展开的。我们首先来看一下他对"知觉的意向相关项"这个概念的规定。他说:"每次当我们睁开眼睛的时候,我们就会体验到一个知觉行为,一旦这个知觉行为结束了,那么它就绝不会重来……同时,我们不仅知觉到同一所作为(qua)物体的房子,而且也会面对从同一个方面向我们呈现自身的同一个东西;简言之,我们所面对的是同一所被知觉的房子本身(the

---

① Ibid., p. 189.

same house perceived as such)。后者既不是作为物体的房子也不是一个意识行为,我们必须把这个*作为*(qua)被知觉的东西看作一个特殊而又具体的实存物——'知觉的意向相关项'是胡塞尔所使用的技术性术语。"① 由此可见,所谓"知觉的意向相关项"既不是一个实在的(real)物理物体,也不是一个实项的(reell)意识行为,而是一类特殊的实存物。

在了解了古尔维奇的"知觉的意向相关项"概念之后,我们要来看一看与此概念相关的另外一个概念"被知觉物"(the thing perceived)。在《从历史的视角来看胡塞尔的意识的意向性理论》一文中,他说:"在区分了知觉的意向相关项和知觉行为——Noesis——之后,我们还必须把知觉的意向相关项和被知觉物区分开来。后者可以从不同的角度来看——它可以从各种不同的角度显现自身:从前面,从后面,从侧面,等等——而知觉的意向相关项指的是从其中的一个可能的角度呈现自身的被知觉物。我们必须再次区分'被意指的对象'(object which is intended)——被知觉物——和'如其被意指的对象'(object as it is intended)——知觉的意向相关项,或者如其被知觉的东西。不同的意向相关项与同一个东西相关,就像不同的意义指称同一个对象一样。"②

古尔维奇对"知觉的意向相关项"和"被知觉物"这两个概念及其关系的规定暗含着他的"现象主义"(phenomenalism)的主张,而"现象主义"也是他最为其他哲学家所诟病的问题所在。在古尔维奇看来,"实际上物体不仅能够以侧显(Abschattung,adumbration)的方式显现,而且也能够以

---

① Aron Gurwitsch, "The Kantian and Husserlian Conceptions of Conciousness", *Studies*, p. 155. 转引自 Hubert Dreyfus, "The Perceptual Noem: Gurwitsch's crucial contribution", *Edmund Husserl, Critical Assessments of Leading Philosophers*, volume IV, ed. Rudolf Bernet, Donn Welton and Gina Zavota, London and New York: Routledge, 2005, p. 206.

② Aron Gurwitsch, "Husserl's Theory of the Intentionaligy of Consciousness in Historical Perspective", *Edmund Husserl, Critical Assessments of Leading Philosophers*, volume IV, ed. Rudolf Bernet, Donn Welton and Gina Zavota, London and New York: Routledge, 2005, p. 152.

其他的方式显现。它实际上是在知觉过程中如此显现的,比如当我们绕着这个物体走的时候,我们通常就是在各种各样的条件下知觉它的。在这个过程中,物体从身份上被知觉为同一个物体,它从各种不同的方向上、从不同的面和不同的角度上呈现自身。这个物体只能以某种特定的侧显方式被知觉。它只不过是那些杂多的表象(the multiplicity of those presentations),通过这些杂多表象,它在其同一性中显现自身。因此,被知觉物是各种侧显性表象的集合(group),更确切地说,是系统地被组织在一起的侧显性表象的总体(totality)。现在,被知觉物和一个特定的知觉的意向相关项之间的区别和联系可以依照作为整体的意向相关项系统和这个系统的一个成员而得以确定。"①"被知觉物也具有意向相关项的身份","作为一个意向相关项的系统,它本身也是一个意向相关项,只不过是一个更高层次的意向相关项"。② 也就是说,"被知觉物"与"知觉的意向相关项"的关系是作为复数的意向相关项(Noemata)与作为单数的意向相关项(Noema)的关系,是集体和成员的关系,是整体和部分的关系。

在德雷福斯看来,由于古尔维奇站在格式塔心理学的立场上把意向相关项片面地理解为知觉的意向相关项,而知觉的意向相关项又被看作一个具体的感觉表象、一个格式塔—构造物(Gestalt - contexture),因而最终将知觉的对象(the object of perception)变成了一个杂多表象的集合,一个知觉物(percept),这完全违背了胡塞尔的现象学精神。因为胡塞尔从来没有把侧显意义上的表象与意向相关项等同起来,也从来没有把它与意义等同起来。③ 相反,意向相关项始终都是一个经受了先验还原的、被加了引号的、与对象本身具有同一性的对象,只不过是在明见的被给予性

---

① Ibid. , p. 156.
② Ibid.
③ Hubert Dreyfus, "The Perceptual Noem: Gurwitsch's crucial contribution", *Edmund Husserl, Critical Assessments of Leading Philosophers*, volume Ⅳ, ed. Rudolf Bernet, Donn Welton and Gina Zavota, London and New York: Routledge, 2005, p. 205.

中直接体验到的对象。德拉蒙德(John J. Drummond)认为,古尔维奇把意向相关项看作一个知觉表象,会导致两个困难。一是,如果对象是侧显性表象的总体或集合,而对一个对象的侧显方式或表象从理论上来说又是无限的,那么我们就无法实际体验到一个无限的表象系统,因而也就无法实际地体验到对象。古尔维奇把对对象的感觉和表象与被表象的对象本身混淆在了一起;二是,把在先验现象学态度当中被意向的对象还原为其无限的可能表象的总体,把意向相关项与知觉对象之间的关系解释为意向相关项之间的数量关系,既扭曲了同一性的观念,也从存在论上驱逐了对象,这样就把胡塞尔的现象学错误地变成了一种现象主义,更确切地说,一种先验现象主义(transcendental phenomenalism)。[1]

胡塞尔主张,意向相关项总是关于某一个对象的意向相关项,也就是说,无论在我知觉一个对象,还是想象、回忆一个对象,这个被知觉、被想象或是被回忆的对象总在那里(there)为我而存在。如果把这个被知觉、被想象或是被回忆的对象看作各个意向相关项的集合的话,那是否意味着,在我知觉的时候,这个作为集合的意向相关项就已经在那里为我而存在了。但是,如果我还没有对这个对象进行想象和回忆的话,也就不存在一个由想象的意向相关项和回忆的意向相关项所形成的集合。把一个尚不存在的集合当作认识的对象,而后又说这个认识的对象是由与之相关的各个意向相关项所组成的集合,这显然是循环论证。另外,如果把意识行为的对象看作一个意向相关项的集合的话,也就意味着,我的每一个意向行为同时都有多个意向相关项与之相对应,这显然也违背了胡塞尔的思想。

---

[1] John J. Drummond, "An abstract Consideration: De - ontologizing the Noema", *Edmund Husserl, Critical Assessments of Leading Philosophers*, volume Ⅳ, ed. Rudolf Bernet, Donn Welton and Gina Zavota, London and New York: Routledge, 2005, p. 289.

(二) 意向相关项是否是一个内涵实存物 (Intensional Entity) ?

站在弗雷格立场上的分析哲学家弗莱斯达尔、史密斯和麦金泰尔都认为胡塞尔的意向相关项是一个抽象的内涵实存物。弗莱斯达尔在《胡塞尔的意向相关项概念》一文中指出："意向相关项是一个内涵的实存物,是对意义概念的推广"①,"意向相关项是抽象的实存物"②。他给出的论据是胡塞尔在《观念Ⅰ》第89节中的一段话："这棵绝然的树,这个自然物体,是被知觉的树本身,它作为知觉的意义,不可分离地属于此知觉。这棵绝然的树可以被烧毁,可以分解为组成它的化学元素,等等。但是,意义——这个知觉的、必然属于其本质的意义——却不能被烧毁,它没有任何化学元素、没有力,没有实在的属性。"③此外,弗莱斯达尔还援引了胡塞尔的手稿《意向相关项与意义》中的观点："意义是非实在的对象,它们不是存在于时间中的对象"④,"意义并不具有实在性,意义通过它其中产生的行为与一个时间的间隔相关,但是它本身并不具有实在性[此在],不具有与时间和绵延的个体联系"⑤。

史密斯和麦金泰尔完全接受了弗莱斯达尔的观点,认为意向相关项是一个观念的、复合的内涵实存物。在《胡塞尔:意义 = 意向相关项》一文中,他们指出："从鲁道夫·卡尔纳普开始,意义实存物就已经被称作'内涵'或'内涵实存物'了。尽管弗雷格传统之中的许多哲学家(如胡塞

---

① Dagfinn Føllesdal, "Husserl's Notion of Noema", *Edmund Husserl, Critical Assessments of Leading Philosophers*, volume Ⅳ, ed. Rudolf Bernet, Donn Welton and Gina Zavota, London and New York: Routledge, 2005, p. 162.

② Ibid., p. 164.

③ E. Husserl, *Ideen zu einer reinen Phänomenologie und phänomenologischen Philosophie. Erstes Buch: Allgemeine Einführung in die reine Phänomenologie*, Husserliana Ⅲ/1, Den Haag, 1976, S. 205.

④ 胡塞尔未发表的手稿《意向相关项与意义》(*Noema und Sinn*),第109页,转引自 Dagfinn Føllesdal, "Husserl's Notion of Noema", *Edmund Husserl, Critical Assessments of Leading Philosophers*, volume Ⅳ, ed. Rudolf Bernet, Donn Welton and Gina Zavota, London and New York: Routledge, 2005, p. 165.

⑤ Ibid., p. 165.

尔、卡尔纳普、阿隆佐·邱奇)已经选择了不同的实存物来扮演意义的角色,但是,胡塞尔把意义看作抽象的、'观念的'实存物这种弗雷格式的观点却使我们有理由说他把意义看成了'内涵'。'内涵实存物'这个词也使我们联想到了胡塞尔本人对'意向对象'(intentional object)这个词的一种用法。胡塞尔承认他是在两种完全不同的意义上使用'意向的'这个词的。有时他是这样使用的,即'意向对象'意指被意向的对象,也就是一个行为的对象或一个表达式的*所指物*。有时他又是这样使用的,即'意向对象'意指一个意义实存物,更确切地说,意指一个行为的*意向相关项*或*意向相关项的意义*,或者意指一个表达式的*意义*。在《观念》时期,'意向对象'就经常(尽管并不始终如一地)是意义实存物,尤其是意向相关项的意义。'内涵实存物'这个词具有避免'意向对象'这个词的模糊性的优点;当胡塞尔将'内涵实存物'看作意义和意向相关项的意义时,'内涵实存物'的意义似乎正就是'意向对象'的意义。"① 在《以内涵为中介的意向性》一文中,他们明确指出:"意向相关项最好被理解为在弗雷格之后的分析哲学家之中毁誉交加的内涵实存物。"②

与弗莱斯达尔、史密斯和麦金泰尔相反,现象学家索克洛夫斯基不同意将胡塞尔的意向相关项看作意义、看作内涵实存物。其理论依据主要在于"哲学反思"(philosophical reflection)或"现象学反思"(phenomenological reflection)与"命题反思"(propositional reflection)或"判断反思"(apophantic reflection)的区分上。什么是"命题反思"呢?先来看索克洛夫斯基的一段话:"当我们把一个事态看作是由某人所提出的事态时,这个事态就变成了一个命题或一个意义。我们改变了其地位;它不再是事物存

---

① David Woodruff Smith and Ronald McIntyre, "Husserl's Identification of Meaning and Noema", *Edmund Husserl*, *Critical Assessments of Leading Philosophers*, volume Ⅳ, ed. Rudolf Bernet, Donn Welton and Gina Zavota, London and New York: Routledge, 2005, p. 227.

② Ibid. , p. 169.

在的方式,而是变成了某个人陈述和表现它们的方式。于是,这些由命题反思所构造的命题就变成了正确真理的候选者。如果这些命题的引号能够被去掉,并且与事物本身的直接的明见性相一致的话,那么我们就可以说它们是真判断。"①比如,张三指着一栋房子对我说:"这栋房子有50年的房龄。"张三的这句话是对一个事态的判断,或者是在陈述一个事实,或者与事实不符。如果我不认为张三对实际存在的事态的判定是一个明见的判断或真命题,而把它放入引号当中加以反思的话,那么我就进入了"命题反思"。假若我通过进一步的调查取证,证明这栋房子的确有50年的房龄的话,那么我就把引号去掉,中止命题反思,张三的这个判断因为与事实相符,所以就作为一个真判断被接受了下来。但假若我通过进一步的调查取证,发现这栋房子的房龄没有50年,而只有20年的话,那么张三的判断就明显失实,成了一个假命题。于是我会把"这栋房子有50年的房龄了"这个判断中的引号固定住,其作为正确真理之候选者的资格也就相应地被取消了。

从表面看来,实行一个命题反思就是给我们加以质疑的命题加上引号。你告诉我这栋房子有50年的房龄,但我犹豫不决,拿不定主意是否应该同意你的判断,于是我把这栋房子有50年房龄看作是你的意见,给它加上引号,即"这栋房子有50年的房龄了"。然而,在哲学反思,即现象学反思中也有一种加引号的行为,很像这里的命题反思加引号的行为。这两种加引号的行为可以等而论之吗?显然不行。二者之间存在根本的差别。因为,"命题反思是在自然态度中进行的。虽然命题反思悬置了一个意向性和这个意向性与其对象的信念,但是它并没有像现象学反思那样悬置我们对世界的信念。如果你告诉我这栋房子已经有50年的房龄,而且如果我实行了一个朝向这个事态的命题反思的话,那么我依旧停留

---

① Robert Sokolowski, *Introduction to Phenomenology*, Cambridge University Press, 2000, p. 186.

在自然态度中。(这栋房子有 50 年的房龄了)这个事态已经被转化成了一个命题或一个意义,但它依旧被局限在自然态度之中。"①

索克洛夫斯基指出,"现象学还原将对象变成了意向相关项,而命题反思则将对象变成了意义"。② 然而,一个意义与一个意向相关项是根本不同的,一个意义或一个命题是真理的候选者,而一个意向相关项则是哲学分析的目标。当我们进行哲学反思的时候,世界以及世界内的一切东西都变成了一个意向相关项,但是不可能把世界以及世界内的一切东西都变成一个意义或一个命题,变成需要被证实的东西。③ 因此,不能把意义和意向相关项等同起来。因为,"把意义和意向相关项等同起来,也就会使命题反思和现象学反思等同起来。这将会把哲学仅仅看作是对我们的意义的批判反思;将会把哲学与语言分析等同起来。我们由以进行哲学思考的特殊立足点、哲学分析的特有本质就无法彰显了。哲学将会被同化为自然态度中的一种活动。意义之所以与意向相关项不同,是因为命题反思与哲学反思不同。"④

(三) 意向相关项是否充当了行为意指对象的中介(Mediator)?

与上一个问题密切相关的问题是:意向相关项是否充当了行为意指对象的中介。对此弗莱斯达尔、史密斯和麦金泰尔持肯定的态度,而索克洛夫斯基则持否定的态度。

弗莱斯达尔、史密斯和麦金泰尔是从弗雷格关于意义的指称论的角度来论证自己的观点的。他们认为胡塞尔的意向相关项理论从根本上来说,是弗雷格的意义—指称理论的变种:"弗雷格注意到了意义在语言指称中的作用,而胡塞尔则看到了意义在意向性之中的作用。在弗雷格看

---

① Ibid., p. 193.
② Ibid., p. 192.
③ Ibid., p. 192.
④ Ibid., p. 194.

来,语言表达式通过其意义指示它们的所指;而在胡塞尔看来,意识行为是意向性的,也就是说,意识行为通过其意向相关项而指向对象"①,"一个行为的意向性,也就是这个行为朝向一个对象的'指向性',在于其具有一个特有的'意向相关项'。一个行为的意向相关项——尤其是被称为'意向相关项的意义'的意向相关项的组成部分——决定了被意向的是哪个对象,并且因此也中介了这个行为的意向性"②。

针对弗莱斯达尔、史密斯和麦金泰尔的观点,索克洛夫斯基指出:"意向相关项常常被看作某一类实存物,某一个与概念或'意义'一样不同于意识对象的东西,某个作为工具而起作用的东西,意识通过它而指向一个特定的东西。意向相关项被看作这样一个东西,通过它,意识被赋予了意向性,好像如果没有把意向相关项加给意识的话,意识就会是自身封闭的。因此,意向相关项也被看作一个实存物,通过这个实存物,意识瞄准了这个或那个特定的对象;我们的意识通过它而关涉了外部世界中的某个事项:意向相关项被看作为意向性服务的投弹瞄准器。我认为,这种把意向相关项看作一个起了中介作用的实存物的看法是不正确的。"③

为什么"把意向相关项看作一个起了中介作用的实存物的看法是不正确的"呢?索克洛夫斯基认为,理由与不能把意向相关项看作一个意义、一个内涵实存物的理由是相同的。他说"意向相关项是意向性的任意一个对象,是意向性的任意一个对象相关物,但是从现象学的态度来看,意向相关项只能被看作被体验的对象。它不是任意一个对象的拷贝,不是任意一个对象的替代品,不是一个使我们指向对象的意义;它就是对象

---

① David Woodruff Smith and Ronald McIntyre, "Intentionality via Intensions", *Edmund Husserl*, *Critical Assessments of Leading Philosophers*, volume Ⅳ, ed. Rudolf Bernet, Donn Welton and Gina Zavota, London and New York: Routledge, 2005, p. 169.

② Ibid. , p. 221.

③ Robert Sokolowski, *Introduction to Phenomenology*, Cambridge University Press, 2000, p. 59 – 60.

本身,但是是从哲学的立场来看的对象本身。"①也就是说,从现象学还原的角度来看,意向相关项既不是绝然的对象、外部世界中的事项,也不是这个绝然对象的拷贝或替代品,更不是我们借以指向对象的意义或命题,而就是我们直接体验到的对象本身。既然是直接体验到的,直接被给予的,所以也就不需要有一个中介了。说自己通过自己而指向自己是荒谬的。

关于这个问题,达米特仅仅在弗雷格的"意义—指称"论的意义上同意弗莱斯达尔、史密斯和麦金泰尔,但是从根本上来说,他还是反对把意向相关项看作一个中介。他说,巴里·史密斯(Barry Smith)②把意向相关项看作行为与其对象之间的中介(intermediary),这是不公正的,"顶多在弗雷格的意义上,胡塞尔的意向相关项处于行为与其对象之间;实际上,意向相关项是朝向对象的方式(way)"。③

如果说达米特认为意向相关项不是意识行为指向其对象的中介,而仅仅是一种方式的话,那么显然,他也不同意索克洛夫斯基将意向相关项看作被体验的对象本身的说法。他说:"意向相关项通常根本不起观察者意识对象的作用,更不起知觉对象的作用。在正常情况下,正如一个说者在谈论或思考他的话语所表达的对象所指物时,所谈论或思考的并不是话语藉其而具有那个所指的意义,同样,一个知觉者也凭藉其行为或知觉的意向相关项而知觉一个对象,但是并不知觉或领会那个意向相关项。"④索克洛夫斯基认为我们所能体验到的真正和唯一的对象只能是意向相关项,但是达米特认为我们要严格区分意向相关项和对象,也就是

---

① Ibid. , p. 60.
② 巴里·史密斯针对达米特的《分析哲学的起源》写了一篇批评性的书评《论分析哲学的起源》(On the Origins of Analytic Philosophy, *Grazer philosophische Studien*, Vol. 35, 1989, pp. 153 – 173)。见《分析哲学的起源》序言部分及注解。
③ Michael Dummett, *Origins of Analytical Philosophy*, London: Gerald Duckworth & Co. Ltd. 1993, p. 76.
④ Ibid. , p. 75.

说,我们的意识始终指向的是对象所指物而非意向相关项,意向相关项仅仅是我们指向对象的一种方式,而非对象本身。尽管索克洛夫斯基强调他所指的意向相关项根本不是语义学意义上的意义,而是经受了现象学还原的对象,但毕竟"对象"和"方式"不是一回事。

(四)意向相关项是否应当被去本体论化(De‑ontologizing the Noema)?

约翰·德拉蒙德在《一个抽象的思考:使意向相关项去本体论化》一文中指出,他和索克洛夫斯基一样,反对弗莱斯达尔将意向相关项看作一个在行为与对象之间的意向性关系中起了中介作用的抽象的内涵实存物①。但德拉蒙德立论的基础不是索克洛夫斯基所谓的命题反思和哲学反思的两分,而是"抽象"和"抽象物"的含义与关系。而且,与其他哲学家都不同的是,德拉蒙德对意向相关项概念的讨论,最终是为了取消这个概念。他说,他写作《一个抽象的思考:使意向相关项去本体论化》这篇文章的主旨就在于鼓励人们永远不再使用"意向相关项"这个概念,而"这种鼓励的原因在于,胡塞尔在一种非日常的、哲学的态度中用来指称一个日常对象的技术性术语从理论上来说反而被用来指称一个非日常的对象了。尤其是把一个被思考的日常之物错当作一个特殊之物,这被事实证明是哲学反思的一个负担,而消除这个术语将有助于消除这个负担"。②

德拉蒙德通过对《逻辑研究》和《观念Ⅰ》中胡塞尔关于"抽象"和"抽象物"的含义与关系的考察指出,意向相关项不能是一个抽象的内涵实存物。因为,如果把意向相关项看作一个抽象的内涵实存物的话,就会

---

① John J. Drummond, "An abstract Consideration: De‑ontologizing the Noema", *Edmund Husserl, Critical Assessments of Leading Philosophers*, volume Ⅳ, ed. Rudolf Bernet, Donn Welton and Gina Zavota, London and New York: Routledge, 2005, p. 289.

② Ibid., p. 286.

使意向相关项"本体论化"(ontologizing),而这是现象学所坚决不允许的。他说:"哲学反思的基本材料在于,意识是意向性体验,并且,所有的意识体验都是对一个对象的意识。换言之,意向性是现象学反思的不可怀疑的和不可还原的起点。在这个意义上,它是不可还原的,即意向性不能被分析为"块片"(pieces),也就是说,不能被分析为像意向相关项和被意向的对象性这样可分离的、独立的和在本体论上截然不同的实存物。没有任何一种作为一个抽象的、观念化或形式化过程的结果或相关物的实存物类型能够提供一种对于意向性的描述说明,因为诉诸一个起中介作用的实存物就意味着试图还原不可还原的东西;其目的在于将体验与对象之间的不可还原的意向性关系还原为意义的指称的指向性与对象之间的不同。实际上它用内涵性(intensionality)代替了意向性。"①

德拉蒙德认为,"尽管意向关系不能被分析为块片,但是,其要素却能够被区分,其结构也能被描述"。② 也就是说,虽然意向相关项不能被看作一个抽象的内涵实存物,但仍然可以被看作一个抽象的要素。他始终强调,"任何一种对意向相关项的解释都必须包括一种对作为意义的意向相关项和被意向的对象之间的关系的解释",③而"把意向相关项看作意向关系的一个抽象要素正好满足了这个要求"④。为此,德拉蒙德指出:"如果我们(1)认为意向关系存在于一个体验与其被意向的对象性之间,并且(2)不是把意向相关项理解为一个在本体论上与被意向的对象性不同的、在行为对对象的指向中起了中介作用的抽象实存物(种、类型或殊相),而是(3)把意向相关项理解为如其被意向的那个对象性,理解为在其所有为我们的意义中被意向的对象性的话,那么,我们就把意向相关项既看作体验的一个意向要素(一个抽象物),也把它看作与被意向的对象

---

① Ibid. , p. 293 – 294.
② Ibid. , p. 294.
③ Ibid. , p. 296.
④ Ibid. , p. 296.

性在本体论上同一的但却并不完全一致的东西。因为,如果意向相关项和被意向的对象性是完全一致的话,那么意向相关项就可能是一个完全具体的对象,而不可能是一个抽象物;它将只不过是一个被意向的对象而非用某些特定的规定性和在一个特定的、有关特殊的体验兴趣的概念之下被意指的对象。"①也就是说,只有把意向相关项理解为从意识体验与被体验对象之间的意向关系中抽象出来的一个要素而不是一个实存物,理解为一个在本体论上与被意向的对象性同一但并不完全一致的东西,理解为一个在现象学还原中如此被呈现的对象性,我们才能正确地说明意向相关项、意义和对象之间的关系,也只有这样才能使意向相关项去本体论化(De-ontologizing the Noema)。

最终,德拉蒙德向我们指出,尽管从我们的现象学词典中无法消除也不能消除"意向相关项"这个概念,因为毕竟它是胡塞尔的一个专门用语,而且对胡塞尔现象学的讨论也无法避开它,但我们必须节制对这个概念的使用:"(1)你应当(thou shalt)只在阐释胡塞尔哲学时,并且仅当不可避免时,才能使用'意向相关项'这个术语;(2)你不应当使用'意向相关项'这个术语来指称被意向对象的一个抽象要素或者一个抽象个体(种、类型或殊相),以及(3)仅当现象学地反思体验,仅当指称那个意向关系的抽象要素时,你才能使用'意向相关项'这个术语,这个抽象要素正就是如其被意向的那样,在为我们而存在的意义上,抽象地被思考的、被意向的对象性。"②

四、结语

倪梁康在《胡塞尔现象学概念通释》中指出,"胡塞尔本人在《纯粹现

---

① Ibid., p. 296-97.
② Ibid., p. 300.

象学与现象学哲学的观念》第一卷中对'意向相关项'的著名规定和描述带有相当大的含糊性和矛盾性"①,因此"被现象学研究界或多或少看作是一个有问题的概念"②,而"这一状况导致了以后的研究者一方面可以将'意向相关项'理解为'观念性的意义',或者说,'观念的判断含义';另一方面又可以将它解释为'现象',即'在现象学上被还原了的对象'。由此而引发后人对胡塞尔的'意向相关项'概念究竟是指'对象',还是指'意义'的争论"。③ 但是,"在1986年发表的胡塞尔全集第二十六卷:《关于含义学说的讲座:1908年夏季学期》表明,这两种理解实际上都在胡塞尔本人的早期文字中已经得到标识。他一方面在一门现象学的**认识理论**的联系中,另一方面在一门现象学的含义学说的联系中运用'意向相关项'的概念;前者可以被更确切地称之为'意向相关项的显现'(noematische Erscheinung),后者则意味着'意向相关项的含义'(noematische Bedeutung)"。④ 倪的这一观点与贝奈特的观点是一致的⑤,而且基本上代表了现象学界的共识。索克洛夫斯基与弗莱斯达尔、史密斯等人关于意向相关项究竟是一个经受了现象学还原的对象,还是一个被表达的命题意义的争论在胡塞尔思想内部就可以得到决断。尤其在胡塞尔后期关于先验逻辑的思想中,我们可以更加清楚地看到现象学还原与判断的逻辑构造之间的深层关系。

在达米特看来,胡塞尔之所以会走向先验观念论,是因为他为了发展

---

① 倪梁康:《胡塞尔现象学概念通释》(修订版),生活·读书·新知三联书店,2007年,第315页。
② 同上书,第315页。
③ 同上书,第315页。
④ 同上书,第315–316页。
⑤ Rudolf Bernet, "Husserls Begriff des Noema", *Edmund Husserl, Critical Assessments of Leading Philosophers*, volume Ⅳ, ed. Rudolf Bernet, Donn Welton and Gina Zavota, London and New York: Routledge, 2005, p. 266. 中译文参见《胡塞尔的"Noema"概念》,倪梁康译,载于《论证》,赵汀阳主编,辽海出版社,1999年,第151页。

意向相关项的看法而推广了弗雷格的意义概念,即从言语行为的领域推广到了意识的所有行为领域;而弗雷格之所以最终成为一个坚定的实在论者,是因为在他那里,意义是不能推广的,它始终与藉其而构成的思想的真具有最紧密的联系。① 然而,不论意义概念是否能被推广,意义问题在现象学和分析哲学的理论建构中所发挥的重要作用都是不容忽视的。或许正是认识到了这一点,所以所罗门试图以意向相关项概念为中介将现象学和分析哲学调和起来。他说:"现象学家现在已经十分清楚地认识到,体验的意义〔*Sinne*〕独立于语言表达式的意义〔*Bedeutungen*〕;分析哲学家也已经十分清楚地认识到,不存在脱离语言的意义。正是意向相关项概念将二者连结在了一起。意向相关项既体现出不断变化的各个体验阶段,也体现出我们体验的起组织作用的意义。不过,这两个"成分"不可分割,因为一切体验都需要语言表达式的意义,但不是把这种意义作为反思判断中体验之后的奢侈品,而是为了让体验成为对任何东西的体验。"②如果我们认同所罗门的这种解释的话,那么我们就将看到意向相关项不再是引起现象学与分析哲学对立和争吵的根源,而是将二者在哲学的根本问题上统一和贯通起来的一个桥梁。

(原载于《哲学研究》2010 年第 12 期)

---

① Michael Dummett, *Origins of Analytical Philosophy*, London: Gerald Duckworth & Co. Ltd. 1993, p. 76. Ibid. , pp. 26 - 27.

② Robert C. Solomon, "Husserl's Concept of the Noema" in Frederick Elliston and Peter McCormick (eds) *Husserl: Expositions and Appraisals*, University of Notre Dame Press, 1977, p179.

论胡塞尔的"被动性"概念

一、知觉的被动性

在日常生活中,我们总是会听到这样的说法:"贫穷落后的旧中国总是处于被动挨打的局面";"××同志在工作上很被动,缺乏创新意识","这件事情弄得我很被动"等,以上所说的这些"被动"都是日常语义上的被动,主要指主观上不够积极主动,要受人督促或者由于受客观情况的限制而使自己陷入不利的局面。本文将要讨论的"被动"是发生现象学意义上的被动,特指意识或知觉的被动性,与其相关的概念有"被动构造"(passive Konstitution)、"被动综合"(passive Synthesis)和"被动发生"(passive Genesis)等。

在胡塞尔看来,当我们的意识"主动地"注意到某物,用某一个名称去称谓它,并对之进行描述或判断时,一个认知行为就发生了,但是这种认知行为并不能被单纯地解释为是"主动的",因为在任何一个"主动的"行为发生之前,总已经有一种"被动的发生"在开始运作了。被动发生(被动性)是主动发生(主动性)的根源和基础。那么到底什么是"被动性"呢?《被动综合分析》的英译者史坦巴克(Anthony J. Steinbock)在他的"译者导言"中,总结了"被动性"的五种含义,在他看来:

1. "通过被动性,我们以意义被构造的方式,或者更确切地说,以一种意义—发生(sense-genesis)的方式,理解了一种合规律的、根本的规则性。"①

---

① E. Husserl: *Analyses concerning passive and active synthesis: lectures on transcendental logic*, translated by Anthony J. Steinbock, Kluwer Academic Publishers, 2001, "Introduction.", p. xxxviii.

胡塞尔把被动的发生称作"原真的发生"(primordial genesis),并且把这种意义的构造称之为"原真的构造"(primordial constitution),有时也称之为"前一构造"(pre-constitution)。①

史坦巴克指出,就主体来说,或者就意识活动来说,这种根本的规则性被看作是这样一种方式,通过这种方式,一个现在的知觉变成了一个滞留性地延迟的知觉,并且褪变成了过去的一种基本的形式,它与以前的滞留联结起来,引发了前摄或指向将来的意向。这样一种形式的合规律的规则性或时间意识提供了一个对象的统一性和同一性的构造的原真形式,以及联结的形式、共存和相继的形式。②

就客体而言,或者,就意向相关项而言,根据表象的一致和不一致,这种根本的规则性被看作是这样一种方式,通过这种方式,诸表象以协调一致的或不一致的方式综合地彼此相关,形成了综合的同一性的统一体和异质的区别领域。因此,如果一种表象并没有充实被预期的东西或者被过去的事件所草描的东西,以至于意义被"抹消"而非被充实时,"被动的模态化"就产生了。③

2. "通过被动性,胡塞尔意指一个经验的领域,在这个领域中,'自我'不是主动地,即并不创造性地参与意义的构造过程,或者并不主动地在意义的构造过程中表明自己的态度(orient itself)。"④在胡塞尔看来,"被动的综合"涉及通过联想的联结所形成的意义的生产,联想的联结先于更高层次的主动性的发生,没有联想的被动综合,意识体验的内容就无法真正统一起来。正是通过"联想"这种内容的综合形式,由触发(Affektion)所预设的统一体才通过"对比"(Kontrast)而使自身凸显出来以被自我注意到。知觉的"被动综合"并不意味着没有任何自我是当前的,而只

---

① Ibid.
② Ibid.
③ E. Husserl: *Analyses concerning passive and active synthesis: lectures on transcendental logic*, translated by Anthony J. Steinbock, Kluwer Academic Publishers, 2001, "Introduction.", p. xxxix.
④ Ibid.

是说这个自我并没有积极主动地参与到知觉活动中来。胡塞尔用"主动的被动性"(acctive passivity)来指称这种状况。①

3. "被动性的含义也可以从否定的方面(ex negativo)进行规定。主动的过程虽然包括做出判断、述谓一个对象、反思和语言行为等,但是并不能穷尽所有的行为。因此,胡塞尔往往把被动性看作基本上与知觉的、前—述谓的(pre‑predicative)、前—反思的(pre‑reflective)和前—语言的(pre‑linguistic)经验相等同的东西,因此带有一种暗含的、目的论的向理性的朝向(orientation to reason)。"②我们在日常生活中会对周围事物以及自己的内心世界形成各种各样的知觉或经验,但是我们并不会把所有这些知觉或经验都以判断或命题的形式表达出来,那些我们并不感兴趣的或不注目的东西往往只是昙花一现般转瞬即逝了。它们处在一种前—述谓的、前—反思的和前—语言的被动状态之中。

4. "被动性是预先被给予性和对象性(objectlike formations)的领域。"③根据《被动综合分析》,所谓"预先被给予"一方面意味着,"某物"在我身上实行了一种"触发的吸引力"(affective allure),而这个"某物"本身却没有被我主动地把握到。这个"某物"通常被称之为"对象性",因为它只展示了"对象"的基本结构,因而还不是一个"完全合格意义上的"(full‑fledged sense)对象。④ 但是这并不意味着,对象性不能具有其自身

---

① Ibid., p. xi.
② Ibid., p. xli.
③ Ibid., p. xlii.
④ 史坦巴克在其译者导言的第21个注解中指出了他之所以没有把"Gegenständlichkeit"翻译成"objectivity"或"objecthood"而是翻译成了"objectlike formation"的原因。在他看来,胡塞尔在使用"gegenständlich"这个词的时候,经常是指"含有对象的"(with objects),当他用这个形容词来限定一个名词时,比如"gegenständliche Feld",他所意指的并不是"像一个对象的"领域,而是这样一个领域,这个领域充满了能够潜在地变成主题的对象。对此,可参考胡塞尔本人的一个说法:"我常常选用'对象性'这个比较不确定的表述,因为在这里所涉及的都不仅仅是狭义上的对象,而且也涉及事态、特征,涉及非独立的实在的形式或范畴的形式等。"(胡塞尔:《逻辑研究》, II/1, A39/B$_1$39, 倪梁康译,上海:上海译文出版社,2006,第47页)。

内在的、在被动的时间意识中被保持的连续性,而只意味着这不是主动的过程的结果,因为只有主动的过程才赋予了对象性以一种同一性,以至于它变成了一个认识兴趣的主题。① 另一方面,某物之所以能够被给予,是因为"自我屈服于这种吸引并且已经将注意力转向了它,在自我的兴趣、认识、解释或者检验等行为中抓住了它"。②

5. "作为知觉和感性经验领域的被动性是作为认识和逻辑经验领域的主动性的基础。"③在胡塞尔看来,被动的经验层次是使得主动的经验层次成为可能的东西;被动的经验层次是一个"奠基的"经验层次,是主动创造的基础,它提供了"一个主观性本身的可能性的基本的、本质的条件",并且准备好了在自我认识中所能够被继续利用的东西。因此,知觉的、被动的领域,相对于判断的、主动的领域,具有一种"本原的"性质。④

通过以上讨论,胡塞尔的"被动性"概念的含义已经十分明晰了。我们可以这样来描述其本质:*被动性是指自我并不参与其中的原真的意义发生的规则性;它刻画了"一个对象性预先被给予的经验的前—反思的维度",一个为"主动性"奠基的维度*。⑤

通过对"被动性"概念的考察,我们发现:在自我开始主动地关注一个对象之前,已经有一些被动综合的行为在发生了;被动的发生是一种原真的发生,被动综合是主动综合的基础;在被动发生的过程中,个别自我仍然是在场的,只是没有主动地参与而已;自我的主动综合作用事先已经

---

① E. Husserl: *Analyses concerning passive and active synthesis*: *lectures on transcendental logic*, translated by Anthony J. Steinbock, Kluwer Academic Publishers, 2001, "Introduction.", p. xlii.

② E. Husserl: *Analyses concerning passive and active synthesis*: *lectures on transcendental logic*, translated by Anthony J. Steinbock, Kluwer Academic Publishers, 2001, "Introduction.", p. xlii.

③ Ibid.

④ Ibid. , p. xliii.

⑤ Ibid.

受到了被动经验的影响。接下来的讨论旨在表明:被动领域中的知觉内容是如何通过联想的综合统一和触发的吸引而凸显为具有同一性的、统一的对象的。

二、联想与被动综合

内时间意识现象学描述了意识活动的最基本的和最普遍的综合,这些综合以一种合规律性的方式即共存和相继(Koexistenz und Sukzession)把对象联结在了一起,赋予了意识生活以一种统一性的形式,但是在胡塞尔看来,内时间意识对意向对象的综合统一完全只是形式上的统一,它并不关心这些特殊对象的具体内容,也不关心这些统一的对象是如何被构造的。他说:"如果时间意识是同一性的统一性(Identitätseinheit)或者对象性的构造的策源地,因而是所有由意识所形成的对象性的共存和相继的联结形式的策源地的话,那么它就生产了一种普遍形式的意识。……它仅仅对于所有个别对象和多数对象的必然的时间形式感兴趣,或者相应地说,它仅仅对于构造了时间之物的多样性的形式感兴趣。……但是,是什么东西把一种内容上的统一性赋予了特殊的对象,是什么东西从内容上形成了一个对象与另一个对象之间的区别,而且对于意识来说,并且对于出自意识本身的构造成就来说,是什么东西使得区分和部分之间的关系在意识之中成为了可能,等等——可是,时间分析并不能告诉我们,因为它确实不关心意识的内容。"①因而,如果我们想要知道"是什么东西必然地把时间性的统一性赋予了所有被区分的和可区分的对象"②、是什么东西把特殊的、具体的对象从内容上区分和统一起来的话,我们就必须

---

① E. Husserl: *Analysen zur passiven synthesis*, Husserliana XI, Den Haag/ Martinus Nijhoff, 1966, S. 127.

② Ibid.

研究内容的综合。

在胡塞尔看来,既然时间分析并不能使我们洞见到流动的、活生生当前的必然的综合结构,因此我们需要一门联想现象学,并且需要一种对不同的"原真现象"和综合的研究。① 在《经验与判断》中,胡塞尔指出:"要在一个自我的时间上相分离的那些意向性对象之间产生某种直观的统一性,光有它们在一个自我意识中共同被构造起来这一事实还是不够的。时间意识的确只是从某种普遍形式产生出来的意识。那些知觉和回忆的,或者说知觉和回忆的那些意向性对象的实际的唤起,因而对它们的实际的直观结合,都是联想作用这种被划为时间意识的最低级综合的被动综合方式的结果。"②

胡塞尔把联想称之为"意义的发生构造或'被动'构造的一种先天的、本质的合规律性"。③ 这种合规律性不可被还原为自我的习性或心理过程。联想的综合处在一种意向性的和动机引发(Motivation)的关系之中,这种关系与触发的原真现象有关并且与朝向注意的触发的唤醒有关,因此联想并不是客观事实的一种并列(juxtaposition)或相继,而是一种解释方式,即对象是如何在从特殊的知觉功能向认知行为的转变中被构造的。④

在胡塞尔看来,就意识内容的联结而言,"同质性的联结"和"异质性的联结"是联想性综合的最普遍的方式。⑤ 在《经验与判断》中,胡塞尔以

---

① E. Husserl: *Analyses concerning passive and active synthesis: lectures on transcendental logic*, translated by Anthony J. Steinbock, Kluwer Academic Publishers, 2001, "Introduction.", p. xl iv.

② E. Husserl: *Erfahrung und Urteil*. Hamburg 1985, S. 207.

③ E. Husserl: *Analyses concerning passive and active synthesis: lectures on transcendental logic*, translated by Anthony J. Steinbock, Kluwer Academic Publishers, 2001, "Introduction.", p. l v.

④ Ibid.

⑤ E. Husserl: *Analysen zur passiven synthesis*, Husserliana XI, Den Haag/ Martinus Nijhoff, 1966, S. 129.

颜色材料为例,对"同质性"与"异质性"这两个概念进行了分析。他说:"任何一个这样的感性场境都是一个自为地相统一的场境、一个同质性的统一体。它对任何其他的感性场境来说都处于异质性的关系之中。在这种关系之中,个别的东西是通过与某物相对比而被凸显出来的,例如,一个白色背景上的红色斑点。红色的斑点与白色的表面形成了鲜明的对比,……然而,即使在每一种对比中,也仍然保持有某种亲和性(Verwandtschaft)与融合性;红色的斑点与白色的表面作为视觉上被给予的东西在根源上是相互亲和的。并且这种同质性与其他种类的(如听觉的)被给予性的异质性相区别。所以,对于总是与一个意识的生动的当下结合在一起的那些被凸显出来的感性的被给予性所作的最普遍的内容上的综合,都是根据亲缘性(同质性)和陌生性(异质性)而进行的综合。"①

在一个流动的当下意识中被给予的颜色材料与声音材料是完全不同的,因为它们处在两个异质的感性场境中,即视觉的场境和听觉的场境。而一些分离的颜色材料之所以能够被统一在同一个视觉场境中,则是因为它们具有亲缘性或相似性。但是亲缘性或相似性有程度上的差别,相似的程度不同,联结的强度也不同。相似的极端情况是相同。为此胡塞尔指出:"这种亲缘性有其程度,根据其程度,它时而较强地,时而较弱地进行统一。最完全的亲缘性或相似性是相同性,因此相同性形成了同质性的最强烈的联结。"②

胡塞尔把相同性的相合称之为纯粹的和完全的融合(Verschmeizung),而相似性的相合只是不纯粹的和不完全的融合,但不论是相同性还是相似性,它们都是联想性综合的结果:"当我们从相同性向相同性过渡时,这个新的相同性就会表现为重复。它就其内容而言就与前一个相

---

① E. Husserl: *Erfahrung und Urteil*. Hamburg 1985, S. 76.
② E. Husserl: *Analysen zur passiven synthesis*, Husserliana XI, Den Haag/ Martinus Nijhoff, 1966, S. 129.

同性达到了完全无差别的相合。这就是我们称作融合的东西。甚至当我们从一个相似物向另一个相似物过渡时,也会发生一种相合,但这只是一种局部的、同时与不相同的东西相争执的相合。……因此,凡是在一种纯粹静态的描述中表现为相同性或相似性的东西,它本身就必定已经被看作这种或那种相合的综合(Deckungssynthesis)的产物了,我们可以借用一个传统的、但是其意义发生了变化的词,即'联想'来指称这种相合的综合。这种联想发生的现象是这样一种现象:它统治了这个被动的预先被给予性的领域,并且被提升到了内在时间意识综合的层次之上。"①

为什么说联想发生的现象"被提升到了内在时间意识综合的层次之上"呢?这是因为,在胡塞尔看来,联想的唤醒为内时间意识的综合统一创造了前提:"只有在联想的唤醒这一基础之上,那些分离开的回忆才能相互联系起来,并且在回退中一个环节一个环节地被纳入到一个直观的回忆关联之中。这就是说,如果这些回忆一旦被联想所唤醒,那么它们就能够被编排进此前和此后(Vorher und Nachher)的时间关联之中,'就像它曾经是现实的那样',而且它们的时间位置也能够在过去之中被确定。这样一来,联想的唤醒就为时间关系的构造,为'以前'和'以后'(früher und später)的构造创造了前提。"②

事实上,在胡塞尔的联想现象学中,"回忆"具有十分重要的地位,他常常将其称作"再生产性的联想"。正是通过回忆这种特殊的再生产性的时间行为,对象的同一性才得到了保证。因为一个对象并不能仅仅在瞬间的现在中被构造,而只有当我能够一再地返回到"同一个"(identisch)"它"时,即在我的回忆和再回忆(Wiedererinnerung)中一再地获得对"它"的认同(identifizieren)时,"它"才能是一个真正的对象。联想是对触发的唤醒,而唤醒就是对滞留在过去之中的东西的回忆,它从动机上引

---

① E. Husserl: *Erfahrung und Urteil*. Hamburg 1985, S. 77.
② Ibid. ,S. 208.

发了一种在回忆中再造的趋向。在《经验与判断》中，胡塞尔这样说道："联想在这里唯一涉及的是'某物引起对某物的回忆'、'一物暗示另一物'这种纯粹内在的关联。我们之所以能具体地看到这种现象，只是在我们将单个凸显物、单个被给予物作为从某个场境中自己凸显出来的东西而拥有的时候，即一物引起对另一物的回忆的时候。而这种关系本身在现象学上是可以指明的。它在自身之内是作为发生过程而表现出来的；在意识中，它一方面具有唤醒者的特征，另一方面则具有被唤醒者的特征。……联想还具有其他一些功能：即把分离的东西统一起来，只要这些分离的东西通常的确已经在一个意识流中被构造了；并且把在场的东西与不在场的东西，把当下被感知的东西与那遥远的、与此分离的回忆，甚至与想象的对象统一起来；这一个相同的东西唤醒了对那一个相同的东西的回忆，相似的东西唤醒了对相似的东西的回忆。"①而这种"'唤醒'之所以是可能的，必定有其原因，这就是在相同的东西和相似的东西之间已经事先被动地构成了一种'感性的'统一性，一种'下意识的'统一性。"②

  以上的分析表明，内时间意识对意向对象的综合统一完全只是形式上的统一，它并不关心意向对象的具体内容，也不关心一个统一的对象是如何被构造起来的，而只有联想的唤醒作用，才能够把那些特殊的、具体的意向对象从内容上区分开来，并在一个直观的"相合的综合"中统一起来，构成一个完整的对象。但是，联想的综合并不单纯是意识中的被动过程，相反，这些相合的综合都有其触发的力量，因为那些因其非相似性而被凸显出来的东西总是具有一种指向自我的触发的趋向。③下面我们就来看看，到底什么是"触发"，以及"触发"在我们认识对象的过程中具有

---

① Ibid., S. 207–208.
② Ibid., S. 209–210.
③ Ibid., S. 79.

什么样的作用。

三、触发:从被动向主动的转变

胡塞尔在《被动综合分析》的第32－35节中集中讨论了触发现象,在第32节中,他给出了自己对于"触发"概念的定义:"在触发这个标题下,我们理解了被给予意识的刺激,理解了一种特有的、由一个被意识到的对象在自我身上所施加的引力(Zug)。它是这样一种引力:当自我将注意力转向它,并且从这里继续前进,追求自身被给予的、不断地揭示了对象自身的直观,因此也就是追求知识的获取,追求对对象的更切近的考察时,这种引力就放松(sich entspannt)了。"①

从胡塞尔的这段话我们可以看出,所谓触发就是指被动经验领域中的一个被给予意识的对象对自我发出了一种刺激(Reiz)或者施加了一种吸引(Ziehen),当这种刺激或吸引的力量足够强大的时候,自我就被它所触发了,于是被动就变成了主动,自我开始主动地将注意力转向这个发出刺激或吸引的东西,在直观的视域中来把握这个对象的本质,对之命名、进行判断,最终获得关于这个对象的某些认识。胡塞尔把一个事物从诸多事物之中、从一个预先被给予的周围环境中"站出"的这种状况称之为"凸显"(Abhebung),而这个自身凸显出来的东西就是一个进行触发的东西,是一个由意识所构造的"清晰的对象"(explizite Gegenstand)。与此相反,那个由于触发力不够而未能成功地将我唤醒而使我主动地将注意的目光投射到它身上去的对象则是一个"隐含的对象"(implizite Gegenstand)。这个隐含的对象虽然并没有引起实际的触发,但是它却具有触发的潜力,因为在某种适当的条件下,它仍然会在我的意识中凸显出来。由

---

① E. Husserl: *Analysen zur passiven synthesis*, Husserliana XI, Den Haag/ Martinus Nijhoff, 1966, S. 148－149。

此,胡塞尔区分了"实际的触发"(wirkliche Affektion)和"朝向触发的趋向"(Tendenz zur Affektion):"意识一方面构造了清晰的对象,即被凸显的和实际上进行触发的对象,另一方面也构造了隐含的对象(部分和要素),即没有或者尚没有获得凸显的对象,但是根据触发的观点,它们依然被考虑了,因为在'适当的情况下'它们也能够被凸显出来。因此,我们就必须区分实际的触发和朝向触发的趋向,朝向触发的趋向并不是空乏的,而是在实事上具有本质根据的触发的潜在性。感性的材料(以及一般材料)似乎发出了朝向自我极的触发的力的射线(Kraftstrahlen),但是由于这些射线的触发力不够所以没有达到自我极,对于自我来说它们实际上没有变成一个唤醒的刺激。"①

显然,胡塞尔这里所提到的"清晰的对象"与"隐含的对象","实际的触发"与"朝向触发的趋向"之间是具有一种对应关系的。"清晰的对象"是自身被凸显的对象,它引起了"实际的触发",而"隐含的对象"是尚未被自身凸显的对象,它具有"朝向触发的趋向"。

在胡塞尔看来,"触发"首先是以"凸显"为前提的,而"凸显"意味着"对比"(Kontrast)的存在。"对比"的意思是说,可能同时有许多东西在"相互竞争地"刺激着我,对我施加吸引,但是由于这些东西的刺激力或吸引力还不足以让我对它们产生兴趣,所以我对它们"无动于衷"、"视而不见",而另外的某个东西却具有非常强烈的触发力,它"打动了我",它是"引人注目的",因而我被它所吸引,被它所"征服"了。正是通过对比,某个个别的东西才得以从众多的竞争者中胜出(siegen)。对此,胡塞尔举例说,在某一时刻,我可能会被各种各样的颜色、声音或气味所刺激,但是,当一首经典的老歌或一段非常独特的旋律响起的时候,我的意识就会突然兴奋起来,我会"竖"着耳朵"倾听"。这时候,这首歌曲或这段旋律就在与各种颜色、声音或气味的"对比"中"凸显"了出来"触发"了我。然

---

① E. Husserl: *Analysen zur passiven synthesis*, Husserliana XI, Den Haag/ Martinus Nijhoff, 1966, S. 149.

而,如果一阵强烈的冲击波,比如爆炸的冲击波向我袭来的时候,不仅听觉领域中的这首歌曲或这段旋律被"淹没"了,而且其他领域中的一切正在刺激我的东西也被同时"熄灭"了。强烈的冲击波成了此时唯一触发我的东西。①

胡塞尔不仅指出了感性领域中的触发现象,而且也指出了非感性领域即思想观念领域中的触发现象:"在感性领域内,一种声音、一种噪声、一种颜色都或多或少是扰人的,它们存在于知觉场境中,并且从其中凸显出来,它们在还未被把握时就对自我施加了一种较强或较弱的刺激。同样地,一种浮现出来的思想也可能是扰人的,或者说,一种愿望、一种渴求也能够从背景中对我们作讨厌的侵扰。这种强迫接受是以或多或少带有刺激性的凸显为条件的……在刺激着我们的各种模糊的思想冲动之中,例如有一种思想在一切别的思想前面凸显出来,它由于仿佛在对自我施加压力而对自我具有了某种情感上的影响。"②

观念对象虽然不像感性的实在对象那样具有世界之中的实存(Existenz)性质,但是它们的客观性却是毋庸置疑的。正是由于它们"客观地"存在,所以也可以通过联想的唤醒或动机引发而凸显出来。比如,当我们读到索福克勒斯的悲剧《俄狄浦斯》时,我们会被俄狄浦斯"杀父娶母"的悲惨命运所触发;当我们看到莎士比亚笔下的哈姆雷特在面临"存在还是不存在"(生还是死:to be or not to be; Sein oder Nichtsein)的人生困惑时,我们也会发出同样的意义追问!

四、结语

兰德格雷贝在《被动构造问题》③一文中指出,胡塞尔的"被动性"概

---

① Ibid., S. 149 – 150.
② E. Husserl: *Erfahrung und Urteil*. Hamburg 1985, S. 80.
③ 参见《中国现象学与哲学评论》第九辑:《现象学与纯粹哲学》,倪梁康等主编,上海:上海译文出版社,2007,第168页。

念至少包含两层含义,即"原初被动性"(ursprüngliche Passivität)或"原被动性"(Urpassivität)和"第二性的被动性"(sekundäre Passivität)。所谓"原初被动性"是指,"在自我不作为"(ohne Tun des Ich)或"我思之前",甚至在"无自我"(Ichlos)的情况下仍然发生的意识流动①,它意味着主观性所先天具有的时间化(Zeitigung)的构造能力,凭借这种能力,主观性通过内在时间意识而构造出了它的体验的原初统一。这个意义上的"被动性"被胡塞尔定义为"纯粹触发性的在先被给予性、被动的存在信仰,在这里尚不含有任何认识成就,它只是'刺激'而已"。② 所谓"第二性的被动性"是指,所有那些被意识所主动构造出来的东西,都会成为自我的"习性",而自我可以一再地回溯到这些"习性"之上。因而,这个意义上的"被动性"是一种后于"主动性"、后于"我作为"(Ich-tue)的意识活动能力。相反,"原被动性",也即真正意义上的"被动性",则先于所有的"主动性"并且构成了所有"主动构造"和"主动综合"的前提。③

显然,依照兰德格雷贝的解释,我们的讨论也完全涉及了"被动性"概念的这两个层面。而且,就胡塞尔本人来说,他对于"被动性"的第一个层面,即内时间意识的被动综合也并不满意。只有把"被动性"上升到"主动性中的被动性",它才能真正为先验自我的主动综合奠定基础。在知觉的被动性阶段,自我还停留在一种被动的存在信仰之中,即相信有某个预先被给予的东西即 X 存在着。但是自我并不满足于这种素朴的存在

---

① 胡塞尔在手稿 C17 Ⅳ 中有这样的说法:"因此,'被动的'意味着,在这里,流动的产生没有自我的行动(Tun),尽管自我可能是醒着的并且是行动着的自我——流动不是源于自我的行动,仿佛自我指向它、去实现它(流动)似的,仿佛它是由某个行动使自己得以实现似的。"(Ms. C17Ⅳ,1930,转引自兰德格雷贝:《被动构造问题》,《中国现象学与哲学评论》第九辑《现象学与纯粹哲学》,倪梁康等主编,上海:上海译文出版社,2007,第 170 页。)

② E. Husserl: *Erfahrung und Urteil.* Hamburg 1985, S. 61.

③ 参见倪梁康:《胡塞尔现象学概念通释》,北京:生活·读书·新知三联书店,1999,第 328 页。

信仰,它还试图采取进一步的行动来获得关于这个对象 X"是什么"（Was）以及"怎么样"（Wie）的知识,试图全面地把握这个对象的内在性质和外部关系。这就迫使自我从知觉的被动性阶段前进到知觉的主动性阶段。

（原载于《世界哲学》2010 年第 1 期）

陆丁

陆丁，1975年5月生于北京，首都师范大学哲学博士并留校任教。主要研究方向为知识论和行动理论。在《世界哲学》等重要期刊上发表论文数篇。

行动的理由与行动的原因

当我们对一个行动进行某种评价(是否善、是否正当、是否合理、是否应该、是否可以被允许等等)①,以便为某种后续讨论提供根据或者出发点的时候,这种评价本身显然也是需要理由来支持的。一般来说,这种理由可以有两种形态。一种,是从行动的某个性质出发来支持这个评价。即给出这样的论证:对于一个具体的行动 a 来说,因为 a 有性质 F,所以如此评价 a 是正确的。但是,这种形态的理由至少会遇到一种困难,即无穷倒退的问题②。事实上,考虑到对 a 的评价本身也具有或者至少可以看作是具有"a 有性质 F"这样的形态,所以,从形式上看,这第一种理由只不过是用一种性质判断取代了另一种性质判断而已。

第二种能够为行动评价所提供的理由,则是出现在下面这种流程中:我们首先把行动"展开"到某种形态,然后在这个新形态下对行动加以评价,或者依据这个展开形态来对行动加以评价。比如,我们可以把行动按照"有意向的行动"这种结构加以"展开"。然后在这个结构中对行动加以评价。

对于最近的道德哲学或者伦理学来说,比较通常的做法是把行动按照"有理由的行动"来进行这种"展开"。但是,行动的理由要想成为这种与评价有关的结构性要素,却需要满足一个前提,即它不能仅仅是行动的

---

① 这个"评价",也可以在某种更宽泛地意义上被理解为"性质判断",而问题的结构其实是一样的——比如说,"行动是自由的"这种性质判断。
② 严格说来,在"无穷倒退问题"中真正成问题的不是无穷倒退本身,而是论证要么是无穷倒退的,要么是武断的这样一种两难。换句话说,论据追溯没有非武断的终止。

理由，它还需要与行动有某种更强的联系，比如，对于一个具体行动 a 和它的理由来说，a 还得是行动者"按这个理由来行动"的（acting on that reason），或者，还得是行动者"出于这个理由而行动的"（acting for that reason）。

事实上，为了使得一个行动的理由不"仅仅"是理由，通常的做法是对理由提出某种额外的要求。而这种要求往往被表述在类似于"只有……才是理由"的句式中。① 而出现在这个额外要求之中的则是行动的原因②或者某种准原因，比如动机③。但是，问题在于，当一个分析者提出要求，让一个理由能够通过这种中介而达成那种与行动之间的、满足要求的更强联系时，他实际上就对这种中介本身也提出了要求。特别的，满足这种要求——即能够成为理由与行动之间的关系的中介这个要求——实际上也改变了这个中介与行动之间的原本关系。事实上，在我看来，如果说对于行动的评价确实需要以某种对行动的展开为前提进行理由提供的话，那么进行这个"展开"的更好方式，不是把行动展开成"有意向的行动"或者"有理由的行动"，而是展开成"有原因的行动"。换句话说，与其去强化"理由"概念，不如去弱化"原因"概念。不过本文并不奢望论证这一点。它只想说明某个较弱的论点，即，至少（1）把行动展开成"有理由的行动"改变了而且必然改变原因的"原本"含义，（2）这种改变并不是全无负面影响的。

---

① 比如，威廉姆斯会说"行动只有内在理由"。见 Williams, Bernard, Internal Reasons and the Obscurity of Blame, *Making Sense of Humanity and Other Philosophical Essays*, Cambridge Univ. Pr. , 1995, p. 35. 或者，史密斯为"动机性理由"提供的两个原则。见 Smith, Michael, The Humean Theory of Motivation, *Mind*, New Series, Vol. 96, No. 381 (Jan. , 1987), p. 36。

② 比如行动的因果理论（causal theory of action）。见 Davis, Wayne A. Causal Theory of Action// O'Connor, Timothy and Constantine Sandis(ed.), *A Companion to Philosophy of Action*, Blackwell Publishing Ltd. , 2010, p. 35。

③ 同上引。

一、理由与原因

为了说明(1)，我们先来说明一个相关的论题：

(3)当我们用行动的原因来充当行动的理由的时候，它就不再是原因。

比如说，我忽然嘴馋想吃面，于是跑到厨房给自己煮了一碗面。一方面，此时"我想吃面"是"我去煮面"的原因。另一方面，当我被问到"你为什么煮面"而我回答说"因为我想吃面"的时候，"我想吃面"又变成了"我煮面"的理由。现在的问题是在于，当"我想吃面"变成"我去煮面"理由之后，我显然可以不去煮面。就是说，如果"我想吃面"和"我去煮面"之间的关系，"仅仅"是理由与行动之间的关系的话，那么此时"我去煮面"这个行动是否要被实行实际上是无关紧要的。因为即使我没有真正去煮面，"我想吃面"仍然可以是"我去煮面"的理由——只要它符合某种有效的实践推理模式。但除非我确实会去煮面，否则此时甚至谈不上煮面有一个原因。

事实上，从上面的例子我们还可以就理由与原因获得更进一步的结论。如果我们按照下面的形式来分别设定关于理由与原因的检验标准，即：

[理由的检验标准] 如果 p 是 φ 的理由，那么存在某个实践推理模式，使得我们可以从 p 得到一个类似于"应该 φ"的结论。

[原因的检验标准] 如果 p 是 φ 的原因，那么 p 让行动者会确实去 φ①。

那么，我们可以说，如果一个 p 只满足理由的检验标准，它一定不是

---

① "φ"是表示行动的动词。与此相比，"行动 a"中的"a"则是行动的名称。

原因。换句话说：

(4) 如果理由的检验标准是某个 p 成为理由所唯一要满足的标准，那么 p 一定不是原因。

因为满足理由的检验标准与"确实会去 φ"无关，而满足原因的检验标准则只依赖于这一点。而这就意味着，当我们用原因的检验标准来加强我们对于某个 p 成为理由的要求的时候，这种加强一定不能以合取的方式获得。即不能是某种"既满足理由的检验标准，又满足原因的检验标准"这种形式①。

可以看出来，(4) 已经是 (1) 的另外一种表达。因为当一个理由被说成是原因的时候，它当然在某种意义上"既是理由，又是原因"。而根据 (4)，这个"在某种意义上"一定不能包括"理由"和"原因"这两个概念都不改变含义的情况，因为否则这个"既是理由，又是原因"就相当于对理由的检验标准和原因的检验标准进行合取。而既然我们现在是在把理由说成是原因——而不是把原因说成是理由——那么这个理由就必须首先按照"理由"的原义成为理由，于是剩下的唯一选择就是改变原因的含义。不过，我们还是可以正面地来考察一下这个"原因"概念是怎么发生变化的。

仍然以吃面为例，不过我们这次从理由开始。假设"想吃面"已经是"去煮面"的理由，就是说，存在着一种有效的推理路径可以让我们从"想吃面"得到某种"应该去煮面"。更具体一点的话，这条有效的推理路径是怎样的，之后得到的那个"应该……"，就要有相应的意思。与此同时，

---

① 就是说，假设两个检验标准以合取的方式成为某种新概念——比如叫做"新理由"——的检验标准。那么，当某个 p 是一个新理由的时候，它之成为一个新理由就既可以与"会确实去 φ"无关，又必须与"会确实去 φ"相关，而这是不可能的。另外，戴维森已经看到了两个检验标准不能以合取方式形成新标准这一点，但并未给出明确的论证。见，Davidson, Donald, Actions, Reasons and Causes, *Essays on Actions and Events*, University Press, USA, 2nd edition, 2001, p. 12 上的注 5。

现在我们还想让"想吃面"与"去煮面"有一种更强的联系。为得到这个联系,我们要求"想吃面"这个理由能够让行动者会确实去煮面。可是,类似于(4),如果一个理由只满足让行动者会确实去煮面这一个要求,它显然不能支持"应该去煮面"这类的结论。因为,即使一个行动者确实是因为想吃面而去煮面,这里仍然可能存在各种不同的情况,或者也可以这么说,他可能出于各种不同的原因而想吃面。就这些原因而言,也许有些可以支持"应该去煮面",但至少未必所有的这些原因都支持这个结论。于是,就必须对使得一个原因成为原因的原因加以限制,才能够保证当一个理由成为原因之后,仍然还是理由。而这些限制,恰恰改变了原因的"本义"。

事实上,就上面这个分析来说,也许我们可以引入一个"自由度"的概念来帮助我们表述此间发生的情况。一个概念的"自由度",我们是指某个具体的事物①成为这个概念的一个实例时情况的多样性的限度。或者,这个"自由度"也可以理解为,当我们把某个具体的事物判别为属于一个类的时候,所使用的论据在类型上的多样性的限度。具体来说,当我们把某个 u 判别为"是 U"的时候,我们通常是把"是 U"等同于"满足如此这般的一个/组条件"。问题是,如果"u 是 U"确实是真的,那么未必只有一种理由使得它真。而且这些理由之间未必是等价的。就此而言,一个概念的含义,对应的既不是这个概念"外延",即实例的限度,也不是"内涵",即关于某个实例是否是它的实例的判别标准,而是一个实例成为它的实例时所引用理由的多样性的限度。按照这个观点,"原因"这个概念的含义所发生的改变,恰恰在于这个限度所发生的改变。

下面我们以迈克尔·史密斯对"休谟式的动机理论"的分析,和威廉姆斯对"内在理由"的分析为例,具体地说明这种自由度是怎么发生变化的。

---

① 这里的"事物"是在最宽泛的意义上用的,它也可以是陈述。

二、以动机性理由(motivational reasons)为例

按照迈克尔·史密斯的分析,一种"休谟式动机理论"所给出的理由,应该满足下面这个要求:

[强原则]一个理由 R 在时刻 t 构成了(constitutes)行动者 A 去 φ 的动机性理由,当且仅当存在一个 ψ 满足:在时刻 t 理由 R 构成了行动者 A 对 ψ 的欲望,并且构成了 A 的这样一种信念,即要是他去 φ 的话,他就能 ψ。[1]

或者,它至少应该满足下面这个要求:

[弱原则] 行动者 A 在时刻 t 有去 φ 的动机性理由,仅当存在一个 ψ 满足:在时刻 t 行动者 A 有对 ψ 的欲望,并且 A 相信要是他去 φ 的话,他就能 ψ。[2]

下面我们来看一看在这两个原则中的动机概念,即在"动机性理由"中以"动机性"这种形态出现的动机概念,意义发生了怎样的改变,以及这种改变是怎么发生的。为此,我们可以先给出一个参照性的动机概念的"原义"。事实上,关于一个动机,我们似乎总可以给出如下的检验标准:

[动机的检验标准]如果行动者 A 在时刻 t 有去 φ 的动机,那么,在时刻 t"A 会去 φ"为真。

可以看到,在这个标准中出现的"A 会去 φ",在史密斯给出的两个原则中被弱化到了一个在虚拟语气中的表述"要是 A 去 φ 的话"的形态。而且,在这两个原则中,不仅 φ 是没有原本形态的"会去",事实上在这两

---

[1] "were he to φ, he would ψ",见 Smith, Michael, Humean Theory of Motivation, *Mind*, New Series, Vol. 96, No. 381 (Jan., 1987), p.36.

[2] 同上。

个原则中没有任何行动带有"会去"的原本形态：φ是被变成了虚拟语气，而剩下的ψ根本连"会去"都没有，只剩下了"A对ψ的欲望"。

另外，在动机的检验标准中我们可以看到"会去"是有时间标记的（"在时刻t"），但是在强弱两个原则中，有时间标记的其实不再是φ或者"A会去φ"，而是ψ以及行动者A对φ与ψ之间的这种手段—目的关系的相信——这也非常自然，因为两个行动之间是否具有手段—目的关系本来就是一种一旦为真/假就会一直这样下去的、与时间无关的东西。但是，这样一来，在时刻t与行动者状态直接相关的实际上就不再是φ，而是某个与φ处在一种无时间关系中的ψ。换句话说，此时行动者对之"真正"有动机要去做的，与其说是φ，还不如说是ψ。如果放到我们那个吃面的例子上就是，本来我们要为"煮面"提供一个动机，但按照史密斯的这两个原则，煮面通过吃面获得了一个动机性的理由：想吃面（对吃面有欲望），而且要是去煮面的话就能吃（上）面。这样一来，原本当我们按照动机的检验标准去为一个行动提供动机的时候，本可以使用各种方式，但现在至少出现了一种对于这些方式的限制，即它必须通过某种中介ψ来进行①。而这个限制，恰恰降低了"动机"概念的自由度。

如果说，之所以史密斯版本的"休谟式的动机理论"会导致这种对于"动机"概念的含义变化，是因为它引入了对于理由的额外要求，即能够为行动分析给出一种目的—手段结构的话，那么这种含义变化在威廉姆斯对内在理由的分析则是出于另外一种原因。② 威廉姆斯是这么说明一

---

① 之所以如此，是因为对于动机性理由，史密斯强调说它应该满足这样的要求，即当"A有一种动机性理由去φ"为真时，这个行动者的行动应该能够被看成是具有一种目的论结构。显然，对于一般的理由陈述即"A有理由去φ"来说，这个要求是无法满足的：目的论结构至少得是一个二元结构。见Smith, Michael, Humeanism about Motivation// O'Connor, Timothy and Constantine Sandis（ed.）, *A Companion to Philosophy of Action*, Blackwell Publishing Ltd., 2010, p. 154,155

② 威廉姆斯的内在理由或者"理由的内在主义解释"也是基于动机的，而且也来源于休谟。就此而言，它也可以被称作是"休谟式的"。

种对于理由的内在主义诠释的：

> [理由的内在主义诠释]如果一个人"有理由去 φ",那他一定找到了一个有效的推理路径(sound deliberative route):这个推理路径从他自己的某个动机集合出发,最后达到的则是"他应该(should) φ"这样的结论①。

与史密斯给出的两个原则相比,这里不再有手段—目的结构,而只是要求任何一个得到"他应该 φ"的实践推理必须是从行动者的动机集合中的某个成员出发的。就此而言,它是用实践推理的起点去限制实践推理。但是,问题在于,这个限制显然也同时是对动机集合的限制:并不是每一个能够被看成是动机集合的成员的动机,都能够有一个实践推理让它能够有一个"他应该 φ"的后承——否则谈不上用动机集合来强化"实践推理"这个概念了。

事实上,这里我们看到的是理由动机化方法的一种或许也可以被称为"两难"的处境:一方面,如果不对理由概念进行强化,那么它无法承担行动理论所要求的分析工作。但是,另一方面,如果动机可以被用来强化理由概念,那么它一定是以动机概念的弱化为代价的。而这种弱化所导致的结果,就是被强化的理由概念,一定无法达到原本我们想要用动机来强化理由所希望达到的强度。换句话说,当我们试图通过"是动机的理由"这条路径来找到一种比单纯理由更强的理由的时候,我们找到的一定是某种"其实还不是动机的理由"。

三、这种含义变化的负面影响

这种状况,当然不仅在"逻辑"上是有趣的。而且确实会对行动分析

---

① Williams, Bernard, Internal Reasons and the Obscurity of Blame, *Making Sense of Humanity and Other Philosophical Essays*, Cambridge Univ. Pr. ,1995, p. 35

产生某种实质性的影响。比如我们来考虑批评问题,特别,批评的"合法性"问题。事实上,关于什么时候批评才能够或者可以对一个行动进行批评,存在着两种虽然各自不同但在实际性的程度或者强度上并无差别的考虑。而且,这两种考虑至少在形式上是相互冲突的:

[P1] 一个行动,只要它是不如人意的,就可以进行批评——不管它是否有改进的余地。

[P2] 一个行动,只要没有改进的余地,就无法进行批评——不管它是否如人意。

彻底解决①这个冲突,不是本文所能讨论的。这里我们只是考虑这样一个更容易获得答案的问题:如果[P2]不是完全不能成立,那么此时对行动进行分析的话,应该给予一个什么样的框架?或者说,一个行动分析框架应该具有怎样的特性,才能使得[P2]不是完全不成立的。

从这个问题出发就可以看到,要想让[P2]不是完全不成立,至少这个框架应该允许一种与"是否如人意"无关的对行动进行谈论的方式——只有先存在这种谈论行动的方式,才可能去考虑批评是不是出现在这种对行动的谈论中。但是,无论是威廉姆斯对理由所作的限定,即"必须能够从动机出发达到'他应该 φ'"这个限定,还是史密斯的两个原则——无论是强的还是弱的——都不满足这个要求。事实上,任何从理由出发而对行动所作的分析,都不满足这个要求。因为,即使不能说理由总是从某种是否如人意的角度去分析行动,但至少,当我们给予行动一个理由之后,我们就变得能够谈论这个行动是否如人意,于是行动就变成一种与是否如人意相关的东西。这样一来,在比如像史密斯或者威廉姆斯所提供的这种行动分析中,我们实际上无法谈论这种与是否如人意无关

---

① "彻底解决"是指,或者取消其中之一,或者设立某种相对优先关系,并给出优先关系成立的条件。

的行动的可能性——改进行动的可能性。但后者至少是针对行动而给出的批评性话语中的一个有机的部分。就此而言，前面所说的这种意义转换，就其缩减了行动话语表达能力而言，就不再是无足轻重的。

（原载于《同济大学学报(社会科学版)》2013年第5期）

景晓鑫

景晓鑫，1985年9月生于河北邯郸，中山大学哲学博士，首都师范大学讲师。研究方向：模态逻辑、人工智能逻辑、多主体系统等。在《International Journal of Intelligent System》、《Lecture Notes in Computer Science》系列等国际重要期刊上发表论文多篇。

A Logical Framework of Bargaining with Integrity Constraints

Abstract. This paper proposes a logical framework for bargaining with integrity constraints (IC) in multi-agent and multi-issue bargaining environments. We construct a simultaneous concession solution for bargaining games under IC, and show that the solution is uniquely characterised by a set of logical properties. In addition, we prove that the solution also satisfies the most fundamental game theoretic properties such as symmetry and Pareto optimality. Finally, we discuss the relationship between merging operators and bargaining solutions under integrity constraints.

1 Introduction

Bargaining is a process to settle disputes and reach mutually agreements. It has been investigated from many perspectives, including economics, social science, political science and computer science [1–7]. Different from other disciplines where quantitative approaches dominate bargaining analysis, studies of bargaining in computer science, especially in artificial intelligence, pay more attention to logical reasoning behind bargaining processes. Thus, a number of logical frameworks were proposed for specifying reasoning procedures of bargaining [7–12]. In particular, similar to Nash's axiomatic model of bargaining, in [7] Zhang proposed an axiomatic model of bargaining in propositional logic. With his model, bargainers' demands are represented in propositional formulae and the outcome of bargaining is viewed as a mutual acceptance of the demands after necessary concessions from each bargainer.

Although Zhang's model provides a purely qualitative approach for bargaining analysis, there is a difficulty to apply his approach to the real-life bargaining. As mentioned in [7], the demands of a player are not necessarily the player's real demands but could be the player's beliefs, goals, desired constraints or commonsense. For example, a couple bargains over where to go for dinner: either a French restaurant (denoted by f) or an Italian restaurant (denoted by i). The husband prefers Italian food to French food but his wife likes more the romantic environment in French restaurants than Italian ones, even though they have some favourite dishes in common, which may or may not be offered in both restaurants. Obviously, each player can express his/her demands in propositional language by writing down their favourite restaurant and dishes, say $\{i, pizza\}$. However, if we use Zhang's model, all the domain constraints, such as $\neg f \vee \neg i$,

$pizza \to i$, have to be included in the demand set of each player, which does not seem intuitive. Thus, this paper is devoted to providing a solution to this issue.

Similar to belief merging [13], specifying domain constraints (or called integrity constraints) in a bargaining model gives a number of challenges to the modelling of bargaining reasoning. First, simply assuming logical consistency of individual demand sets is not enough because new constraints may be generated after combining all constraints from individual bargainers as logical consequences. Second, preference ordering relies on constraints, so a logical requirement for the rationality of preference ordering has to be applied. Finally, constraints and demands from individuals may be described in different forms. It is crucial that a bargaining solution does not rely on the syntax of description, which is actually the case for Zhang's system. As we will see, our model of bargaining is syntax-irrelevant, which in fact reshapes the whole axiomatic system.

The rest of the paper is organised as follows. Section 2 defines our bargaining model. Sections 3 and 4 introduce its solution concept and some of its properties. Finally Section 5 discusses the related work and concludes the paper.

2 Bargaining Model with Integrity Constraints

This section presents our bargaining model. We consider a propositional language $\mathcal{L}$ built from a finite set $\mathcal{P}$ of propositional letters and the standard propositional connectives $\{\neg, \vee, \wedge, \to, \leftrightarrow\}$. Propositional sentences are denoted by $\phi, \psi, \cdots$. We use $\vdash$ to denote the logical deduction relation in classical propositional logic. Cn represents the corresponded local consequence closure. Furthermore, we say that a set Φ of formulae in $\mathcal{L}$ is *consistent* if there is no formula ϕ such that $\Phi \vdash \phi$ and $\Phi \vdash \neg\phi$. A set K of sentences in $\mathcal{L}$ is *logically closed* if and only if $K = Cn(K)$, where $Cn(K) = \{\phi \in \mathcal{L}, K \vdash \phi\}$. Let Φ be a finite set of propositional formulae. A binary relation $\geq$ over Φ is a *pre-order* if and only if it is a reflexive and transitive relation over Φ. A pre-order is *total* if for all $\phi, \psi \in \Phi$, $\phi \geq \psi$ or $\psi \geq \phi$. Given a pre-order $\geq$ over Φ, we define $\phi > \psi$ as $\phi \geq \psi$ and $\psi \not\geq \phi$, and $\phi \simeq \psi$ as $\phi \geq \psi$ and $\psi \geq \phi$. Moreover, if $\phi \geq \psi$ then $\psi \leq \phi$ and if $\phi > \psi$ then $\psi < \phi$.

2.1 Bargaining games

Following [7], we assume that each bargainer has a set of demands and a preference order over the demand set. As we will show later, the domain constraints, common sense knowledge, and other integrity constraints will be specified separately and so no need to be included in the individual demand set.

Definition 1 *A* **demand structure** *D is a pair $(X, \geq)$, where X is a finite, logically consistent set of demands that are represented by a set of sentences in $\mathcal{L}$, and $\geq$ is a total pre-order on X, which satisfies:*

(LC) *If $\phi_1, ..., \phi_n \vdash \psi$, then there exists at least one $k \in \{1, \cdots, n\}$ such that $\psi \geq \phi_k$.*

A Logical Framework of Bargaining with Integrity Constraints

Intuitively, a demand structure represents the statements a bargainer wants to put into the agreement, and the total pre-order over the demands is the description for bargainer's preference over the demands, i.e., $\phi \geq \psi$ means the bargainer holds demand ϕ more firmly than demand ψ. In addition, the logical constraint LC, introduced by Zhang and Foo in [14], places a rationality requirement on the preference ordering, which says that if a demand of ψ is a logic consequence of demands $\phi_1, ..., \phi_n$ then the firmness to keep ψ should not be less than at least one formula in $\phi_1, ..., \phi_n$.

In a bargaining scenario, an integrity constraint means a rule that all participants in the bargaining must follow. Such a rule could be something like domain restrictions, generic settings, commonsense knowledge and so on. As we will see below, we assume that any integrity constraint can be represented by a propositional formula and all integrity constraints for each bargaining situation are logically consistent. The following definition extends [7]'s bargaining model to allow integrity constraints.

Definition 2 A **bargaining game** is a tuple of $\langle (X_i, \geq_i)_{i \in N}, IC \rangle$, where
(i) $N = \{1, 2, ..., n\}$ is a set of bargainers;
(ii) each $(X_i, \geq_i)$ the demand structures of a bargainer; and
(iii) IC is a consistent set of sentences (i.e., integrity constraints).
The set of all bargaining games in language $\mathcal{L}$ is denoted by $G_{n,\mathcal{L}}^{IC}$.

A bargaining game specifies a snapshot of a bargaining procedure. As we will demonstrate, we model a bargaining procedure as a sequence of bargaining games. Normally a bargaining starts with a situation in which the demands of the bargainers conflict each other. With the proceeding of negotiation, bargainers may make concessions in order to reach an agreement. Eventually, the bargaining terminates with either an agreement or a disagreement. The terminal situations can be specified in the follow two specific games.

Definition 3 A bargaining game $\langle (X_i, \geq_i)_{i \in N}, IC \rangle$ is **non-conflictive** if $\bigcup_{i=1}^{n} X_i \cup IC$ is logically consistent. It is a **disagreement** if there is $k \in N$ such that $X_k = \emptyset$.

Note that a disagreement means that there is a bargainer who has nothing to give up.[3]

2.2 Demand hierarchy and comprehensiveness

In order develop a solution concept for our bargaining model, we need to introduce a set of concepts based on single player's demand structure.

Definition 4 Give a demand structure $D = (X, \geq)$ where $X \neq \emptyset$, $P = (X^1, \ldots, X^L)$ is the **partition** of D if it satisfies:
(i) $X = \bigcup_{l=1}^{L} X^l$;
(ii) $X^l \subseteq X$ and $X^l \neq \emptyset$ for all l $(1 \leq l \leq L)$;
(iii) $X^k \cap X^l = \emptyset$ for any $k \neq l$; and

---

[3] In the real-life bargaining, a bargainer may declare a disagreement when he finds that an agreement would not be reached without giving up all his reservation demands.

(iv) $\forall \phi \in X^k \ \psi \in X^l, \ \phi > \psi$ if and only if $k < l$.

We define the demand hierarchy under IC using the partition above.

Definition 5 *Given a demand structure $D = (X, \geq)$ and a set of integrity constraints IC, let $P = (X^1, .., X^L)$ be a partition of D. Then the* **hierarchy** *of D under IC is defined as follows:*
(i) $H^1 = Cn(X^1 \cup IC)$, *and*
(ii) $H^{k+1} = Cn(\bigcup_{i=1}^{k+1} X^i \cup IC) \setminus \bigcup_{i=1}^{k} H^i$.

$\forall \phi \in Cn(X \cup IC)$, we define $h(\phi) = k$ if and only if $\phi \in H^k$, where k is ϕ's hierarchy level in D. And we write $h_D = \max\{h(\phi) \mid \phi \in Cn(X \cup IC)\}$ as the height of D. In addition, $\forall \phi, \psi \in X$, suppose $\phi \in H^k$ and $\psi \in H^j$, we write

$$\phi \geq^{IC} \psi \ \ iff \ \ k \leq j.$$

For simplicity, we assume that $H^i \neq \emptyset$ for all i. In fact, if there is $k \in N^+$ such that H^k is $\emptyset$, we can remove all empty levels and let the remaining hierarchy as the hierarchy of D. Since $\geq$ is a total pre-order on X, it is easy to see that $\geq^{IC}$ is also a total pre-order on $Cn(X \cup IC)$.

Definition 6 *Given a demand structure $D = (X, \geq)$ and a set of integrity constraints IC, Ω is an* **IC-comprehensive set** *of D if:*
(i) $\Omega \subseteq Cn(X \cup IC)$;
(ii) $\Omega = Cn(\Omega)$; *and*
(iii) *For any $\phi \in \Omega$ and $\psi \in Cn(X \cup IC)$, $\psi \geq^{IC} \phi$ implies $\psi \in \Omega$.*

In other words, a subset of $Cn(X \cup IC)$ is IC-comprehensive if it is logically and ordinally closed under $\geq^{IC}$. We denote the set of all IC-comprehensive sets of D by $\Gamma^{IC}(D)$, or $\Gamma(D)$ if IC is obvious from the context.

The following theorem is important to our bargaining solution.

Theorem 1 *Given a demand structure $D = (X, \geq)$ and a set of integrity constraints IC, a set Ω is an IC-comprehensive set of D if and only if there exists $k \in \{1, \cdots, h_D\}$ such that $\Omega = \bigcup_{i=1}^{k} H^i$.*

Proof. ($\Rightarrow$) We first prove that if $\Omega \in \Gamma(D)$ then there exists $k \in \{1, \cdots, h_D\}$ such that $\Omega = T^k$, where $T^k = \bigcup_{i=1}^{k} H^i$. Let $k^0 = \min\{k \mid \Omega \subseteq T^k\}$. Obviously, $1 \leq k^0 \leq h_D$. We aim to prove $\Omega = T^{k^0}$. By the definition of k^0, $\Omega \subseteq T^{k^0}$. So, we just need to prove $T^{k^0} \subseteq \Omega$. Suppose it is not the case. Then there must exist ψ such that $\psi \in T^{k^0}$ but $\psi \notin \Omega$. Since $\Omega \in \Gamma(D)$, $\forall \phi \in \Omega$, we have $\psi \in Cn(X \cup IC)$ and $\psi \notin \Omega$, and then $\psi <^{IC} \phi$. So, $h(\psi) > h(\phi)$. $\forall \phi \in \Omega$, we have $1 \leq h(\phi) \leq k^0$. In addition, $k^0 = \min\{k \mid \Omega \subseteq T^k\}$. Therefore, $h(\psi) > k^0$. However, $\psi \in T^{k^0}$, and then $1 \leq h(\psi) \leq k^0$, which is contradicting. Therefore, the assumption is false, i.e., we have $T^{k^0} \subseteq \Omega$. As a result, if $\Omega \in \Gamma(D)$, we can find $k = k^0$ such that $\Omega = T^{k^0}$.

($\Leftarrow$) $\forall k \in \{1, \cdots, h_D\}$, we need to prove $T^k \in \Gamma(D)$. Because $T^k = \bigcup_{i=1}^{k} H^i = Cn(\bigcup_{i=1}^{k} X^i \cup IC)$, then T^k is closed. In addition, $\forall k \in \{1, \cdots, h_D\}$, $\bigcup_{i=1}^{k} X^i \subseteq$

A Logical Framework of Bargaining with Integrity Constraints

X, and then $T^k = Cn(\bigcup_{i=1}^{k} X^i \cup IC) \subseteq Cn(X \cup IC)$. $\forall k \in \{1, \cdots, h_D\}$, $\forall \phi \in T^k$, and $\psi \in Cn(X \cup IC)$, if $\psi \geq^{IC} \phi$, we need to prove $\psi \in T^k$. Suppose it is not this case, i.e., $\psi \notin T^k$. Because $T^k = Cn(X \cup IC) \setminus \bigcup_{i=k+1}^{h_D} H^i$, then $\psi \in \bigcup_{i=k+1}^{h_D} H^i$, and so $k+1 \leq h(\psi) \leq h_D$. In addition, since $\phi \in T^k$, $T^k = \bigcup_{i=1}^{k} H^i$, $1 \leq h(\phi) \leq k$. So, we can get $h(\psi) > h(\phi)$, and then $\phi >^{IC} \psi$, which contradicts premise $\psi \geq^{IC} \phi$. Therefore, the assumption is false. □

The following defines the equivalence of demand structures under an integrity constraints, which plays an important role for describing syntax independency:

Definition 7 *Let $D = (X, \geq)$ and $D' = (X', \geq')$ be two demand structures, where $X \neq \emptyset$ and $X' \neq \emptyset$, IC is a set of integrity constraints. We say D and D' are* **equivalent** *under IC, denoted as $D \Leftrightarrow^{IC} D'$, if and only if there is $\Gamma(D) = \Gamma'(D')$.*

3 Bargaining Solution

In this section, we will develop our solution concept for the bargaining model we introduced in the previous section.

Definition 8 *A* **bargaining solution** *s is a function from $G_{n,\mathcal{L}}^{IC}$ to $\prod_{i=1}^{n} \Gamma(D_i)$, i.e., $\forall G \in G_{n,\mathcal{L}}^{IC}$, $s(G) = (s_1(G), \cdots, s_n(G))$, where $s_i(G) \in \Gamma(D_i)$ for all i. $s_i(G)$ denotes the i-th component of $s(G)$. $Cn(\bigcup_{i=1}^{n} s_i(G))$ is called the agreement of the bargaining game, denoted by $A(G)$.*

Intuitively, the agreement of a bargaining is a set of demands mutually accepted by all the bargainers. A bargaining solution is then to specify which demands from each bargainer should be put into the finial agreement.

In the following, we will construct a concrete bargaining solution that satisfies a set of desirable properties. The intuition behind the construction can be stated as follows: assume a bargaining situation where all bargainers agree on a set of integrity constraints IC. Firstly, all the bargainers submit their demands to an arbitrator who also knows IC. The arbitrator then judges if the current bargaining situation forms a non-conflictive game or a disagreement game. If so, the bargaining stops with either an agreement, which is the collection of all the demands, or a disagreement, which is an empty set. Otherwise, the arbitrator requests each bargainer to make a concession by withdrawing their least preferred demands. We call such a solution a simultaneous concession solution. Formally, we have:

Definition 9 *Given a bargaining game $G = \langle (X_i, \leq_i)_{i \in N}, IC \rangle$,* **simultaneous concession solution** *$S(G)$ is constructed as follows:*

$$S(G) = \begin{cases} (H_1^{\leq h_{D_1} - \rho}, \cdots, H_n^{\leq h_{D_n} - \rho}) & \text{if } \rho < L; \\ (\emptyset, \cdots, \emptyset) & \text{otherwise.} \end{cases}$$

where $\forall i \in N$, $H_i^{\leq j} = \bigcup_{k=1}^{j} H_i^k$ (H^k is defined in Definition 5), h_{D_i} is the height of D_i, $\rho = \min\{k \mid \bigcup_{i=1}^{n} H_i^{\leq h_{D_i} - k}$ is consistent$\}$, and $L = \min\{h_{D_i} \mid i \in N\}$.

For a better understanding of the above definition, let us consider the restaurant example we show in the introduction again.

Example 1 *A couple bargains over which restaurant to go to celebrate their wedding anniversary: either Italian (i) or French (f). The husband (h) likes to eat pizza (p). Alternatively, he is also fine with beefsteak (b) and vegetable salads (v). In fact, he does not mind to go to the French restaurant but cannot stand people eating snails (s) . The wife (w) leans towards the romantic French restaurant and particular likes the vegetable salads. She would like to try snails once as all her friends recommend it. Both know that pizza is only offered in the Italian restaurant ($p \to i$) and snails only offered in the French restaurant ($s \to f$). Obviously they can only choose one restaurant for the dinner ($\neg i \vee \neg f$).*

Putting all the information together, the husband's demands can be written as $X_h = \{\neg s, p, v, b\}$ with the preference: $\neg s \geq_h p \geq_h v \geq_h b$; the wife's demands are $X_w = \{v, f, s\}$ with the preference: $v \geq_w f \geq_w s$; and the integrity constraints can be represented by $IC = \{\neg i \vee \neg f, p \to i, s \to f\}$. Thus, we can model the game as $G = \langle (\hat{X}_h, \geq_h), (X_w, \geq_w), IC \rangle$.

Husband	Wife
$\neg s$, $\neg i \vee \neg f$, $p \to i$, $s \to f$	
p, i, $\neg f$	v, $\neg i \vee \neg f$, $p \to i$, $s \to f$
v	f, $\neg i$, $\neg p$
b	s

Table 1. Player's hierarchies from high (top) to low (bottom).

To solve the problem, we first calculate the normalised hierarchy for each player according to Definition 5 as shown in Table 1. According to the table, it is easy to see that $h(D_h) = 4$, $h(D_w) = 3$, $\rho = 2$ and $L = 3$. Then the solution of the bargaining game is:
$$s_h(G) = H_h^{\leq 2} = \{\neg s, \neg i \vee \neg f, p \to i, s \to f, p, i, \neg f\},$$
$$s_w(G) = H_w^{\leq 1} = \{v, \neg i \vee \neg f, p \to i, s \to f\}.$$
As a result, the agreement of the bargaining is:
$$A(G) = Cn(H_h^{\leq 2} \cup H_w^{\leq 1}) = \{\neg s, \neg i \vee \neg f, p \to i, s \to f, p, i, \neg f, v\}.$$

4 Properties of the solution

In this section, we investigate the properties of the solution that we construct in the previous section. To this end, we need to introduce a few concepts.

Definition 10 *Given two bargaining games $G = \langle (D_i)_{i \in N}, IC \rangle$ and $G' = \langle (D'_i)_{i \in N}, IC' \rangle$, we say G and G' are **equivalent**, denoted by $G \equiv G'$, if and only if*

(i) Both G and G' are disagreement games; or
(ii) None of G and G' is a disagreement game, $\vdash IC \leftrightarrow IC'$ and $D_i \Leftrightarrow^{IC} D'_i$ $\forall i \in N$.

A Logical Framework of Bargaining with Integrity Constraints

Definition 11 *Given a bargaining game* $G = \langle (D_i)_{i \in N}, IC \rangle$, *a bargaining game* $G' = \langle (D'_i)_{i \in N}, IC' \rangle$, *where* $D_i = (X'_i, \geq_i)$, *is a* **subgame** *of* G, *denoted by* $G' \sqsubseteq G$, *if and only if for all* $i \in N$,

(i) $IC \vdash IC'$ and $IC' \vdash IC$, and we write it simply as $\vdash IC \leftrightarrow IC'$;
(ii) $Cn(X'_i \cup IC')$ is an IC-comprehensive set of D_i; and
(iii) $\geq'^{IC'}_i = \geq^{IC}_i \cap (Cn(X'_i \cup IC') \times Cn(X'_i \cup IC'))$.

Furthermore, G' is a proper subgame of G, denoted by $G' \sqsubset G$, if $Cn(X'_i \cup IC') \subset Cn(X_i \cup IC)$ for all $i \in N$. Specially, given a bargaining game $G = \langle (D_i)_{i \in N}, IC \rangle$, and $h_{D_i} = 1$ for any D_i in G, then G don't have any proper subgame. Moreover, the following concept follows Zhang's idea in [7].

Definition 12 *A proper subgame* G' *of* G *is a* **maximal proper subgame** *of* G, *denoted by* $G' \sqsubset_{max} G$, *if for any* $G'' \sqsubset G$, $G'' \sqsubseteq G'$.

4.1 Logical characterisation

We first consider the logical properties of our bargaining solution. In general, we expect any bargaining solution (refer to Definition 8) satisfies:

(i) *Consistency*: If IC is consistent, then $A(G)$ is consistent.
(ii) *Non-conflictive*: If G is non-conflictive, then $s_i(G) = Cn(X_i \cup IC)$ for all i.
(iii) *Disagreement*: If G is a disagreement, then $A(G) = \emptyset$.
(iv) *Equivalence*: If $G \equiv G'$, then $s_i(G) = s_i(G')$ for all i.
(v) *Contraction independence*: If $G' \sqsubset_{max} G$ then $s_i(G) = s_i(G')$ for all i unless G is non-conflictive.

Intuitively the above properties are basic requirements for bargaining solutions. Property 1 states that if the integrity constraints are consistent, then the outcome of the bargaining, i.e., the agreement, should also be consistent. Property 2 says that if there is no conflict among all the bargainers' demands and the integrity constraints, then nobody has to make any concession to reach an agreement. Property 3 indicates that a disagreement means that no agreement is reached. Property 4 is the principle of irrelevancy of syntax, i.e., if two bargaining games are equivalent, then the solutions of bargaining are the same. This property is crucial for the bargaining, while as we can see, it is not satisfied in [7]. The last property requires that a bargaining solution should be independent of any minimal simultaneous concession of the bargaining game.

In the following, we will show that our simultaneous concession solution satisfies all the five properties. To this end, we need the following lemma:

Lemma 1 *Given two bargaining games* G ($h(D_i) > 1$ *for any* D_i *in* G) *and* G', G' *is a maximal proper subgame of* G *if and only if* $\forall i$,

(i) $\vdash IC \leftrightarrow IC'$;
(ii) $Cn(X'_i \cup IC') = H_i^{\leq h_{D_i}-1}$; and
(iii) $\geq'^{IC'}_i = \geq^{IC}_i \cap (Cn(X'_i \cup IC') \times Cn(X'_i \cup IC'))$.

Proof. ($\Leftarrow$) We will prove that if G' satisfies properties (i)-(iii). G' is a maximal proper subgame of G. Because property (ii) is satisfied, G is not a disagreement. Thus, we need to prove $G' \subset G$ first. Since we find properties (i) and (iii) are the same as (i) and (iii) in Definition 11, we just need to prove (ii), i.e., $Cn(X'_i \cup IC') = H_i^{\leq h_{D_i}-1}$ is an IC comprehensive set of D_i and $Cn(X'_i \cup IC') \subset Cn(X_i \cup IC)$. Because $h_{D_i} > 1$ for any D_i in G, by Theorem 1, $H_i^{\leq h_{D_i}-1} = \bigcup_{j=1}^{h_{D_i}-1} H_i^j$ is an IC comprehensive set of D_i. In addition, since $H_i^{h(D_i)} \neq \emptyset$, $T_i^{h_{D_i}-1} = Cn(X_i \cup IC) \backslash H_i^{h(D_i)} \subset Cn(X_i \cup IC)$.

Next, for $G'' = \langle D''_{i \in N}, \geq'' \rangle$, if $G'' \subset G$, we need to prove $G'' \subseteq G'$. Because $G'' \subset G$ and $G' \subset G$, (i) $IC'' \leftrightarrow IC \leftrightarrow IC'$; (ii) $Cn(X''_i \cup IC'')$ and $Cn(X'_i \cup IC')$ are IC comprehensive sets of D_i for all i; and (iii) $\geq''^{IC}_i = \geq^{IC}_i \cap (Cn(X''_i \cup IC'') \times Cn(X''_i \cup IC'')) = \geq'^{IC}_i \cap (Cn(X'_i \cup IC'') \times Cn(X''_i \cup IC''))$. In addition, $Cn(X''_i \cup IC'') \subset Cn(X_i \cup IC)$ and $Cn(X'_i \cup IC') \subset Cn(X_i \cup IC)$ for all i. So, we just need to prove $Cn(X''_i \cup IC'')$ is an IC comprehensive set of D'_i for all i.

We prove $Cn(X''_i \cup IC'') \subseteq Cn(X'_i \cup IC')$ first. Suppose not. Then there is $\phi \in Cn(X''_i \cup IC'')$ but $\phi \notin Cn(X'_i \cup IC')$. From $Cn(X'_i \cup IC') = H_i^{\leq h_{D_i}-1} = Cn(X_i \cup IC) \backslash H_i^{h_{D_i}}$ and $Cn(X''_i \cup IC'') \subset Cn(X_i \cup IC)$, we derive that $\phi \in H_i^{h_{D_i}}$. Therefore, $h(\phi) = h_{D_i}$. Because $\forall \psi \in Cn(X_i \cup IC)$, $h(\psi) \leq h_{D_i}$, $\psi \geq^{IC} \phi$, and $Cn(X''_i \cup IC'')$ is an IC-comprehensive set of D_i, $\psi \in Cn(X''_i \cup IC'')$, which implies $Cn(X_i \cup IC) \subseteq Cn(X''_i \cup IC'')$. However, this contradicts $Cn(X''_i \cup IC'') \subset Cn(X_i \cup IC)$. So, the assumption cannot hold. Thus, $Cn(X''_i \cup IC'') \subseteq Cn(X'_i \cup IC')$.

Because $G' \subset G$ and $G'' \subset G$, for all i, $Cn(X'_i \cup IC')$ and $Cn(X''_i \cup IC'')$ are both IC-comprehensive sets of D_i. Thus, $\forall \phi \in Cn(X''_i \cup IC'')$, $\forall \psi \in Cn(X'_i \cup IC')$ (thus we have $\psi \in Cn(X_i \cup IC)$), if $\psi \geq^{IC} \phi$ then $\psi \in Cn(X''_i \cup IC'')$. Therefore, $Cn(X''_i \cup IC'')$ is an IC comprehensive set of D'_i. Furthermore, $G'' \subseteq G'$.

($\Rightarrow$) If G' is a maximal proper subgame of G, then properties (i), (ii), and (iii) in this lemma are satisfied.

Firstly, because G has at least one proper subgame G', $\forall i \in N$, $X_i \neq \emptyset$ and $Cn(X'_i \cup IC') \subset Cn(X_i \cup IC)$. If G' is a maximal proper subgame of G, by Definitions 11 and 12, properties (i) and (iii) of this lemma are satisfied, and so we just need to prove its property (ii). Suppose not, i.e., $Cn(X'_i \cup IC') \neq H_i^{\leq h_{D_i}-1}$. Because G' is a proper subgame of G, $Cn(X'_i \cup IC')$ is an IC comprehensive set of D_i. Thus, by Theorem 1, there is a $k \in [1, h(D_i)]$, such that $Cn(X'_i \cup IC') = \bigcup_{j=1}^{k} H_i^j$. So, because $Cn(X'_i \cup IC') \subset Cn(X_i \cup IC)$ and $Cn(X'_i \cup IC') \neq H_i^{\leq h_{D_i}-1}$, we have $k < h_{D_i} - 1$.

Here we can find a subgame of G'' as proved above such that: (i) $\vdash IC \leftrightarrow IC''$; (ii) $Cn(X''_i \cup IC'') = H_i^{\leq h_{D_i}-1}$; and (iii) $\geq''^{IC}_i = \geq^{IC}_i \cap (Cn(X''_i \cup IC'') \times Cn(X''_i \cup IC''))$. Then $G'' \subset G$. Then, because $k < h_{D_i} - 1$, $\bigcup_{j=1}^{k} X_i^j \subset \bigcup_{j=1}^{h_{D_i}-1} X_i^j$, $\bigcup_{j=1}^{k} H_i^j = Cn(\bigcup_{j=1}^{k} X_i^j \cup IC) \subset Cn(\bigcup_{i=1}^{h_{D_i}-1} X_i^j \cup IC) = H_i^{\leq h_{D_i}-1}$ and thus $G'' \supset G'$. This contradicts that G' is a maximal proper subgame of G. So, the assumption is false. Thus, $Cn(X'_i \cup IC') = H_i^{\leq h_{D_i}-1}$. □

A Logical Framework of Bargaining with Integrity Constraints

Now we are ready to prove the following theorem:

Theorem 2 *The simultaneous concession solution(which is defined in Definition 9) satisfies all the five properties (as listed in the beginning of this subsection).*

Proof. (i) Suppose IC is consistent. Given an IC bargaining game G, if $\rho \geq L$ then $S(G) = \{\emptyset, ..., \emptyset\}$. So, $A(G) = \emptyset$. Obviously, it is consistent. If $\rho < L$, then $S(G) = (H_1^{\leq h_{D_1} - \rho}, ..., H_n^{\leq h_{D_n} - \rho})$, because $\rho = \min\{k \mid \bigcup_{i=1}^n H_i^{\leq h_{D_i} - k}$ is consistent$\}$ as in Definition. 9. So, $A(G) = Cn(\bigcup_{i=1}^n H_i^{\leq h_{D_i} - \rho})$ is consistent. That is, the consistency property holds.

(ii) If G is non-conflictive, by Definition 3, $\bigcup_{i=1}^n X_i \cup IC$ is consistent. Then we can easily get $\rho = 0$ and $L \geq 1$. Thus, $\forall i \in N$, $S^i(G) = H_i^{\leq h_{D_i} - 0} = H_i^{\leq h_{D_i}}$. Then, noticing $h_{D_i} = \max\{h(\phi) \mid \forall \phi \in Cn(X_i \cup IC)\}$, we have $H_i^{\leq h_{D_i}} = Cn(\bigcup_{j=1}^{h_{D_i}} X_i^j \cup IC) = Cn(X_i \cup IC)$. So, $S^i(G) = Cn(X_i \cup IC)$.

(iii) If G is a disagreement, by Definition 3, there exists k such that $X_k = \emptyset$, and then $L = 0$; but $\rho \geq 0$. So $\rho \geq L$, and thus $S^i(G) = \emptyset$ for any i. Furthermore, $A(G) = Cn(\bigcup_{i=1}^n S^i(G)) = \emptyset$.

(iv) Given two bargaining games $G = \langle (X_i, \geq_i)_{i \in N}, IC \rangle$ and $G' = \langle (X'_i, \geq'_i)_{i \in N}, IC' \rangle$ such that $G \equiv G'$. By Definitions 10 and 7, if G is a disagreement, so is G'; otherwise, $IC \leftrightarrow IC$ and $\Gamma(D) = \Gamma'(D')$. Therefore, if G is non-conflictive, it is easy to see that G' is non-conflictive. So, $S^i(G) = S^i(G')$ for all i. Otherwise, we can easily have $h_{D_i} = h_{D'_i}$, $\rho = \rho'$ and $L = L'$. In addition, noticing $H_i^{\leq h_{D_i} - \rho} = H_i'^{\leq h_{D'_i} - \rho'}$, then $S^i(G) = S^i(G')$ for all i. That is, the equivalence property holds.

(v) Consider a bargaining game $G = \langle (X_i, \geq_i)_{i \in N}, IC \rangle$. (a) If $L = 0$, then $\exists k, X_i^k = \emptyset$, which means G has no proper subgames. Then $S(G)$ satisfies the contraction independence property trivially. (b) If $L > 0$ then because G is not non-conflictive, $\rho > 0$. Assume $G' = \langle (X'_i, \geq'_i)_{i \in N}, IC' \rangle$ is a maximal proper subgame of G. Let $\rho' = \min\{k' \mid \bigcup_{i=1}^n H_i'^{\leq h_{D'_i} - k'}$ is consistent$\}$ and $L' = \min\{h'_{D_i} \mid i \in N\}$. By Lemma 1, $\forall i, \vdash IC \leftrightarrow IC'$; $Cn(X'_i \cup IC') = H_i^{\leq h_{D_i} - 1}$; and $\geq'^{IC'}_i = \geq^{IC}_i \cap (Cn(X'_i \cup IC') \times Cn(X'_i \cup IC'))$. Obviously, $L' = L - 1$ and $\rho' = \rho - 1$, and $h_{D'_i} = h_{D_i} - 1$. Therefore, $\rho' < L'$ if and only if $\rho < L$. If $\rho \geq L$, $S(G) = S(G') = \{\emptyset, ..., \emptyset\}$. Otherwise, when $\rho < L$, $\forall i \in N$, we have

$$\begin{aligned}
S_i(G) &= H_i^{\leq h_{D_i} - \rho} = Cn(X_i \cup IC) \setminus \bigcup_{j=h_{D_i} - \rho + 1}^{h_{D_i}} H_i^j \\
&= (Cn(X_i \cup IC) \setminus H_i^{h_{D_i}}) \setminus \bigcup_{j=h_{D_i} - \rho + 1}^{h_{D_i} - 1} H_i^j \\
&= H_i^{\leq h_{D_i} - 1} \setminus \bigcup_{j=h_{D'_i} - \rho' + 1}^{h_{D'_i}} H_i^j \\
&= Cn(X'_i \cup IC') \setminus \bigcup_{j=h_{D'_i} - \rho' + 1}^{h_{D'_i}} H_i^j \\
&= H_i^{\leq h_{D'_i} - \rho'} \\
&= S_i(G').
\end{aligned} \tag{1}$$

Therefore, the contraction independence property holds. □

The following theorem shows that the five properties exactly characterise the simultaneous concession solution (therefore putting these two theorems together forms a representation theorem of our solution):

Theorem 3 *If a bargaining solution s satisfies the properties of consistency, non-conflictive, disagreement, equivalence, and contraction independence, it is the simultaneous concession solution.*

Proof. We prove that if a bargaining solution satisfies the five properties, $s(G) = S(G)$ for any G by induction on ρ.

For the base case that $\rho = 0$, there are two situations. (i) If G is non-conflictive, according to the non-conflictive property, $\forall i, s_i(G) = Cn(X_i \cup IC)$. Because $\rho = 0$ and $L \geq 1$, $\rho < L$. Thus, by Definition 9, $S_i(G) = H_i^{\leq h_{D_i} - 0} = H_i^{\leq h_{D_i}} = Cn(\bigcup_{j=1}^{h_{D_i}} X_i^j \cup IC) = Cn(X_i \cup IC)$. So, $s_i(G) = S_i(G)$ for any i. (ii) If G is a disagreement, by the disagreement property, $\forall i, s^i(G) = \emptyset$, and there must exist a k such that $X_k = \emptyset$ and so $L = 0$. Since $\rho = 0$, $\rho = L$. Thus, by Definition 9, $S_i(G) = \emptyset$. So, $s_i(G) = S_i(G)$.

Now we assume that for any game G' such that $\rho' = k$, $s(G') = S(G')$. Now for a game G in which $\rho = k+1$, we aim to prove $s^i(G) = S^i(G)$ for all i. Because $\rho = k+1 \geq 1$ in G, G is not a disagreement game nor a non-conflictive game. Let $G' = \langle (X_i', \geq_i')_{i \in N}, IC' \rangle$, where: (a) $\vdash IC \leftrightarrow IC'$; (b) $Cn(X'_i \cup IC') = H_i^{\leq h_{D_i} - 1}$; and (c) $\geq'^{IC'}_i = \geq^{IC}_i \cap (Cn(X'_i \cup IC') \times Cn(X'_i \cup IC'))$ for any i. So, G' is a maximal proper game of G. Here $\rho' = \rho - 1 = k$, so by inductive assumption, we have $s^i(G') = S^i(G') = H_i^{\leq h_{D'_i} - \rho'}$. In addition, by the contraction independence property, $s_i(G') = s_i(G)$ for any i. So, we just need to prove $S_i(G) = H_i^{\leq h_{D_i} - \rho} = H_i^{\leq h_{D'_i} - \rho'}$, which is similar to formula (1). □

4.2 Game-theoretic properties

In this subsection, we show that our solution satisfies two fundamental game theoretical properties: Pareto efficiency and symmetry. Because game-theoretical bargaining model is based on utility functions but our bargaining model is defined on bargainers' demands, we need to restate Pareto efficiency and symmetry for our model. Firstly we need two relevant definitions.

Definition 13 *Given bargaining game $G = \langle (D_i)_{i \in N}, IC \rangle$, where $D_i = (X_i, \geq_i)$, an **outcome** of G is a tuple of $O = (o_1, ..., o_n)$, where $\forall o_i \in \Gamma(D_i)$, $\bigcup_{i=1}^n o_i$ is consistent.*

Definition 14 *Given two bargaining games $G = \langle D, IC \rangle$ and $G' = \langle D', IC' \rangle$, where $D = (X_i, \geq_i)_{i \in N}$ and $D' = (X_i', \geq_i')_{i \in N}$. We say G and G' are **symmetric** if and only if there is a bijection g from D to D' such that $\forall i \in N, g(D_i) \leftrightarrow^{IC} D_i$, and $\vdash IC \leftrightarrow IC'$.*

A Logical Framework of Bargaining with Integrity Constraints

Theorem 4 *The simultaneous concession solution satisfies:*

(i) *Pareto Efficiency: Given bargaining game $G = \langle (X_i, \geq_i)_{i \in N}, IC \rangle$ satisfying $s(G) \neq (\emptyset, ..., \emptyset)$, let O and O' be two possible outcomes of G. If $o'_i \supset o_i$ for all $i \in N$, then $s(G) \neq O$.*

(ii) *Symmetry: Suppose that two bargaining games G and G' are symmetric with bijection g. Then $A(G) = A(G')$. Moreover, for any $i, j \in N$, if $g(D_i) = D'_j$, then $s_i(G) = s_j(G')$.*

Proof. Firstly, we prove our simultaneous concession solution S satisfies the Pareto efficiency by the contradiction proof method. Suppose $S(G) = O$, then by Definition 9, $O = (H_1^{\leq h_{D_1} - \rho}, \cdots, H_n^{\leq h_{D_n} - \rho})$, where $\rho = \min\{k \mid \bigcup_{i=1}^n H_i^{\leq h_{D_i} - k}$ is consistent$\}$. Because $o'_i \supset o_i$ for all $i \in N$, $o'_i = H_i^{\leq h_{D_i} - \rho'}$, where $h_{D_n} - \rho' > h_{D_n} - \rho$. Then $\rho' < \rho$. By the definition of ρ, $\bigcup_{i=1}^n H_i^{\leq h_{D_i} - \rho'}$ is inconsistent, which means that $\bigcup_{i=1}^n o'_i$ is inconsistent, and then O' is not an outcome of G. This conclusion is conflict with the premise. So, $S(G) \neq O$.

Then we prove the simultaneous concession solution satisfies the symmetry.

(i) If G is a disagreement, there exist at least $X_k (k \in N)$ in D_k such that $X_k = \emptyset$, and so $L = 0$ for bargaining game G. Because G and G' are symmetric, there must be a $D'_{k'}$ in G' such that $D'_k \Leftrightarrow^{IC} D'_{k'}$, $X'_{k'}(k' \in N) = \emptyset$, and so $L' = 0$ for bargaining game G'. Thus, $\rho \geq L$ and $\rho' \geq L'$ in G and G', respectively. Therefore, by Definition 9, $S(G) = S(G') = \emptyset$.

(ii) In the case that G and G' are not disagreements, since G and G' are symmetric, and $g(D_i) = D'_j$, by Definition 14, $D_i \Leftrightarrow^{IC} D'_j$ for any $i, j \in N$, and $\vdash IC \leftrightarrow IC'$. Then for any D_i in G and D'_j in G', $\forall \Omega \in \Gamma(D_i), \exists \Omega' \in \Gamma'(D'_j)$ such that $\Omega = \Omega'$; and vice visa. It is easy to see that $\rho = \rho'$, $h_{D_i} = h_{D'_j}$ and $L = L'$ for G and G', respectively. Then $\forall i, j \in N$, $S^i(G) = H_i^{\leq h_{D_i} - \rho} = H'_j^{\leq h_{D'_i} - \rho'} = s^j(G')$. In this case, $A(G) = Cn(\bigcup_{i=1}^n s^i(G)) = Cn(\bigcup_{j=1}^n s^j(G')) = A(G')$. □

5 Conclusion and related work

This paper proposes a logical framework for bargaining with integrity constraints. More specifically, we construct a simultaneous concession solution to the bargaining game, which satisfies five logical and two game theoretical properties. Moreover, we prove that our solution can be characterised uniquely by the five logical properties.

This work is built up on Zhang's framework on the logical axiomatic model of bargaining in [7] but extends his work in several aspects. Firstly, our model solves the problem of mixing integrity constraints with players' demands. Secondly, we add a logical requirement to ensure the rationality of the preference ordering over the bargainers' demands. Most importantly, our solution is syntax independent, which makes more sense for constraint integration.

This work has also related to belief merging or database merging with constraints [15, 13]. Following Lin and Mendelzon's work [15] on database merging,

Konieczny and Pérez extended the framework of belief merging [16] by adding integrity constraints, which leaded to a new framework of belief merging [13]. Although both bargaining and belief merging require to incorporate information from different sources (thus share some similar properties, for instance, the integrity constraints should be consistent with the outcomes of bargaining or merging), their ways of treating information sources are totally different. In belief merging, sometimes, an item is included in the merging outcome relies on how many sources contains this item, say the majority rule, while in bargaining, the outcome of a bargaining relies on how firmly the bargainers insist on their demands. In addition, with belief merging, each data source normally does not have a preference over the items in the belief base, while in a bargaining, players' preferences over their demands are essential. All these differences have been reflected in the frameworks of belief merging and logical based bargaining.

References

1. John F. Nash, J.: The bargaining problem. Econometrica **18**(2) (1950) 155–162
2. Binmore, K., Rubinstein, A., Wolinsky, A.: The Nash bargaining solution in economic modelling. The RAND Journal of Economics (1986) 176–188
3. Shubik, M.: Game theory in the social sciences: Concepts and solutions. MIT Press (2006)
4. Raiffa, H.: The Art and Science of Negotiation. Harvard University Press (1982)
5. Jennings, N.R., Faratin, P., Lomuscio, A.R., Parsons, S., Wooldridge, M.J., Sierra, C.: Automated negotiation: prospects, methods and challenges. Group Decision and Negotiation **10**(2) (2001) 199–215
6. Fatima, S.S., Wooldridge, M., Jennings, N.R.: An agenda-based framework for multi-issue negotiation. Artificial Intelligence **152**(1) (2004) 1–45
7. Zhang, D.: A logic-based axiomatic model of bargaining. Artificial Intelligence **174**(16-17) (2010) 1307–1322
8. Kraus, S., Sycara, K., Evenchik, A.: Reaching agreements through argumentation: a logical model and implementation. Artificial Intelligence **104** (1998) 1–69
9. Parsons, S., Sierra, C., Jennings, N.R.: Agents that reason and negotiate by arguing. Journal of Logic and Computation **8**(3) (1998) 261–292
10. Luo, X., Jennings, N.R., Shadbolt, N., Leung, H.f., Lee, J.H.m.: A fuzzy constraint based model for bilateral, multi-issue negotiations in semi-competitive environments. Artificial Intelligence **148**(1) (2003) 53–102
11. Zhang, D., Zhang, Y.: An ordinal bargaining solution with fixed-point property. Journal of Artificial Intelligence Research **33**(1) (2008) 433–464
12. Zhan, J., Luo, X., Sim, K.M., Feng, C., Zhang, Y.: A fuzzy logic based model of a bargaining game. In: Knowledge Science, Engineering and Management. Volume 8041 of Lecture Notes in Artficial Intelligence. Springer (2013) 387–403
13. Konieczny, S., Pérez, R.P.: Merging information under constraints: a logical framework. Journal of Logic and Computation **12**(5) (2002) 773–808
14. Zhang, D., Foo, N.: Infinitary belief revision. Journal of Philosophical Logic **30**(6) (2001) 525–570
15. Lin, J., Mendelzon, A.O.: Merging databases under constraints. International Journal of Cooperative Information Systems **7**(01) (1998) 55–76
16. Konieczny, S., Pino-Pérez, R.: On the logic of merging. In: KR'98: Principles of Knowledge Representation and Reasoning. Morgan Kaufmann (1998) 488–498

朱慧玲

朱慧玲，1983年8月生于安徽巢湖，清华大学哲学博士，首都师范大学讲师。主要研究当代西方政治哲学和伦理学，哈佛大学公开课《Justice: what's the right thing to do？》中国大陆地区网络主持人，主要译作有：《公正：该如何做是好？》、《道德之维》、《公共哲学》和《正义诸前沿》。主持国家社会科学基金青年项目"罗尔斯与桑德尔之争及其中国当代语境研究"，在《世界哲学》、《哲学动态》等期刊上发表论文数篇。

共和主义在当代的困境及桑德尔的解决进路

迈克尔·桑德尔是当代政治哲学领域中的重要代表人物,他的政治哲学思想和正义理论在我国乃至全球范围内都引起了广泛的关注和讨论。如果说,桑德尔早期政治哲学思想的理论贡献在于他对罗尔斯式的无约束之自我观念及其忽视共同体之地位和价值的批判,那么,他后期政治哲学思想的价值则在于他对公民共和主义的不懈追求和尝试性的构建。

桑德尔在重新构建共和主义精神时认识到,公民共和主义的复兴容易遭到两种反对意见:第一种意见认为,由于现代世界的规模和复杂性,共和主义传统所追求的自治之理想在现代世界无法实现;而第二种意见则认为,即使现代社会具有复兴公民共和主义之理想的土壤,但由于公民共和主义带有强制性的危险,我们不应该倡导之。这两种反对意见确实中肯地指出了在当代复兴公民共和主义所面临的主要困难。桑德尔认识到,在当代,任何强调或复兴共和主义传统的努力,都必须直面并力图解决这些困难。

一、普遍性政治形式与共和主义精神的内在张力

共和主义在当代发展所遇到的第一个难题是:随着经济全球化的发展,现代经济生活的组织形式越来越规模化、世界一体化。这种经济发展模式给政治体制的构建带来了很大的影响。经济的全球化发展内在地要求一种全球化、普遍性的政治形式,否则,经济的力量将不受政治权力的约束。但与此同时,经济的这种大规模发展,既改变了人们的各种观念,

又迅速地随着经济的全球化、一体化的传播而使得一些观念具有普遍性。比如,当今世界的经济形势和发展,在很大程度上促进了自由、平等、民主等观念的大范围传播。因此,共和主义传统中作为自治主体的民族国家,越来越困难地将公民性的判断和价值观运用于经济行为和发展。易言之,民族国家的约束力和自治力相对于经济的全球化发展趋势而言呈逐渐式微的趋势。因此,我们一方面需要一种跨国形式的政治形式以应对经济的进一步全球化发展;另一方面,这种普遍性的政治形式很难获得不同民族、不同文化以及不同经济共同体的认同和忠诚,从而很难激发共享自治所需要的那种共同体感和公民参与感,并影响其政治上的约束力和权威性。因此,这种普遍性的政治形式实际上暗含了一种对世界主义公民身份的需求,以培养或获得相应的全球感。这种普遍性政治形式以及世界公民身份的世界主义的理想,呼吁人们抛开种族和民族以及经济共同体的局限,抛开各种特殊道德观念和宗教观念的限制,而着重强调我们所共同享有的人性或经济利益。这可能有助于矫正狭隘而危险的沙文主义;也有可能有助于促进全球经济的发展,并解决诸如环境污染、能源危机、贫困等全球性问题。

然而,在桑德尔看来,"世界主义的理想,无论是作为道德理想,还是作为我们这个时代支持自治的公共哲学都是有缺陷的"[1]。

桑德尔认为,从道德的发生角度来看,人们必须从某种对特定的共同体的爱,而扩散为更加普遍的对国家、对世界的爱。也就是说,在某种意义上,对特定团体和共同体的道德义务和情感要优先于世界性的、普遍性的道德义务和情感。而那种世界主义的理想就错在它坚持认为,我们所生存的世界性共同体总是必须要优先于那些特殊的共同体。在这里,桑德尔继续从他强调共同体所具有的特殊价值的立场出发,反对普遍性、反

---

[1] 迈克尔·桑德尔:《民主的不满》,曾纪茂译,南京:江苏人民出版社,2008,第399页。

对世界主义的理想。这具有一定的合理性。如同儒家思想强调"爱有差等"一样,我们总是先认识到对特殊小团体的道德义务,才能进一步扩展至更广阔的道德义务;我们更容易将对小的家庭团体组织的爱和义务,扩展至对大的国家、世界的爱和义务。然而,笔者认为,桑德尔此处实际上误解了世界主义道德理想的含义。这一理想并没有要求一种优先性上的排序,它没有要求我们像桑德尔所说的那样"只有普世的友爱性情而没有朋友"①;它也不是要让我们抛弃对特殊共同体或小团体的道德义务和情感。可以说,这种世界主义的普遍性理想,在道德上所追求的更多是一种底线道德,即在各种文化和道德共同体中求同存异,寻求一种普遍性的共识,并在此基础上寻求一种全球性政治制度的构建。因此,桑德尔从道德意义上对这种世界主义理想的批判,在本文看来并不十分充分有力。

不过,桑德尔确实提出了一个重要的问题,即不同民族或共同体的道德或政治认同问题。即使经济全球化内在地要求一个更为普遍的政治形式,但不同的族群、宗教团体和国家却未必能够认同统一性的政治形式。因此,在桑德尔看来,世界主义的理想认为我们仅仅通过诉诸主权和公民身份,就能恢复自治的想法是错误的。桑德尔提出了一种不同的恢复自治的途径:分散主权,而不是将主权转移至普遍性的政治形式。他认为,"主权国家最有希望的选择,不是以人类团结为基础的世界一家共同体,而是共同体与政治体的多重复合:其中有些比民族更大,而有些则比民族更小,主权分散于其中"。② 在他看来,现代社会要实现自治,就要依赖于一种既将权力向上集中、又将权力向下分散的政治制度:将权力集中以应对经济和市场的全球化,既规范约束全球性的经济发展,又更好地协调经济发展;将权力分散则是为了激发公民对特定团体的忠诚以参与公共生活。主权的分散有时候需要把统一性的文化和政治自主权下放给一些民

---

① 同上书,第400页。
② 迈克尔·桑德尔:《民主的不满》,第402页。

族共同体,而有时候则需要根据地域来进行。总之,桑德尔反对将国家主权界定为绝对的、不可分割的以及实现自治的唯一形式。因为这种绝对统一性的国家主权,不可避免地会产生冲突,而他所主张的权力分散和集中相结合的形式则可能缓和诸多冲突与争端。此处,桑德尔再次体现了他在共和主义传统中的抉择,即反对卢梭强调政治统一性、强调公民绝对服从于公意的共和主义思想,而同意托克维尔以公共制度、地方政府以及市政制度来促进共和主义自治的思想。这可以看作是桑德尔在现代社会经济的全球化发展态势下,针对在当代复兴公民共和主义传统、实现自治所面临的第一个困难而提出的解决途径。

二、公民教育与灵魂塑造之间的悖论

共和主义在当代复兴需要解决的第二个困难就是如何避免强制性。这是共和主义在当代最容易受到攻击的地方。共和主义强调共享自治的自由,因而强调公共参与对公民的本性而言所具有的本质性作用和地位;而这种公共参与需要公民具备相应的德性和能力,因此,共和国便需要承担起公民教育的责任。这一思想在传统的城邦当中并不是一个问题;但在当今这样一个多元化、多极化的、意志自由和选择自由日益深入人心的社会中,人们常常会畏惧公民教育所具有的强制性和同化作用。而事实上,为了在地域宽广、数量众多而庞杂的人民当中培养一种公共参与的精神,不可避免地要在更大程度上加大灵魂塑造的形式,强制性的风险也随之增加。那么,当代共和主义传统的复兴能否避免这种强制性的危险呢?

从桑德尔的论述中,我们可以看出,他实际上并没有提出切实有效的途径以应对这一困难。一方面,在他看来,卢梭的共和主义思想是强制性、同一性以及灵魂塑造性在共和主义传统中较为极致的表达。他之所以会具有如此程度的强制性是因为他的共和主义思想是建立在一种预设之上的,即:公共善是单一的、不可争论的。正是这一预设让卢梭的政治倾向于强制。在桑德尔看来,共和主义的政治并不一定依赖于这一预设;公民的共享自治提供了一种如何进行政治争论的方式,而不是力图避免之。也就是说,桑德尔认为,通过摒弃单一的公共善的观念,就能够排除同一性的强制危险。他建议摒弃卢梭的共和主义政治构想,而采取托克维尔的共和主义政治形式,即,用公共制度(如学校、宗教、乡镇等)来填充人们之间的空间,并培养人们关心公共事务的习性。由于这些公共制度具有多样性,因此它们并不会将公共生活变成一个无分化的、具有同一性和强制性的整体。然而,多元化的善观念与共享自治如何并存?桑德尔没有做进一步的阐释。的确,摒弃善观念的同一性,就等于承认多种善观念和目的的合理性,因此也确实能够降低强制性的危险。然而,如果政治共同体允许人们奉行多种善观念和目的,并允许他们带有这些多元化的道德观念进入公共领域而参与政治商讨,那么,我们何以保证公民们的政治认同感和归属感?又何以获得并维护桑德尔所强调的那种公民责任和义务?而这些又是公民共和主义政治所必不可少的元素,是公民参与所必须具备的德性。因此,在笔者看来,桑德尔通过允许公共善之观念多元化而避免强制性的方案并不成功。

另一方面,在针对公民教育所具有的灵魂塑造之强制性问题上,桑德尔承认这一强制性之危险的存在,不过他认为公民教育没有必要一定要采取严酷的形式。"在实践中,成功的共和主义灵魂塑造采用一种更为温和的监护。"[①]这里,桑德尔似乎是在说,共和主义的灵魂塑造是不可避免的,只是可以通过采取更温和一些的形式来避免其强制性。在他看来,灵魂塑造或公民教育不仅要培养团结一致的共同感,更要培养独立性与判断力以便更好地协商公共善;而且这种培养可以通过将说服与养成习惯来达成。他在这一点上反对卢梭的同一性观念、主张保留差异性,而赞同托克维尔式的民主和教育方式,即诉诸公共制度的作用,"这些制度通过

---

① 迈克尔·桑德尔:《民主的不满》,第373页。

各种方式既把人们分割开来,又把人们联系起来。这样的制度包括乡镇、学校、宗教、以及各种维持德性的行业,他们塑造了一个民主的共和国所要求的'心智的品质'与'心灵的习性'……这些公民教育的主体培养了公民关心公共事物的习性,而且,考虑到这些制度的多样性,它们进一步防止了公共生活融化为一个无分化的整体"。① 由此看来,桑德尔所主张的公民教育实际上要解决两个维度的问题,即,如何既保护人们的自由自主、同时又培养共和主义所需要的那种对公共善以及团结之义务的服从与忠诚?如何既保护各种地方共同体的利益和价值以及个体所具有的特殊性,同时又维护整个政治共同体的统一性?在他看来,学校和一些公共机构应当承担起公民美德教育的责任。"学校和大学应当交给学生们公民商议的艺术,而不是仅仅教导学生去接受某些法则和法律。学校并不仅仅是一种与遵守法律有关的教育,后者只是德性的一部分;它应当也是一种推理的教育、商议公共善和公共事务的教育。学校还应当使学生们具备一些必要的技能,以成为有作用的公民、能够理解公共事务、以及能够共同推理和商议我们在公共善之意义问题上所可能具有的分歧。同样,公共生活自身能够、也应当是一种实施公民教育的机会,如公共节日、公共庆祝应当成为公民练习自己商议公共善和思考正义之能力的机会。"②

那么,桑德尔所赞同的学校、宗教等公共制度能够解决以上两个维度的问题所表达出来的张力吗?

的确,学校一直承担着知识传播的道德教育的双重责任,学校必须教导人们如何进行批判性的推理、提升人们的道德境界。这是任何一个政治制度都重视学校教育的根本原因所在。然而,学校并不能从根本上保

---

① 同上书,第 374 – 375 页。
② 朱慧玲,"共同体主义、共和主义以及自由主义的区别——桑德尔访谈录",《伦理学与公共事务》,北京:北京大学出版社,2011,第 211 – 223 页。

证道德教育的有效性,尤其是培养公民德性的有效性。正如威尔·金里卡所指出的,"历史上的学校经常被用来助长顺从、沙文主义、对陌生民族的憎恨或恐惧"。① 除此之外,如果学校仅仅在于教会人们如何按照权威而行动的话,那么,这种顺从并不是桑德尔所能接受的;而如果学校要教导人们学会对权威的批判性思考的话,那么,又如何保证人们在批判性地思考的同时又能保持对共同体及其政体的认同与维护?另外,同一政体中的学校所进行的教育具有同一性和普遍性的特点,这势必会对特定的共同体的文化和认同产生一定的冲击。易言之,现代的同一性所倡导的自由民主的学校教育理念,会消融某些特殊的宗教或共同体的文化。这也是有些传统主义者所担心的;也是有些少数民族抵制普遍性的学校教育的根本原因。桑德尔维护共同体之特殊性和价值、反对普遍性。他在主张学校承担公民美德教育的同时,也要面临多种质疑。而他本人并没有就此给出进一步的阐释。

同样,宗教也并不是理想的公民美德教育的承担者。它可能会教导人们要遵守某些规则或道德规范,然而,它不太可能教导信徒理性地参与公共事务的讨论,并在此讨论过程中质疑或反思自己的信仰或宽容和尊重其他的信仰。而这种相互说服的公共商讨和参与,正是桑德尔共享自治的本质要求。此外,桑德尔有时候还强调军队在公民德性教育上的作用和地位,认为军队在培养公民的团结和义务方面作用显著,并对军队在这方面作用的逐渐减弱而深感惋惜。的确,军队对于公民团结和忠诚的强调甚于任何一种公共制度或团体,然而,它对绝对服从的要求也较其他团体有过之而无不及。因此,军队在反思性和批判性教育方面不可能胜任。

由此可见,桑德尔解决共和主义在当代面临的第二个困境的努力也并不成功。这一方面是因为他在共和主义理论构建上的不充分,然而更

---

① 金里卡,《当代政治哲学》,刘莘译,上海:上海三联书店,2004,第555-556页。

多的却是由我们所处的这个社会所具有的多元性特征、以及政治形态和人们观念的多样性所导致的。

三、公共善的政治及其缺陷

基于对以上两个难题的回应,桑德尔提出了一种新型的公共善的政治形式,试图更好地复兴公民共和主义传统并解决共和主义在当代所遇到的困境。

所谓"一种新型的公共善的政治"就是指这样一种政治组织形式,它摒弃自由主义所追求的政府中立性理想,而认为我们关于正义问题的讨论以及政治共同体的制度框架设置,都不可能脱离于对善观念和良善生活方式的讨论;与此相反,政治共同体还应当致力于促进某种良善生活方式;引导公民参与政治并就公共善进行商议和讨论;通过公民教育以使公民具备参与公共事务、讨论公共善的德性和能力。简言之,一种新型的公共善的政治就是要涉及对良善生活的共同推理。这里,桑德尔将他所倡导的"基于德性的正义观"与这种新型的公共善的政治结合起来,而提出了公民共和主义的进一步构想。在他看来,这种新型的公共善的政治主要包括以下主题:对公民身份、牺牲与服务的强调;对市场之道德局限的认识;对不平等、团结与公民德性的重视以及对道德参与的倡导。对于桑德尔所列举的这些公共善之政治的主题,我们可以从两个方面来理解。

一是他对共和主义公民身份和公民美德的强调。他所倡导的这种新型的公共善的政治首先要求其中的公民能够意识到自己特定的公民身份,关心全局并为公共善做贡献,能够承担自己所具有的公民义务和责任。这里,我们有必要首先阐明桑德尔对公民团结义务的界定与论述。在他看来,自由主义关于义务的论证过于浅薄。他们基于对人的自由和选择能力的强调,而将义务仅仅分为自然的责任和自愿的责任。自然的责任指涉我们对人类所负有的普遍性责任,如不可杀人等;这种自然的责任不需要我们的同意就必须要遵守和承担,我们作为人、作为理性的存在就必须负有这些责任。出于自愿的责任和义务是指基于自愿而产生的义务,如与他人定立契约而产生的义务。这也是自由主义者所强调的义务。在他们看来,我们必须尊重所有人的尊严,尊重人们的自由意志和自由选择,因此,除了自然的责任和义务之外,人们所要承担的责任和义务仅仅在于他们自愿选择所产生的义务。这种义务产生于同意,且是特殊的,并不具有普遍性。在桑德尔看来,自由主义的这种对义务和责任的界定,没有说明我们作为公民而对同胞所具有的特殊义务;也没有说明团结的义务。这种团结的义务,涉及我们对那些与我们共享某种历史、共享某种公共善的人所具有的道德责任,团结的义务源自于一种公民身份和归属感,"这种公民身份并不是将自己看作是独立的、无约束的个人,而是将自己看作是某个民族的成员、是某一历史的承担者,是某个共和国的公民。……这种身份不是我们偶然具有的,也不是我们在商议公共善、讨论正义问题是所应当搁置的,它构成了我们所是的一部分,并因此正当地与我们的道德责任有关"①。源自于这种公民身份的团结的义务,是一种特殊的、非普遍性的义务。然而,与自由主义所认可的自愿义务不同,团结的义务不需要我们的同意;相反,它们的道德力度源于我们的公民身份,源于这样一种认知:我的生活暗含于他人的故事当中。由此可见,桑德尔对团结之责任和义务的论述,既是他对自由主义无约束之自我观念的进一步批判,又是他对公民身份以及公民与共同体之间纽带关系的进一步强调。正是因为这种公民身份和纽带,构成了团结之义务,所以桑德尔才能倡导公共善之政治中对公民为国牺牲和服务、为共同体牺牲和服务的精神。与公民身份紧密相随的是公民美德。由于体认到自己与共同体之间的纽带关系,才能认识到公民参与的本质性作用;而公民参与又暗含着一

---

① Sandel J. Michael. *Justice: What's the Right Thing To Do*? New York: Farrar, Straus and Giroux, 2009. p. 256 – 257.

种对公民德性和能力以及公民教育的要求。由此,在桑德尔所构想的公共善的政治当中,对公民牺牲与服务精神的强调、对团结与公民德性的重视以及对道德参与的倡导,都围绕着公民身份而展开。

桑德尔所构建的公共善之政治的另一个方面的主题,是他对市场及其支配精神的批判。在他看来,现代社会以市场为导向的推理方式,就是他所批判的那种自由主义的强调自由自愿和自由选择的推理方式。随着市场的不断发展与扩张,这种以市场为导向的自由主义的推理方式,逐渐渗入一些本来并非是由市场所统领的生活领域。桑德尔并不反对市场的发展,他承认市场对于组织社会生产活动的作用;他反对的是市场的这种推理方式对公民德性和公共生活的腐蚀。因此,在公共善的政治形式中,公民们需要公开讨论各种不同的、评价各种善的正确方式,公开讨论市场及其推理方式所具有的道德缺陷,以保护某些公共领域和规范不受市场及其推理方式的侵蚀。在同样的意义上,桑德尔反对市场导致的不平等。桑德尔反对不平等不是为了最大多数人的最大利益,也不是为了满足某种假想的契约的要求。他继承了卢梭的共和主义思想,认为不平等所带来的贫富差距会破坏民主性的公民身份所需要的团结。因为"随着不平等的逐步加深,富人和穷人的生活会进一步分离。……富人们会脱离于公共场所和公共服务,而将这些公共机构留给那些消费不起高档事务的人们"①。长此以往,公共领域逐渐空虚,从而很难培养民主公民社会所依赖的团结和共同体感。因此,桑德尔所期望的公共善的政治,将会首先重视公民社会基础的建设。它通过向富人征税来重建公共机构和公共服务,从而使富人和穷人都想要利用它们。其最终目的是为了将人们重新带回共同的公共领域,有共同的关注点,能够商讨公共善,从而为公民共和主义的政治形式提供坚实的公民基础。除此之外,桑德尔反对市场及

---

① Sandel J. Michael. Justice: What's the Right Thing To Do? New York: Farrar, Straus and Giroux, 2009. p. 266.

其推理方式的另一个原因在于它会腐蚀公民美德。当人们都用市场的推理方式来用经济理性思考自己的行为和抉择时，那么，很多对公共事务的关心、奉献和牺牲也就失去了基础。

综上所述，无论是对公民身份以及与之相关的公民参与、公民德性和公民教育的强调，还是市场及其推理方式的反对，都反应出桑德尔所倡导的公共善之政治的根本宗旨，即，利用共和主义传统的精髓，结合当代的社会形态，而重新构建起一种适合于当代社会的强调公共善、强调公民参与的共和主义政治形式。

然而，从他对公共善之政治的主题所进行的论述来看，他并没有非常成熟而系统的具体构建理论。当代共和主义的另一位代表人物菲利普·佩迪特便对桑德尔所论述的共和主义思想提出了根本性的挑战：他认为桑德尔在几个关键问题上持有模糊的立场。第一，桑德尔没有明确阐释，那强调公民美德的共和主义理想的本质是什么；第二，桑德尔并没有厘清共和主义所需要的公民美德的本质是什么，其具体内容是什么；第三，桑德尔没有说明那些旨在培育和促进公民美德的制度的本质是什么。而在达戈尔和威廉·高尔斯通（William Galston）以及托马斯·潘高（Thomas Pangle）看来，桑德尔没有能够明确提出公民美德的具体条目并加以说明。可见，桑德尔所提出的新型的公共善的政治，并不能成功地应对和解决共和主义在当代所面临的困境，他的公共善理论及其对公民共和主义的复兴，只是强调了新型公共善之政治所应当包含的要素，而这些要素如何构成一个有机的政治制度，则是他需要进一步阐明和论述的问题。

（原载于《哲学动态》2014 年第 12 期）

叶磊蕾

叶磊蕾,1983年4月生于上海嘉定,首都师范大学哲学博士并留校任教。主要研究方向涉及语言哲学、解释学和美学。在《文艺理论》《世界哲学》等国内重要期刊上发表论文及译作数篇。

在爱中确认自我
——茨威格《一个陌生女人的来信》中的自我问题

1922年1月,经历了第一次世界大战的茨威格平静地等待着战前世界的各种主义退潮离去,追忆昨日世界的种种问题,反思自己的创作,开始了最为重要的十年创作期。作为这个时期的代表作——《一个陌生女人的来信》——发表伊始就引起了广泛的关注。同名电影、话剧更是盛演不衰[1],文学批评层出不穷[2]。这些解读只是单纯地将其解读为对"我爱你,与你何干"式的浪漫主义爱情模式的延续。本文试图通过文本与西方自笛卡尔以来的关于自我观念的传统之间的相互渗透,考察陌生女人的爱情故事中所展现出的自我与他者关系的不朽问题。

一、孩子与成人:自我与他者的展现

在读完这个小说的时候,估计所有人都会问同样的问题:这个陌生女人为什么在面对死亡时才写这封信坦白她的爱呢?既然是坦白了,为什么还要匿名呢?这不矛盾么?同时,R作家和13岁时的这个女人是邻居,后来又发生了好几次关系,为什么居然一点印象都没有,完全陌生呢?要回答这个问题,还是要从他们之间的陌生关系谈起,弄清这个陌生女人

---

[1] 比如,曾红极一时的徐静蕾导演的同名电影。
[2] 可参看,杨琦,《我爱故我在——〈一个陌生女人的来信〉的哲学底蕴》[J],《戏剧文学》,2006(06);王康全,《爱你,与你无关——解读〈一个陌生女人的来信〉》,《安徽文学》,2010(06);陆黎雅,《论爱情故事中的"小人鱼"模式——安徒生、茨威格、蒲宁三个相似故事及含意》,《外国文学研究》,2003(02),等等。

和R作家之间为什么是陌生的,可以让我们更好地看到这个女人期盼R作家认出的到底是什么?而这个"什么"为什么能成功地保持了他们双方的陌生关系。

这个女人始终要求R作家认出的是13岁时的那个"我"。对于这个女人来说,13岁的时候她第一次遇见了R作家并且爱上了他。这个时间的节点之所以不断在书信中被提到,据这个陌生女人所说是因为——"就是那时候世界才为我而开始啊。"①那么,这个世界到底是什么样的世界呢?13岁的女孩子为什么在认识了R作家之后就进入了这个世界呢?

这个世界是成人的世界。在茨威格的小说中,有一个重要的主题,那就是孩子与成人。有人认为,茨威格用孩子的眼光来写成人的情爱是为了描绘儿童的心理②,这话没有错,但是之所以这个描绘是有价值的,不仅源自写实,更重要的是,他在探讨一个深有传统的关于成长的话题。这种源自德语世界的启蒙小说类型不仅是茨威格所崇拜的歌德的小说母题,几乎可以说是德国浪漫派的典型小说类型,是启蒙小说的同义词。但是,茨威格并未通过游历和冒险来展现一个少年如何经历世事最后达到完善的人格,或者得到何以为人的启示;也没有一个更高更完善的世界等着孩子去发现或者创造,没有一个更崇高更完满的人生等着孩子去经历。在茨威格的预设里,孩子所面对那个他们也将要踏入的世界是一个自在的现实世界,是一个由男人与女人的关系组成的成人世界。

它有着自然地运行规则并且始终在那里,但孩子在还未长成时是不明白这些规则也不知道它的存在。他们被隔绝在现实世界之外,生活在另一个被浪漫幻想和成人的隐瞒而构造的温室里。在《昨日的世界》中,茨威格用了整整一章"情窦初开"来描述19世纪末20世纪初,孩子与成

---

① 斯蒂芬·茨威格:《一个陌生女人的来信》,收录于《一个陌生女人的来信》,张玉书译,上海:上海译文出版社,2011,第298页。以下引文均出于此书。

② 比如,王丽:《从创伤到幻相:一个陌生女人的主体构建之旅——用拉康主体理论解读〈一个陌生女人的来信〉》,《宜宾学院学报》,2011(11)。

人在两性关系中的隔绝状态。隔绝在外的孩子生活在他们自己的世界，孩子用自己的方式来理解世界。因为还没有他者介入，还没有进入到社会关系中，因此孩子的自我异常孤独，是没有被确认的自我。就像《火烧火燎的秘密》中描述的那样，一个孩子得到成年人的认可会引起他多么天真而强烈的自豪感，当发现成人在欺骗他时又是多么失望。"只有孤独的孩子才能把全部的热情集聚起来"①，因而对陌生的成人世界充满了热情和好奇。

在茨威格看来，在两性关系上的隔绝使孩子与成人区别开来，情爱变成了成人的秘密，或者说成人世界的标志。"成年人之间有着一个深深的秘密，他们组成了一个冷酷残忍的陌生世界。"②正是因为陌生，所以当一个孩子要成人，就必须要经历对两性秘密的发现。只有经历了这个火烧火燎的秘密，真实的现实世界才向他打开，孩子的自我才得以确认，才宣告他成为一个真正的自我(成人)。所以，茨威格笔下的成长并不是一个人的人格成长为一个更高尚的人格，而是一个孩子得以进入成人的世界，进入到人与人相处，特别是男人与女人相处的各种社会规则之中的心理成长过程。无论是在《火烧火燎的秘密》还是在《家庭女教师》，或者《普拉特尔的春天》等小说中，茨威格描写孩子的心理并非为了从孩子的眼光中去写成人的情爱，他关注的始终是孩子与成人的不同。正是由于这种不同，孩子才会有极端的心理反应，才会经历成长的心理过程。当然，值得强调的是，茨威格从来不是单向度地把成人作为孩子的他者，同样的，孩子也是成人的他者，成人从一个孩子的他者眼光中看到了自己生活中最核心最本质最珍贵的东西，比如《火烧火燎的秘密》中的那个母亲。

就《一个陌生女人的来信》的文本而言，这个女人的家庭是非常不幸

---

① 《一个陌生女人的来信》，第 304 页。
② 张玉书：《茨威格评传：伟大心灵的回声》，北京：高等教育出版社，2010，第 184 页。

的。父亲早年去世,母亲深居简出不与人来往,邻居的家庭问题严重。她看不到一个正常的成人世界,也无从了解正常的两性关系。这一切都加重了女孩子与成人世界之间的陌生。但是,R作家的出现第一次打破了这种隔绝的生活,让由两性关系组成的成人世界凸显在了女孩的面前,就像命运一样,强拉她落入深渊。在这里,孩子与成人的主题不仅仅被表现为孩子向成人生长的心路历程,这个主题由于陌生女人始终坚持让R作家认出13岁的她而变得更为复杂——孩子在成长与拒绝成长中纠结——这个小说因此比以往任何一个小说都更为丰富地描绘了自我与他者相互争斗的状况。这种争斗并不是空穴来风,它牵涉着自启蒙到浪漫主义最为核心的讨论。

二、我爱你,就是与你有关:对浪漫主义之自我问题的反思

茨威格成长于启蒙主义和科学主义最为辉煌的18世纪末19世纪初。在此之前,如火如荼的浪漫主义席卷了欧洲,然而随着两次世界大战的到来,对理性自我绝对信任的传统遭到了最为深层的精神危机:个人不能对自身进行规定,主体不再是先验自在的,在这种情况下,启蒙所宣扬的普遍理性、普遍的价值,还能否为幸福的生活奠基①。茨威格就处于这样的变革时代。在一战前,他是一个科学的推崇者。他特别欣赏维尔哈伦,欣赏他对工业化时代的歌颂,对科学的赞扬,以及对"进步"、"普遍的友谊"和"统一的欧洲"的乐观情绪②。维尔哈伦死于一战期间。对茨威格来说,他的死同时也是用"普遍友谊"来统一欧洲的理想的死亡。茨威

---

① 参见乔治·H. 米德:《十九世纪的思想运动》,陈虎平、刘芳念译,北京:中国城市出版社,2003,第80-102页;陈嘉映,《德国古典哲学与德国文化》,《从感觉开始》,北京:华夏出版社,2005,第176-177页。

② 参见斯蒂芬·茨威格:《昨日的世界——一个欧洲人的回忆》,舒昌善译,北京:三联书店,2011,第126-130页。

格对人类美好可以由自我来创建一切的乐观情绪已经转变为怀疑,《一个陌生女人的来信》正是他转折期的代表作。这个文本是茨威格所处的变革时代的精神危机的文学表达,同时也是茨威格在浪漫主义退潮后对其以自我为核心价值的怀疑和反思。因此在我看来,只有回溯到主体的自我确认这个始源问题上,《一个陌生女人的来信》才能找到解读的钥匙,才能真正理解茨威格对于当下的价值。正如罗素所指出的,浪漫主义虽已退潮,却依然以一种特有的情感方式影响了18世纪后期以至今天,其核心的自我问题始终是一个重大的精神课题。①

有人也许会问,既然是自我,又何必要求他者来确认这个自我呢?就像以往的解读者所认为的那样,茨威格通过陌生女人歌颂了浪漫之爱——一种建立在自我基础上的爱情,其典型的代表就是少年维特式的单恋,即可以用歌德的名言"我爱你,与你何干"②来概括。如果茨威格是浪漫之爱的歌颂者,他又何必花费心思描写这个女人要求R作家认出自己呢?何必又把这种渴望作为整个故事发展的动力呢?茨威格绝不是在写一个少年维特故事的翻版,也没有批判浪漫之爱,而是要反思浪漫之爱背后的关于自我与他人的关系问题。他通过陌生女人(自我)要求R作家(他者)对"自我"的确认,表达的是"我爱你"就是与你有关——即便是单恋,是"你"所不知道的爱情,也始终与"你"紧密相关,陌生女人的自我必须要在爱的相关性中获得确认。

费希特,这位著名的德国浪漫主义之父,在他著名的《全部知识学的基础》③中认为,自我就是这样一个实体(客观的),它在自身并且通过自身而被认识,不依他物而独立存在。这种观念意味着,自我是自在自明的,不需要依靠自我以外的他者来确认其存在的不可怀疑性。费希特的

---

① 罗素:《西方哲学史》,北京:商务出版社,2005,第213-225页。
② 歌德:《威廉·迈斯特的学习时代》,杨武能译,广西师范大学出版社,2003,第175页。
③ 费希特:《全部知识学的基础》,王玖兴译,北京:商务印书馆,1986。

这种想法并不是独创的,这种自我作为不可怀疑的起源,是自笛卡尔"我思故我在"以来的近代哲学的基础,是一切知识论的基础——包括对他者的知识,都是由自我开始设定的。因此,费希特认为,非我(他人)也是由自我设定的,即自我意识到他者时是把自我非我化,即对象化,因此非我(他人)是自我设定自身的延伸。可见,他的"自我"(小我)也是自我所设定的,因此就是同一个自我(大我)。黑格尔作为浪漫主义的集大成者,也是用这一结构来完成他庞大的哲学体系的。他的"绝对精神"是主体和客体同一的,是自我与他者的同一起源。浪漫主义思想家们便利用这点发展出几乎毫无限制的"自我崇拜","天才崇拜",以及由此生发出的自由观念①。

浪漫主义对自我的理解落实在爱情观念上,就产生了著名的浪漫之爱。在浪漫之爱中,爱情观念也是以自我为第一原则的。但是"我爱你"这个短语本身已经将自我与他者的关系凸显了出来。费希特解决自我与他者的方法是把自我与他者都统一为"自我"——自我的"自我"与他者的"自我"。这种解决手法并非没有来由。就斯宾诺莎而言,那个"我"正是他在《伦理学》②中要证明的自足自满的客观实体,是"一"、"无限"且"自因"(自身同一)的,是上帝,是不需要他者来确定其存在的自在。就爱情来说,这个"我"的爱并不需要他人("你")的爱来确定。因为在斯宾诺莎看来,如果要靠他物来确定存在的实体就是一个有限的实体。有限意味着有两面性——肯定的与否定的——自我与他者就是有双边性的——他者就是自我的非我——这两者互生出现。若要得到"完全的肯定性"(完满的、无限的、自在的)的实体就必须是自身同一的实体,否则就是有限的,因此这个自我必须是一。对于这个"一"性的自我,自我爱

---

① 以赛亚·伯林:《浪漫主义的根源》,吕梁等译,南京:译林出版社,2008,第94页。
② 斯宾诺莎:《伦理学》,贺麟译,北京:商务印书馆,1997。

他者,自然只与自我有关而与他者无关。

茨威格并没有赞成由歌德、黑格尔——这两个浪漫主义的集大成者——将自我原则作为爱情观念的基础。他通过陌生女人不断要求 R 作家来认出自己,来反思这种以"自我崇拜"为基础的爱情观念。从这个角度来说,茨威格反对的正是"我爱你,与你何干"这样的爱情观念,要说的恰恰是,我爱你,就是与你有关。那么,如何相关呢?

在"我爱你"所暗示的诉求中,有两重确认:第一重,我与你因为爱而相关,但是这个爱却不是先在的、自然的,而是需要相互确认的。只有经过了确认,我与你才可能相关——或者说,我才能称其为爱你的我,而你才能称其为爱我的你。第二重,"我爱你"首先承认了有一个"我"在,才可能要求他者确认——"你是否也爱我",但恰恰是通过对方的确认才能使得这个爱你的"我"有意义。当然,费希特的"大我"的确解决了自我和他者在自我原则中的矛盾,貌似也符合了爱情本身要求双方结合的诉求。但是"我爱你"所要求着的自我与他者的关联并不意味着自我要将他者同化为非我的自我。自我不断需要和他者统一在一起才能克服小我的局限性而向大我奋斗,然而他者始终不愿意被定义为他者的自我而被统一在自我之中。因此,在浪漫之爱这里,爱情变成了一场战争。这既是一场自我与他者的战争,更是一场自我与自我的战争——先在的自我与由他人确认才有意义的自我之间抗衡争斗,寻找和解。

在茨威格的文本中,这种自我与他人的因为双重纠结而导致的战争表现为这种相关表现为陌生女人(自我)不断渴望 R 作家(他者)认出 13 岁的自己。有人也许会问,这个陌生女人与 R 作家不是后来发生了几次性关系并且还生育了一个孩子,这难道不就是自我与他者的联系了么?茨威格恰恰不满足这种联系。如果说,R 作家因为没有认出她而导致这个女人对于 R 作家来说是陌生的——也就是说,自我与他者在第一重确认中并没有成功——是这个小说表层的悲剧点,那么,这个女人要求认出的不是那个与 R 作家缠绵床榻的 18 岁少女,不是在舞厅里风姿卓越的

28岁的少妇,而是13岁的小女孩——那个因着他者的出现才觉醒的自我无法得到他者的确认,这才是此小说的深层悲剧点所在。

三、认出13岁的我:自我与他者的纠结

就像在前一节中分析的那样,13岁的女孩因为R作家的出现,第一次进入了成人世界。R作家作为一个他者,启蒙了女孩子的"自我",使得她进入到一种自我与他者的关系之中,从而展开了她的生活。然而,她的存在却一直没有得到这个他者的确认,她始终生活在自我意义的悬置之中。即便她进入了社会,并且也有其他人爱她,但那些人构不成陌生女人的"他者",因为她的"自我"并不在意这些人,她并不爱他们。就像她的"自我"并没有进入到R作家的生活中一样,R作家认不出她,因此在从R作家这个"自我"的角度来说,陌生女人也构不成R作家的"他者"——"你根本没有注意到有我这么一个人存在"①。她执着于这个存在的始源,就是执着于要求这个他者认出她的"自我"来,从而真正完成自我与他者的确定不移的关联,就像"我爱你"这个短语所暗示的那样,"我"与"你"的联系因为爱情而变得理所当然。

所以对于这个陌生女人来说,R作家越是没有认出,越是让她的"自我"与她的"他者"处于一种陌生的关系中,她越是要求打破陌生,对自我起源的焦虑就越强烈,就越执着于13岁,"自我"的孤独感因此变得更为强烈。这是一个悲剧的恶性循环。因此,她只能断然退回到自我的世界,让这份爱情长成一个孩子的秘密。茨威格不断在强调这个陌生女人爱得像个孩子——"只有天真烂漫,还没有长大成人的女孩子才会这样"②。她终其一生都用一个孩子的热情爱着这个男人,说明她始终都停留在13

---

① 《一个陌生女人的来信》,第316页。
② 同上书,第319页。

岁的那种被启蒙的心理状态中。那为什么陌生女人不能用更为直接的方式让 R 作家认出她来呢？她可以向他表白,这样她的"自我"不就得到了救赎？为此,茨威格解释道:

> 突然一下子得对另一个人的命运负责,你一定觉得不是滋味。你这个只有在无拘无束自由自在的情况下才能呼吸生活的人,一定会觉得和我有了某种牵连。你一定会因为这种牵连而恨我……而我是有自尊心的,我要你一辈子想到我的时候,心里没有忧愁。①

首先,在这里茨威格强调了一点,那就是自尊心。对于 13 岁的女孩子来说,进入到自我与他者的关系结构就意味着进入现实的成人世界,自尊心却要求她坚守"自我",使得这个自我并不需要他人的确认也能获得意义。所以,这里就产生了一个悖论,一方面,由自我与他者构成的现实世界已经向她敞开,她发现自己生活在群体之中,所以她的自我需要得到他者的认可,需要获得在群体之中的意义。另一方面,"自我"却始终要求保持"自我"的自足性。

其次,这里暗示了 R 作家和陌生女人对自我问题的两种解决方式。陌生女人知道,R 作家这个对她来说的他者,也是一个自我。13 岁的女孩子第一次见到 R 作家时就说,有着双重性格,一方面是个无拘无束、热情洋溢、轻浮的少年,另一方面也是一个无比严肃、认真负责的成人。她在这个双重性格的人身上认出了她自己,因为她自己也是如此——既是一个爱得天真、专注、热情的 13 岁的女孩子,也是一个爱得严肃认真的女人。这种双重性格即是自我的悖论——自我不要求他人来给予自己意义,也不给他人定义——自我肯定自我。自我生活在自足自满的孩子般的自我世界里,而不是在由自我与他人构成的社会群体中,在权力与义务构成的人与人的关联中。另一方面自我又要求他者来确认自我的存

---

① 《一个陌生女人的来信》,第 323 页。

在——非我来肯定自我。自我要求生活在自我与他人构成的群体中,而不至于孤独、陌生。这种自我与他人的群体关系也意味着权力与义务,意味着对他人的存在负责,这种与他人的关联当然意味着对自由的限制。这种双重性格带来的自我的纠结,和后来的《象棋的故事》①中所表达的是同一主题——被囚禁的 B 博士把自我分成对弈的两个存在者——自我和非我——来抵御虚无的入侵,这种做法的悖论就在于自我与非我如果是同一个自我,那么自我又怎么能成为非我呢?如果自我与非我不是同一个自我,那么自我又怎么能分成自我与非我呢?

由此,R 作家找到了处理因为爱情而产生的自我问题的方式——把自我分成了肉体的自我与精神的自我,让肉体的自我保持着与他人的各种关系,同时精神的自我能够得到自我的自足性——从不反思,生活在当下,从不纪念过去,因此自我根本不了解自己的生活,对自己也很陌生。之所以陌生,是因为自我从来不将自我非我化(对象化),所以自我能够自足自满、自由自在、无拘无束。具体来说,肉体的自我保持着与他者的肉体关系——游走在与各种女人的性关系中;同时,在精神上保持自足自满性——从来不在与女人的肉体关系中停留,不因为爱情而落入到自我与他者关系的纠结中,从而达到精神上的无忧无虑、自由自在。这是一种彻底的肉体性的解决方法。因此他不可能认出这个 13 岁的女孩子,他自足的自我是看不到他者的,把一切陌生化是他保持自我独立、保持自由的生存方式。但是,陌生女人却并不同意这种解决方式,她始终要求着一种灵肉合一的方式,因此她不断要求 R 作家能够认出她。

可是一个人能否给予另一个人存在价值的确认呢?自我需要他者来确认,获得存在的意义,可悲的是,那个他者也是一个自我,也要求有他的他者来确认他的自我,这是一个无限循环的困境。唯一的解决方法只有

---

① 斯蒂芬·茨威格:《象棋的故事》,收录于《一个女人一生中的二十四小时》,张玉书译,上海:上海译文出版社,2011。

像斯宾诺莎一样,把第一实体的自我定义为一。只有一性的自我才是自足自满的,不需要他人的确认,没有虚无可以入侵,也不存在自我与非我的分离。只有从这个自足自满的自我、这个绝对的肯定性开始,其他的存在才能得以确认。然而,浪漫主义的天才代替了神的位置,对人的狂热代替了对上帝的信任,就像陌生女人说的,我不相信天主,我只相信你。最初的确定性已然丧失,自我因此生活在无限的起源焦虑和对确定性的渴望之中。就像这个陌生女人一样,不断要求着 R 作家认出 13 岁的自我,但是 R 作家却认不出来。

四、死亡:自我与他人问题的解决与不可解决

陌生女人并不是没有努力解决这个精神危机,克服自我与他人的纠结,实现自我救赎。16 岁的时候,她要被母亲和继父带到另一个地方而远离 R 作家,她尝试着去按 R 作家的门铃,向他献身,她企图用这种方式建立与他的联系,这是一种最为原始的肉体的关联。她没有成功,但是 18 岁真正长大后,她成功了。她与他缠绵了三夜,她得到了一种暂时的救赎,那就是 R 作家的孩子。这个孩子的到来,让她与 R 作家有了一种天然的联系,这种联系缓解了她无法从他那里得到的确认,同时又保守了自尊心。茨威格写道:

> 我生了这个孩子之后……我对你的相思不像原来那样痛苦了……我似乎已经摆脱了对你朝思暮想的焦躁心情,摆脱了我的厄运,似乎由于你的另一个你,实际上是我的另一个你而得救了……①

母亲与孩子之间的天然联系缓解了自我与他者之间的矛盾——孩子是"你的另一个你"同时也是"我的另一个你",我与你之间就有了一种天

---

① 《一个陌生女人的来信》,第 326 – 327 页。

然的不容怀疑的联系。"我们的"孩子——这个"我们"所带来的整全意义,不再像爱情那样,自我始终渴望着爱人(他者)的确认,通过确认才能产生关联,这个孩子是我的孩子,这一点也是毋庸置疑的,不需要他人来确认自我的地位,自我因此得到了完满的保证。虽然陌生女人在抚养孩子的那些年中也与R作家重逢过,但是这个男人还是没有认出她。她感到了从未有过的陌生,她对从R作家身上得到确认的希望彻底破灭了。因此,她知道只有孩子是她唯一的救赎,但是孩子死了,女人的"自我"与R作家这个他者又一次失去了天然的联系,又一次坠入了断裂和怀疑之中。随着孩子的死亡,她的"自我"走到了尽头。

  我的孩子昨天死了,我们的孩子——现在我在这世界上再也没有别的人可以爱,只除了你。可你是我的什么人呢,你从来也没有认出我是谁……曾经有一度我以为把你抓住了,在孩子身上抓住了你,你这飘忽不定的人儿。可是有其父必有其子:一夜之间他就残忍地撇开我走了,一去永不复返。我又是孤零零地一个人,比过去任何时候都更加孤苦伶仃。……既然我对你来说虽死犹生,我又何必不乐于死去……①

  对于R作家来说,女人的这个自我既然构不成一个有意义的他者,那么这个他者存不存在是无所谓的。因此对于陌生女人来说,肉体的死亡反而是肯定自我的唯一方式——在肉体死亡时才能把这封信交给R作家,把这个确认的要求告诉他,由此既保证了自我对自足自满的要求,又同时实现了与他者建立联系的渴望——用肉体的死亡来活下去,活在R作家的生活里,由此与R作家彻底关联起来。

  每年你过生日的时候,——过生日的那天,每个人总想到他自己——去买些玫瑰花,插在花瓶里。……我已经不相信天主……我

---

① 《一个陌生女人的来信》,第338页。

只相信你，我只爱你，只愿在你身上继续活下去。①

这是她最后的请求。由此可以看到，这个女人身上的自我问题的纠结实际上也是灵肉二分的矛盾。R 作家与这个女人的关系始终保留在肉体的层面，而且是短暂的肉体关系，这样就不会产生影响精神自我自足性的情感，不会影响到自由自在的生活，这是 R 作家解决自我问题的方式，这种方式也意味着 R 作家不可能把陌生女人作为一个他者，作为一个和他的自我关联起来的存在者。陌生女人却无法满足这种肉体性的解决方式。她对自我与他者的纠结意味着她始终要求着灵肉的一致——爱他所以我的身体只属于他，但最后，她在肉体和精神上都得不到 R 作家的确认，R 作家始终没有认出她，甚至 28 岁与她发生关系时都没有认出她就是十年前的那个女子，更别说 13 岁的女孩子了——因此，她走了与 R 作家截然相反的方法，即否定肉体的方法，但这也意味着，她落入到灵肉二分的分离状态中，也有了双重性格，与 R 作家一样。

她靠着做别人的情妇来抚养与 R 作家的孩子——"我卖身了……人家一般称之为名誉、耻辱的东西，对我来说纯粹是空洞的概念：我的身体只属于你一个人，既然你不爱我，那么我的身体怎么着了我也觉得无所谓。"②这不是赌气的话。在陌生女人这里，出卖肉体等于否定了肉体性的自我，否定了靠肉体的关系来和解矛盾的道路，就像她无法满足于与 R 作家的几次性关系一样。她所要获得的自我与他者的联系从一开始就不是肉体的关系。所谓委身于 R 作家，只是在要求 R 作家认出自己的一种方式，这种方式使她得到了暂时的救赎——并不是因为有了肉体关系，而是因为有了他们的孩子。因此，她的悲剧同样可以解读为灵肉二分的悲剧：一方面要求保持灵肉一致，一方面又不得不面对灵肉分离的命运。最后她只有通过消灭了肉体性的自我让精神性的自我在 R 作家的生命中活

---

① 《一个陌生女人的来信》，第 339 页。
② 《一个陌生女人的来信》，第 329 页。

下去来解决这个自我与他者的危机。其实在面对最深层的精神危机时，茨威格自己也像陌生女人一样，用死亡来释放了绝望。

虽然茨威格不同意"我爱你，与你何干"的维特式的爱情观念，但最后，陌生女人和维特都选择了死亡来完成对自我的救赎。然而，陌生女人和维特之间是不同的。维特所谓的"我爱你，与你何干"的理想，是要把"你"同化为我——"你是我的！对，绿蒂，你永远永远是我的！"①这是浪漫主义的自我观念的最好诠释。在这个意义上，维特解决精神危机的方式是充沛的自我在现实前面无法同化他者的结果。这不是现实与理想的矛盾，而是现实对理想的反驳——我爱你，怎么可能和你无关呢？——歌德看到了这一点，维特的死在一定程度上是对这种爱情观念的反思，但问题是，歌德并没有深入地探讨现实对理想的提问，反而是用最美的笔墨歌颂了维特在面对现实的质疑时一如既往地选择了理想，甚至美化了这种死亡——自杀成了自我意志的胜利，而不是失败。

茨威格并非如此，他把陌生女人描述成一个不断要求对方认出自己的单恋者。她不求物质上的回报，不求肉体上的贪欲，她只是对他的存在感兴趣，就像她只对自己的存在念念不忘一样。可见，陌生女人始终承认他者的地位，她的自我恰恰需要通过他者才能给予定义，她的悲剧并不是自我无法同化他者为自我，而是自我无法既与他者联系在一起，又能同时保持自我和他者的独立性。所以，她的死亡并不是自我的胜利，恰恰是面对命运的无奈和自我救赎的失败。通过死亡，她对自我的自足性与他者共存的纠结的确被同时满足了，这是她要的救赎；死亡意味着自我毁灭——让存在的变成不存在的——所以自我的存在，与他者的共在，在死亡面前，都变成了无意义，死亡给了她最后的救赎的同时，也给了她最后的失败。因此，她的精神危机并没有通过她的死亡来得到解决，而恰恰是

---

① 歌德：《少年维特的烦恼》，杨武能译，北京：人民文学出版社，2011，第148页。

通过她的死亡变得分外鲜明了。

　　这是茨威格对浪漫之爱所带来的精神危机最为深切的展现。他不是一个无视一切的批判者,在文本中他也没有给予解决这个精神危机的最终的办法。茨威格只是把问题展现出来,这是陌生女人和 R 作家的危机,也是他自己在经历了大转折时代之后的苦恼。不过,1922 年的茨威格还没有真正绝望,不像他在二战之后那样,虽然他依然把死亡作为了最后的解决方式,但是他还没有看到死亡在这个问题的解决上同样是无力的,悖论的。

　　茨威格在小说的最后写道,R 作家"感觉到死亡,感觉到不朽的爱情"①。与其说,陌生女人对 R 作家的爱情是一场不朽的爱情,还不如说,这是由爱情所产生的不朽的问题——一个由"我爱你"所引起的关于自我的问题。这个问题不止是起源于启蒙时代,发展于浪漫主义运动中,由爱情所引发的对自我与他者的问题,源远流长。柏拉图在《会饮》②中通过苏格拉底复述第俄提玛的话,讲述了一个关于爱情(爱若斯)的故事——爱若斯是丰盈与贫乏所生,由于他继承了父亲(丰盈)的一部分基因,所以他的一生出于本性(自然)就在不断地追求智慧以求能够达到他的父亲丰盈那样;但是由于本性(自然)中还有母亲的那一半贫乏,所以又注定了他一无所有——他所追求之物不断流失,他又不断追求,再不断流失。他的一生就是如此在丰盈与贫乏之间。柏拉图又通过阿里斯多芬的口说了另一种对整全的追求,那就是肉体的全人的追求。这两种对整全的追求,加在一起正好是两个方面,一个是肉体的,一个是精神的,他们都在追求一种完整性,一种天然的不证自明的联系——无论是对于自我的自足自满性,还是对于自我与他者的关系。由爱情所带来的自我问题,始终是一个困扰人类的不朽的问题。

---

①　《一个陌生女人的来信》,第 340 页。
②　柏拉图:《柏拉图的会饮》,刘小枫译,北京:华夏出版社,2003。

陌生女人的爱情没有让她得到这种整全，但她不断渴望，像得了热病的马来狂人一样，热切地追求着这种自我的完满，追求着自我与他者整全合一的爱情。她的爱情像一面镜子，用那种近乎哀求的对存在感的确认反照出了这个关于自我的不朽的问题——无论是生活在浪漫主义退潮的 20 世纪初的茨威格，还是仍然不断受到浪漫主义和情感主义影响的我们——都需要对此不断追问和反思。

（原载于《云南大学学报》（社会科学版）2013 年第 1 期）

尹景旺

尹景旺，1977年4月生于江西宜丰，北京大学哲学博士，首都师范大学讲师，研究方向为宗教学和宗教哲学，学术兴趣还涉及自然法思想研究。主持国家社会科学基金青年项目"自然法变革与世俗伦理的兴起"，在《哲学研究》《哲学动态》等重要刊物上发表论文近十篇。

友谊的焦虑:对奥古斯丁《忏悔录》的一种解读

潘格勒(L. S. Pangle)在《亚里士多德与友谊哲学》一书前言中很好地勾勒了西方各时期友谊观的概貌。对于基督教时代人们关注友谊的热情为何衰减,他写道:基督教吁求人们竭尽所能地侍奉上帝,把所有人看作兄弟,这使得私人的、排外而激情的个人相亲(attachments to individual human beings),似乎变得内在成问题了。此外,基督教强调对上帝谦卑的、贞洁的与童真的信仰,这就为人们带着特有的怀疑眼光去打量那不可一世、目空一切的城邦主义以及同性之爱提供了理由,而城邦主义、同性之爱正是那著名的古典友谊的特点"。(Pangle, 2003:2)

古典友谊的特点是否如潘格勒所说的那样,基督教时代友谊是否就真的衰落了,这两个问题是存在广泛争论的;但基督教时代的友谊观与古典时代的友谊观已经有了很大的不同,这一点是没有问题的。奥古斯丁作为早期最重要的教父,他的友谊观无疑对我们审视这种变化是非常重要的。潘格勒明确指出,奥古斯丁为友谊在基督教生活中作为爱的一种特殊形式,保留了一席之地。(Pangle, 2003:2)从《忏悔录》中我们也确实可以看到,友谊问题对奥古斯丁是非常重要的。他在《布道集》(Sermones)中曾提到,"在此世,有两样事情是重要的:健康的生活和友谊。上帝创造人类让他们能存活下去——这就是生活。但是他们如果不想孤独,友谊就是必要的"。(Burt, 1999:57)在生命行将结束时,奥古斯丁仍感慨友谊的价值,"……在充斥着错误观念和悲惨焦虑的人类社会中,除了真诚的信仰以及肝胆相照的朋友之间的相互关爱之外,我们还能得着什么慰籍?"(Paffenroth, 2005:59)

奥古斯丁如此看重友谊的一个重要原因在于,他本人在皈信过程中受众多朋友、亲人的启发与帮助。在奥古斯丁看来,灵魂由思想、观念"滋养",才能最终立于永恒的真理之上。虽然回忆能让自我重新认识已部分被遗忘的"真理",能让灵魂之眼仰视从高处精神世界泻下的光;然而,并非所有灵魂之眼都能同样容易地完成"回忆"的工作。"灵魂堕入了身体,弥漫于感知现实中,它必须通过语言、手势、符号和象征这样的间接中介与其他灵魂交流"。(O'Connelll, 1969:28)有些人的原初选择让他们深陷于身体浑浊与肉体情欲的黑暗之中,他们有赖于符号和象征去与其他灵魂交流。(O'Connelll, 1969,:30)

友谊作为灵魂间的交流方式,对信仰既有激励劝服的积极一面,又有令人焦虑的消极一面。在上帝永在的眷顾中,救赎恩典并没有完全排除灵魂的自由意志,倘若没有一种朝向上帝的爱,自我仍可能会走向奥德修斯式的傲慢;每一个漫游的灵魂的朝圣归返都是一次危险的航行,是一次灵魂的奥德赛。正因为如此,途中难免遭遇巨浪暗礁;一座看似可憩息的小岛可能会让漂泊的灵魂再次深陷囹圄。友谊不仅是可以获取思想、观念"滋养"的小岛,也是一座布满迷途、令人焦虑的"小岛"。

"焦虑"指的是一种萦绕于怀的担心、放心不下。由于人在奥古斯丁神学中的非自足性,爱和友谊可以被理解为一种"渴求"。灵魂的过多渴求必定导致一种生存的焦虑,至少,人的有朽决定他们必然面对生离死别,灵魂为此要承受它。在奥古斯丁那里,"秩序"是一个非常重要的概念,人若颠倒爱的秩序,混淆"使用"和"享受"的对象,则会产生灵魂的失序,而焦虑很大程度上就来源于这种失序。奥古斯丁在看重友谊的益处时又对它的消极面感到不安,对友谊产生了一种"焦虑",这在《忏悔录》的多处地方都流露了出来。

一、《忏悔录》中"友谊的焦虑"

从386年奥古斯丁写作《独语录》及稍后的《论自由意志》到397年

友谊的焦虑：对奥古斯丁《忏悔录》的一种解读

开始写作《忏悔录》，奥古斯丁的思想发生了一些重要变化。奥古斯丁在388年左右写《论自由意志》时倾向于，灵魂不会受更低劣的创造物或其他与自己平等的灵魂的影响，灵魂下堕是因为心灵自己的意志和自由选择，导致人的作恶，是由于灵魂自己的意志和自由选择的能力。

> 对于进行管理又拥有美德的心灵，平等或优越于它的任何东西不可能使他作贪欲的奴隶，因为这样的事物必定是公义的，而比他低劣的东西也不可能做到，因为这样的事物太虚弱无力了。于是只剩下一种可能，即唯独心灵自己的意志和自由选择能力使它作贪念的帮凶。（奥古斯丁，1997：96）

但到了《忏悔录》时，奥古斯丁更多地意识到，友谊或灵魂之间的别种关系，会对自我意志产生重要影响；而由这种友谊和其他习俗产生的负面影响，与灵魂无法通过自己意志的努力来实现救赎一样（有时候努力甚至起相反的作用），必须有上帝的恩典才能克服。

在《忏悔录》中，奥古斯丁开始以新的思考"回顾并重新诠释他的过去生活"，这是对他自己灵魂的"一次令人兴奋而又深刻无比的发现"。奥古斯丁意识到，人类的意志并非完全自由，确切地说，恶的问题并非都来自于自我的意志，"人们会发现他们自己卷入了似乎是不可逆转的行为模式，这种卷入容易强逼人们以一种与其良好意愿相背的方式行动，凄然但又无力去解除已然形成的习惯"。奥古斯丁看到，习惯的强制力完全来自于人类记忆的工作，来自于过去行为的喜悦"强加"在记忆身上而获得的一种恒久性。（Brown，1969：146-149）这也正是《忏悔录》前八章中一直在强调的重要主题之一。

对奥古斯丁来说，童年的友谊是无瑕而美好的。"我憎恶受到欺骗，我有了良好的记忆，我获得了精于语词的武器库，友谊使我温和，我避免了痛苦、沮丧、无知。"（Augustine，1991：22）这是《忏悔录》中第一次出现"友谊"的地方，这里友谊是作为一种积极含义出现的。从第二卷开始，随着奥古斯丁年龄增大,他的朋友圈子同他受习俗之恶的影响一道增大了,友谊开始作为一种潜在的焦虑呈现出来。奥古斯丁这样描写16岁那年的友谊:

> 支配我寻求快乐的唯一欲望只是爱和被爱,但是,以友谊这一明亮之途标记的那种心灵与心灵的交流,并没有对我施加约束。泥污的肉体、淫欲的浓云充塞于天地。……以至于无法分清爱之平静与欲之黑暗。(Confessions,1991:24)

奥古斯丁开始意识到友谊在习俗前的虚弱无力,母亲的皈信劝言,被他当作妇人的唠叨弃置一旁。奥古斯丁后来也意识到,母亲尽管"逃出巴比伦城",其实仍陷在习俗的迷雾,她对奥古斯丁接受的教育不但没有质疑,反而纵容他的行为,指望奇迹的发生。但我们看到,奇迹并没有发生,发生的是奥古斯丁浓墨重彩描写的一桩恶——偷梨事件。

奥古斯丁对于偷梨事件是非常看重的,友谊在其中显然开始扮演了令奥古斯丁焦虑的一面。我们在这一事件中可以看到奥古斯丁的一处矛盾,而焦虑正显现在矛盾之处。奥古斯丁解释说,"除了恶行本身之外,我没有别的动机来解释我的恶行"。(Confessions,1991:29)奥古斯丁认为他当时的偷窃行为,不是由于某种需要,只是出于内心对于正义情感的那种意识的缺乏,是在"为恶而恶";但奥古斯丁同时又指出,从违反世俗律令中寻求刺激以及"害人不浅"的友谊,都促成了这次事件。"我的欲望所要享受的不是我所偷的东西,而仅仅是偷窃以及做错事当中的刺激,……我们的快乐在于做那不被允许的事"。(Confessions,1991:29)

奥古斯丁在这里的叙说方式是很独特的,也有点悖谬。在谈到"人的友谊也是爱和亲切的巢,由于它在人类灵魂之间造就的联合"(Confessions,1991:29-30)之前,奥古斯丁先对那种违背世俗秩序寻找刺激以及错误友谊观念做出矫正。① 在这里,作出矫正的叙述者,似乎是写《忏

---

① 奥古斯丁先谈论了世俗权力及其秩序本身的正当性,认为世俗荣誉和给定秩序及治理的权力有它们自己的尊严。

友谊的焦虑：对奥古斯丁《忏悔录》的一种解读

悔录》时的奥古斯丁，而不是作恶时的奥古斯丁。① 若这一判断成立的话，那么，奥古斯丁当时的作恶，是以寻求刺激和兼顾友谊为理由的，而不是纯粹的为恶而恶。把那时的"作恶"视为纯粹之恶，是奥古斯丁用忏悔之后的"恶之观念"来界定他当时"作恶"动机的结果，奥古斯丁作为叙述主体对"恶之观念"的混淆，揭示了他在友谊观上的某种变化，也暗示了奥古斯丁对习俗与友谊之负面影响的一种焦虑。②

友谊，在偷梨事件中成了奥古斯丁"为恶作恶"的一个重要原因，这一点让奥古斯丁对友谊有一种深深的不安，同样一种情感在其他地方也流露了出来。在《忏悔录》第六卷中，奥古斯丁讲述了阿利比乌斯是如何被他的朋友拉到圆形剧场，而最终喜欢上欣赏角斗惨剧的。阿利比乌斯起初自信不会受朋友的影响，他对朋友说，"你们能把我的身体拉到那里，按在那里，可是你们能强迫我思想的眼睛注视这种表演(spectacles)吗？我身在而心不在，仍是战胜你们和这些表演！"但最后阿利比乌斯还是狂热地爱上了角斗，"陶醉于残忍的快乐"。(奥古斯丁，1963：102)奥古斯

---

① 为了具体说明这一点，我想对偷梨事件的"为恶而恶"做进一步的分析：在"为恶而恶"中，后一个"恶"指的是"当时"的"作恶"行为；而前一个恶指的是"恶之观念"，它既可以指"当时"的"恶之观念"，也可以指奥古斯丁皈依以后的"恶之观念"。支配奥古斯丁作恶的"恶之观念"，在偷梨事件发生时的奥古斯丁看来并非纯粹的恶，事实上，"恶之观念"在当时是他内心权衡比较之后的结果，是一场我与我斗争的结果，尽管这场内心斗争在当时可能是倏忽而过，但其中已然渗入了逾越世俗法律的刺激感和朋友之间的友谊。奥古斯丁时代，生活在习俗中的年轻人，可能以寻找各种各样逾越世俗法律之事为刺激，而以拒绝朋友或不与朋友同乐为耻。

② 这种焦虑在于《忏悔录》本身的叙述交错，过去的与现在的奥古斯丁被混淆了，叙述主体模糊了。O'Donnell 在讨论《忏悔录》的叙说方式时也曾对此诘问过，"过去生活中的事件被叙述，现在生活的境遇被考察，以揭示内在之人。但是，谁在此叙述中言说呢？是内在之人自身吗？抑或，内在之人是深藏于此人中的某种主体注意力的对象呢？"O'Donnell 认为此种叙述关键在于奥古斯丁把自身的塑造看作是由哲学驱动的，"哲学的真正学生绝不会浅尝辄止(go by half - measures)，而是追求真理时穷根究底(pursues truth relentlessly and endlessly)"。哲学精神与信仰的并存，是《忏悔录》多重叙述的重要原因。可参见 O'Donnell, James J. ," Augustine: His Time and Lives ", Stump, Eleonore ed. , 2001, The Companion to Augustine, Cambridge University Press, p20.

丁对此的结论是,不依靠上帝而依靠自己的能力,很难对抗习俗和友谊的诱惑。还是在第六卷的结尾处,奥古斯丁感言,"在我的浑浊状态中,我没有考虑与朋友交谈(即使是谈卑污之事)的喜悦之流来自什么源泉;也没有考虑这样的事实,即没有朋友我不可能是快乐的,哪怕是当我的心志那时处在肉体愉悦的横流中"。(Confessions,1991:110)这两处让步语气的地方,表明友谊确实可能会使得灵魂与灵魂间的交流抵达不良境地。这里我们又隐约看到了与偷梨事件的相似之处,似乎也隐含了奥古斯丁对友谊的一种焦虑。

在第六卷描述丧友之恸时,奥古斯丁部分解释了上述焦虑的原因,"朋友之间彼此相爱便是如此,甚至可以达到这样的程度:如果对朋友不以爱还爱,会觉得良心的谴责;对朋友只要求善意的表示。"(忏悔录,1963:60)但同样是在丧友之恸中,奥古斯丁表达出了对好友之死的过分悲伤,很久之后他才从朋友死亡的阴霾中走出来。这在皈依之后的奥古斯丁看来是与信仰本身有悖的,但这种转变经历了一个反思和认识的过程。

可以看到,"友谊的焦虑"现在对奥古斯丁成了一个大问题。奥古斯丁所处的基督教信仰时代决定了他面对的友谊难题已经不同于古典时代。但看到信仰时代与古典时代友谊观的差别是不够的,奥古斯丁必须挖掘到"友谊的焦虑"背后的深层原因,然后才谈得上去寻求适于信仰时代的"真正的友谊"。

二、"焦虑"的深层原因

"友谊的焦虑"的深层原因,在于友谊或爱的特性,在于奥古斯丁与古典友谊观的殊异之处。阿伦特曾指出,奥古斯丁的爱是一种渴求(craving),而"渴求或爱,是人类获取将使之幸福的那种善的可能性"。把爱和友爱(Philia)定义为一种渴求,源自于古希腊哲学。在柏拉图那里,爱既是一种渴求,也是一种教育手段,从爱特殊到爱整体,爱美而不是特殊的

友谊的焦虑：对奥古斯丁《忏悔录》的一种解读

美物，爱美德而不是个体美的事物，灵魂不断上升超越。（Paffenroth，2005：54）普罗提诺也把爱看作一种渴求。"如果有人设想，爱的起源就是渴望原本就存在于人灵魂中的美本身，认识它，亲近它，凭直觉知道那是属于他们自己的事物，那么我想他很可能就揭示了爱的真正原因。"（普罗提诺，2004：105）

友谊在于一种渴求，渴求一种幸福的实现。在古典友谊观中，知识与德性是连在一起的，灵魂渴求知识与德性便能达到那种神圣状态，认识真理便能达到如神一般的最高幸福。对于斯多葛派和普罗提诺来说，人的二元结构使得灵魂本身就可以通向神圣境地，而不需要"灵性"，这就意味着他们的灵魂在自身内部就能达到一种高贵的平静。①

但到了奥古斯丁这里，灵魂并不能通过自身的渴求达到幸福生活，因为灵魂现在处于一个更加复杂的结构中。爱的秩序，成为理解奥古斯丁友谊观与古典友谊观区别的一个至关重要的环节。秩序在奥古斯丁那里是极为重要的，秩序表明受造物的等级。对奥古斯丁而言，依照正确的认识秩序和爱的秩序生活的人才能达到真正的幸福。对这种秩序的体认就是按照理智沉思所获得的最高真理来指引生活实践。奥古斯丁强调，不应以世俗的对象为享受的对象；爱邻人的态度是不同于爱事物的态度的；在爱邻人与爱上帝之间，应出于爱上帝而爱邻人，而不是以爱人为目的本身。这就有必要引出奥古斯丁对"享受"和"使用"所作的区分。

"享受"指的是行动与其目的本身的一致，"使用"则是为了我们想得到的对象而采取手段或对工具的利用。"对于奥古斯丁来说，人的'幸

---

① Peter Brown 指出，奥古斯丁从普罗提诺那里承继了内在世界的观念，两人都相信上帝的知识以某种"记忆"的形式能够在这个内在世界中被发现。"但是，对普罗提诺来说，内在世界是一个可靠的连续体。人的'真实自我'深深潜藏；真实的自我是神圣的，它从未失去与观念世界的联系。有意识的心志只是由于太过专注而与它自己潜在的神性分离了。相比之下，对奥古斯丁来说，内在世界的绝对大小（the sheer size）不仅是力量的来源，更是焦虑的来源。普罗提诺充满平静信心的地方，奥古斯丁却感到惴惴不安。"（Brown，1969：178）

福'就在于享受上帝,以上帝为乐,其他万物则都是供人'使用'的,它们本身不能被人当作人'享受'的目的"。处理好这种关系的便是"仁爱"(caritas);颠倒实在的等级秩序、颠倒目的手段的爱则是"贪爱"(cupiditas)。(周伟驰,2005:190-191)受造物出于虚无,总要回归虚无,若以他们为目的,则无法达到心灵的平静和满足。

在388年的《论音乐》中,奥古斯丁指出,损害灵魂的不是低于理性的音乐韵律,而是对低级之美的爱。这与前面讨论的《论自由意志》中的看法是比较接近的,低等之物与其他灵魂本身并不是损害灵魂的罪魁,关键是灵魂在爱的秩序中出现颠倒混乱,把本该"使用"的当做"享受"的对象,把手段当作了目的本身。灵魂在以低等级的创造物或同级物为目的时,便会出现失序。在奥古斯丁看来,尽管身体低于灵魂,身体激情之流会把灵魂拖离对永恒者的思考,但身体本身也是上帝的创造物,它们只不过是更低等级的美而已。对待它们的态度,既不应以其为累赘,也不应沉溺于它们或以它们为目的;而是应在那最高目的指引下使用它们,最终享受上帝。奥古斯丁这个时候似乎认为,灵魂与更低的创造物之间那种爱的失序,可以借助古典美德——审慎、公正和坚韧来克服;而对邻人之爱这种灵魂间的同等级的爱,则应参照上帝安排(orderings)这一最高目的来享受,以使人间秩序稳固确定。

从上面我们也不难看出奥古斯丁与柏拉图、普罗提诺在灵魂论上的不同态度。灵魂在奥古斯丁那里,处在上帝与人之间,灵魂既可以向上也可以向下。吴飞在《自杀与美好生活》中指出,"人心结构的神圣性来自于上帝。这就意味着,人本身就是一个神圣的存在,而并不是只有智慧和有德性的人才是这种神性的存在。有些人之所以愚蠢和邪恶,并不是因为他们不神圣,而是因为他们没能充分认识自己内在的神圣性。而且,人变成邪恶的根本原因,恰恰就在灵魂当中"。(吴飞,2007:98)人的身体与灵魂都是神圣的存在物,这是没有问题的;只不过这种神圣性的等级秩序在奥古斯丁看来是至关重要的,之所以出现执着于低级之物或同级灵

友谊的焦虑:对奥古斯丁《忏悔录》的一种解读

魂的贪爱,在于人心没能充分认识自己内在的神圣性,没能在"仁爱"之中、在享受上帝之中认识自己内在的神圣性。但这种不充分的认识现在即使能够通过理性达到,但是,习俗的力量、记忆的惯性都羁绊着那些堕落的灵魂,他们在灵魂的彼此交流碰撞中失去了方向,知识和德性并不能完全拯救它们。内在心理分析得出的现实残酷性,迫使奥古斯丁重新打量哲学与信仰各自的力量。

奥古斯丁与新柏拉图主义的重要区别不仅在于,奥古斯丁所谈论的灵魂,尽管也是神圣的创造物,但是并不具有普罗提诺那种自我担保的内在神圣性,奥古斯丁的灵魂还需要灵性的参与①;还有一点也十分重要:奥古斯丁并没有特别强调灵魂对友谊对象的选择。因为根据奥古斯丁的人类学观点,人都是神圣的创造物,他们的灵魂在上帝面前具有平等的意义,这种平等性使得信仰时代的友谊能突破古典善恶之间是否存在友谊这一问题的局限,而使友谊的缔结在现实中变得极为泛化。在《独语录》中,奥古斯丁把爱朋友的意义包含在爱灵魂中,"既然我爱灵魂,怎么会不爱他们(朋友)?",因为作为人的朋友是有理性的灵魂,而不是跳蚤和昆虫,"我爱这理性的灵魂,即便它在盗贼身上,因为我可以爱每个人都拥有的理性。"(奥古斯丁,1997:10)这种对人不加区分的"爱灵魂"方式,使得奥古斯丁的灵魂在现实中难免会面对友谊中坏影响的威胁。

灵魂缔结友谊,在奥古斯丁那里不在于与谁交往,关键在于认识灵魂在上帝造物秩序中的位置。只要有对这种秩序的正确认识,灵魂便可以"使用"各种低级物并与各等其他灵魂交流,但是它不能以后者为目的或把后者作为享受的对象。可见,在奥古斯丁这里,友谊这种灵魂间的交流,只要能够有助于享受上帝,即使是"使用"的意义也无损于友谊。然

---

① 伊壁鸠鲁派和斯多葛派把自我满足的追求带到这样一个地步,以致于友谊和人类幸福二者都凋敝了,西塞罗在《论友谊》中让莱利乌斯对他们做了批评。(Pangle,2003:110)

而,在柏拉图、西塞罗那里我们看到,灵魂对友谊的要求是另外一种情况,灵魂对友谊的对象是精挑细选的(在《李思篇》中对友谊讨论甚至没有达成结果),它的标准是美或善,而不是上帝安排的神圣秩序。在促进美德的灵魂生育中,古典友谊明显是为一个灵魂的"优生计划"服务的。① 作为有所渴求的灵魂通过自身便能达到至善至福之境,它不会也不屑与低于自己的灵魂建立真正的友谊。西塞罗就明确强调了类似一点,"美德是第一位的(没有美德就不可能有友谊);但除了美德之外(而且仅次于美德),一切事物中最伟大的是友谊"。(西塞罗,1998:85页)因此,在柏拉图、西塞罗那里恐怕不会出现奥古斯丁的那种"友谊的焦虑"。要解释清这个问题,还可以回到奥古斯丁的时代去看看。

在奥古斯丁所处的信仰时代,劝服皈依成为一件极为重要的事情。② 那些优秀的灵魂要以仁爱的精神与各种灵魂打交道,且不说优秀灵魂本身会不会受影响,各种灵魂在交流中极容易相互影响,有的则会陷入异教当中,古典友谊观在各种信仰中早已变得晦暗不明了。奥古斯丁就曾在"害人不浅的友谊"中迷失过;在《忏悔录》第四卷奥古斯丁还叙述他曾导致他的朋友误入迷信中,"我诱使他放弃了他青年时代尚未真诚彻底认识的真正信仰,把它拖到了我母亲为我痛哭的荒诞迷信之中。他的思想已经和我一起走上了歧途,而我的心已经不能没有他"。(忏悔录,1963:55)奥古斯丁想为信仰时代寻找"真正的友谊",柏拉图、普罗提诺从灵魂论,西塞罗从美德论出发的友谊大道都不适合他,他必须另辟蹊径。奥古斯丁逐渐意识到:灵魂没有神性,它要上升到神性的知识,必须借助上帝

---

① 柏拉图在《会饮篇》中借狄欧蒂玛之口表达了,灵魂同肉体一样是有着生育能力的,它生育的是明智之类的品德,而生育这些品德的是一切诗人,以及一切技艺师傅。但生育对象应当在精挑细选中产生,而且选择时应当把灵魂的美看得大大优于形体的美。(柏拉图,2004:335-338)

② 奥古斯丁在《独语录》中就承认,如果需要丰富的财产或权威才能与亲密的朋友们住在一起追求智慧,他也会渴望财富、追求荣誉高位,以便能劝更多人走向智慧。(奥古斯丁,1997:22)

的光照；没有上帝的引入，没有灵性、灵魂和肉身的三元结构分析，对奥古斯丁来说，真正的友谊就不可能获得。

三、消除"焦虑"

真正的友谊在恶人之间或善人与恶人之间是否存在，这个古典争论对于奥古斯丁已经不重要了。奥古斯丁并不打算通过友谊的古典路径来解决这一问题。我们在上帝中失却了自身，问题的解决路径只能是，回到上帝那里，在其完满之中享受真理，打破分离彼此的界限，使真正的友谊和幸福生活成为可能。在《忏悔录》第四卷中，奥古斯丁就已经把"真正的友谊"指明了。当时，奥古斯丁把一个朋友拖入了荒诞迷信之中，那位朋友的思想与奥古斯丁一起走上了歧途。奥古斯丁以忏悔之后的立场感慨道，"只有你以赋予我们的圣灵，把爱倾注在我们心中，使那些彼此相吸的人连结在一起，真正的友谊才有可能"。(*Confessions*,1991：56)

奥古斯丁认为真正的友谊不可能建立在无知或虚妄之上，奥古斯丁在一封信中写道，"人在能成为人类的朋友之前，必须是真理的朋友"。(Burt, 1999：64)。奥古斯丁通过论证人的理性的地位，强调智慧无非是辨别并获得至高之善的真理。但奥古斯丁认为人并不能通过自身获得最大幸福，最大幸福在上帝那里，人的灵魂如何从上帝那里获得这种幸福的真理呢？

奥古斯丁指出，"上帝给我们的不是能产生真理的理智，而是被限制去接受它的心志，神圣之光如何能够被带到我们心志并仍然保持神圣呢？"我们仍可以回到他与普罗提诺的不同之处。普罗提诺认为，灵魂本身是神圣的，决不会从神圣秩序中脱离，永远遵循最高部分的理性。[①] 对

[①] 普罗提诺把阿芙洛狄特看作灵魂，而宙斯是伟大的理智和灵魂。(普罗提诺，2004年：116)

这样一个灵魂,提供上帝存在就是无意义的。"在普罗提诺那里,灵魂转向他自己的光和原则;在奥古斯丁那里,灵魂逐渐上升到它的真理的超验之源"。(Gilson,1967:110)吉尔松认为,真理来到人的灵魂对普罗提诺是不成问题的,但奥古斯丁不得不解释,神圣的真理如何成为创造物的真理。在奥古斯丁那里,"基督徒的灵魂之光是创造的光,因为基督徒的灵魂是一个创造物"。(Gilson,1967:109)因此,灵魂没有上帝的恩典或神圣的光照是不能获得真理的。阿伦特也同意吉尔松在这个问题上的态度,"正如吉尔松正确指出的,对普罗提诺来说,但绝不是对奥古斯丁,灵魂自身是神性的"(Arendt,1996:22)①;阿伦特还从人的"不自足"来谈了人之焦虑的问题。她认为,在普罗提诺那里不存在焦虑,存在的是一种高贵的平静,而这种平静在奥古斯丁那里是没有的。因此阿伦特指出,"对他(奥古斯丁)来说,人的最高的善不可能是他自己的灵魂和幸福,不可能来自于对任何人的力量的信赖。……被创造之物的最高之善一定是他的创造者"。(Arendt,1996:22)

正确的理性与幸福都在上帝那里,它们是"享受"的至高参照点。它们在信仰时代是最重要的,古典德性、人的自由意志以及内在时间都在这种参照系中,"无人能错用审慎、刚毅或节制,正确的理性在它们中掌权,正如在你提到的正义中一样;没有这种理性,它们甚至不可能是德性。无人能错用正确理性"。(奥古斯丁,1997:150)这种对正确理性的信心在《论自由意志》与《论音乐》中都有所表现。但是,当奥古斯丁写作《忏悔录》时,他对正确理性的这种信心减低了。在米兰皈依的自我意志争斗中奥古斯丁为自己下的诊断是,"因此,意志的游移,并非怪事,而是灵魂的病态。虽则有真理扶持它,然它被积习重重压着,不能昂然起立"。(奥古斯丁,1963:153)。由此可见,思想发生转变后的奥古斯丁认识到,即便

---

① 阿伦特在此处似乎并不是说灵魂不具神圣性,而是在说奥古斯丁的灵魂不具有普罗提诺那种自我担保的神圣性,它需要有灵性的参与才能实现真正的神性。

友谊的焦虑：对奥古斯丁《忏悔录》的一种解读

是有了正确的理性，习俗的力量、身体的欲望、友谊仍然牵绊着他的意志抉择。因此，要完成灵魂的上升之旅，它必须最终解除这些牵绊。

友谊的焦虑得到解决的一个关键在于，上帝的恩典保证了幸福和真理知识的在场，使得灵魂之间的爱与友谊获得了永恒不变的参照系，友谊从第六卷的丧友之痛后已不再让奥古斯丁那样惴惴不安了，现在剩下来的是友谊残留在记忆中的阴影和肉欲在习惯中的强大力量。① 在《忏悔录》第八卷米兰皈依中我们会看到，奥古斯丁仍深陷困境，

> 永远的真福在上提携我们，而尘世的享受在下控引我们"，意志做出最后的决断向信仰一跃成为米兰皈依前最大的问题。在灵魂皈依之前，在爱充满之前，奥古斯丁的自我仍陷在愁苦状态。(《忏悔录》,1963:155)

也就在意志与爱融合的关键过程中，节制女神(Lady Continence)出现了。为什么是节制女神出现在米兰皈依中？把节制作为最后手段，是否暗藏了奥古斯丁的德性观与古典德性观的某种联系与分歧呢？在古典哲学中，亚里士多德强调一种明智——实践智慧，因此德性与友谊的关系在亚里士多德那里变得比柏拉图更重要。(廖申白,2000 年:60 页)亚里士多德对西塞罗的友谊观产生了重要影响，而"对奥古斯丁就友谊所作描述产生最直接影响的可能是西塞罗"。(Paffenroth,2005:57)②这种影响关

---

① 奥古斯丁惊叹记忆的力量，事物的影像、内心的情感、幸福生活都在记忆之中，人的肉体、灵魂、灵性都在对记忆施加着自己的影响。肉体与灵魂对喜悦的留恋正是习俗的力量所在，因此，在记忆中寻找幸福生活源泉、破除留恋习俗的习惯成为《忏悔录》第十卷的主旨之一。

② 奥古斯丁三次引用西塞罗友谊的定义(一次在《答怀疑论》两次在书信中)并完全支持:"因此，我们现在可以把友谊定义为:对有关人和神的一切问题的看法完全一致，并且相互之间有一种亲善和挚爱。"(西塞罗,1998:53)谄媚对友谊的破坏性，西塞罗说过，圣经(Prov27:6,17)说过，奥古斯丁在《忏悔录》第9卷仍然说过，"朋友们投其所好，往往足以害人，而敌人的凌侮却常能发人猛省"。(奥古斯丁,1963:174)作者引用了 Markus 的一段话，"在城邦中的生活是对美德、完全的人类生活和好的生活的教育"。

系，我们可以在奥古斯丁在《论自由意志》中讨论古典德性与意志的关系中看到。① 奥古斯丁在该书中仍认为，得着那些德性，得着它们喜乐，沉静、平和而又稳固地支持灵魂，就能通达幸福生活。

节制是古典美德观与基督教美德观的一个理想衔接点，②即使灵魂具备了正义的知识、具备了审慎，这并不会立刻使灵魂向节制永久俯首；因此，到米兰皈依之前，唯有节制对奥古斯丁克服最大的顽劣习性——情欲具有最重要的意义。与习惯对抗或节制是最难的，因为它要训练一种意志，这种意志既不是骄傲的，也不是恩典下完全被动的意志。节制是自我之中意志争战的制高点，这场争战的结果将决定灵魂的上下去从。可见，到了《忏悔录》时，奥古斯丁意识到，得着那些德性并不能让意志轻易驯服，即使意志能够一时被驯服，但最终仍需一种永久朝向的力量。我们将看到，这种力量并不是来自灵魂内部的。

节制女神的劝服促成了奥古斯丁意志的决断，而爱最终让意志的抉择变得恒久，这种爱就是在秩序的真知上获得的真正的仁爱。阿伦特在《精神生活·意志》中指出，意志的痊愈并不是通过上帝的恩惠实现的……最终统一意志能决定作为一个人的爱的行为。（阿伦特，2006：104）意志告诉记忆应该记住什么和应该忘记什么（因为记忆是一把双刃剑，既保持着对幸福生活的美好记忆，又保持着习俗留存的快乐）；意志告诉理智应该选择什么来理解。记忆和理智是沉思的和被动的，是意志使他们开始活动。意志在节制中对抗着欲望，逐渐认识到恩典，并与爱获得

---

① 我们可以在《论自由意志》中看到奥古斯丁对古典四大美德的分析。（《论自由意志》，第100页）"正义"就是使所有人各得其份，在基督教里正义只能在上帝那里得到解决。"刚毅"变成了"坚韧"（fortitude），已经带有谦卑和意志的持久努力这层含义。"审慎"是什么该被渴望、什么该被避免的知识，但我们会看到这种知识已经与古典很不同了。正义与审慎都建立在正确知识的基础上，而相比之下，坚韧和节制（temperance）更多与意志相关，对奥古斯丁的忏悔心路有更为重要的意义。

② 在《论音乐》中，奥古斯丁强调了坚韧（fortitude）的重要性，这种坚韧其实就包含一种长时间的意志努力，与《忏悔录》中爱与节制的合并已经非常接近了。

友谊的焦虑：对奥古斯丁《忏悔录》的一种解读

同样的地位，这使得意志趋向成熟，最后成为一种统摄性的力量，"意志引导感官的注意力，支配留在记忆里的印象，为理智提供理解的材料，为行动的产生奠定基础"。意志的内在冲突的解决办法在于意志的转变，意志转变成爱。意志不能做到长时间的满足，因为灵魂不是自足的，它在不断欲求中过度关注自己的行动，意志不知道如何"享受现实事物的快乐，只知道享受希望的快乐"，满足便意味着意志停止活动。不唯如此，爱也是获得智慧即享有幸福生活的方式（《忏悔录》，1963：207），因此，阿伦特指出，只有爱这种持续活动能平息意志的骚动和焦虑不安（阿伦特，2006：111-114），让灵魂在上帝永恒的喜乐中享受平静。爱和上帝的引入，奠立了永恒的现在或无时间状态，从而可以取消友谊面对的生离死别之焦虑。对记忆与时间的思考虽然在第十、十一卷，但是在死亡问题中消除"友谊的焦虑"却在第六卷中就完成了。①

面对挚友之亡的伤恸，奥古斯丁起初的表现与西塞罗迥然不同。西塞罗对挚友之亡表现出的是一种坦然，"虽然西庇阿突然去世了，但是对于我来说，他实际上仍然还活着，而且永远活着。因为我爱的是他的美德，而他的美德是不会死的"。（西塞罗，1998：84）西塞罗之所以能有那种坦然，因为他让挚友的美德获得了一种永恒性，这种美德对于西塞罗来说是最重要的东西，生活在这种美德中，西塞罗便不会因挚友的离去而悲恸欲绝；当友谊不得不面向生离死别时，奥古斯丁的伤恸起初表现得极为强烈，对它的态度是，"一个朋友死去，便会伤心，蒙上痛苦的阴影，甜蜜变成辛酸，心灵完全沉浸在泪水中，死者的丧失生命，恍若生者的死亡。"（《忏悔录》，1963：60）奥古斯丁后来则体悟到："谁爱你，在你之中爱朋友，为你而爱仇人，这样的人真是幸福！一人能在你身上泛爱众人，既然不会丧失你，也不会丧失所爱的人。"（《忏悔录》，1963：60）

---

① 奥古斯丁在《忏悔录》中对"焦虑"的哲学分析与完成"消除焦虑"并不是按时间先后。

奥古斯丁对挚友之死或死亡本身的那种焦虑，是在永恒的上帝和一种新的时间观中被克服的。在奥古斯丁那里，灵魂处在对幸福不断渴求的过程中。有些渴求是内在的，源于人性；另外一些则源于我们的自由选择或我们的生活经历。(Burt, 1999：34-36) 奥古斯丁越是从世界的逃离中回到自我，他就越"对他自己成为一个问题"。(Arendt, 1996：24) 自我成为一个大问题，是与主观时间息息相关的。用阿伦特的话来说，未来破坏着现在。美好的生活是真正的生活本身，在不断处于死亡威胁中的生活不是真正的生活。如果执迷于生的种种乐趣，把它们当作最高目的来"享受"，那么，生活在尘世就像是活着的死亡。"一个人这样变得骄傲、好奇、贪纵，他就被另一种生活所攫取了，与更高的生活相比，这就是死。"(奥古斯丁，1997：152 页) 死亡的意义其实是在时间与最高目的的参照体系中获得的。

无恐惧只能在无时间的状态下获得，因为"对尘世之物的爱只能被某种永恒者的甜蜜来驱除"。(奥古斯丁的论音乐, 52) 阿伦特认为，这就是奥古斯丁的"绝对的未来"，它作为永恒即将来临，不可被人类行为更改，永远与人类的有朽相脱离。人们对它的态度只能是期望。(Arendt, 1996：29) 对永恒的超验期望中，死亡变成相对的了，人只能在上帝之中享受至福。没有了死亡，就没有了丧失感的焦虑，这里可以理解奥古斯丁在分析偷梨事件时为什么说灵魂变得无所畏惧了。因为他的自我不是作为他存在着，而是作为他将存在，在这种新时间观中自我通过爱而介入了一种永恒性，生离死别的焦虑在这种永恒性中得到了克服。友谊在这种时间观中获得了新的意义，奥古斯丁才会说得如此解脱、如此动情："谁投入你的怀抱，'进入主的福乐'，便不再忧虑，在至善之中享受圆满的生活。"(《忏悔录》，1963：35)

(原载于《基督教思想评论》第 8 辑，上海人民出版社 2008 年版)

谭笑

谭笑，1983年8月生于湖南长沙，清华大学哲学博士，首都师范大学讲师。研究方向：科学史、科学哲学，以及默会知识、专家知识。主持国家社会科学基金青年项目"柯林斯第三次浪潮研究"，在《哲学研究》《自然辩证法通讯》《哲学动态》等重要刊物上发表文章十余篇。入选首都师范大学青年燕京学者培育对象。

秩序世界与均质世界

——论杨光先和南怀仁的天文学争论

在明清政权更迭、西学东渐的背景下,天文历法作为中国古代传统社会政治生活、信仰体系、实用需要的集合体成为了争论的焦点。其中以杨光先为代表的中国古代天文学与以南怀仁为代表的西方天文学之间展开了一场著名的争论。争论的结果也是耐人寻味的:清代社会钦定适用了西洋历法,历算大家对西方天文学的宇宙体系努力理解、调和,然而中国的天文学研究并没有就此走向近代天文学范式。

以往对这段争论的解释通常认为这本应当是一场关于天文知识的纯粹辩论,因而使用判决性实验等方式依靠经验和逻辑能分出高下。在这些标准下,南怀仁应当获得毋庸置疑的胜利。而实际的辩论中却涉及除了历法、历理、宇宙框架之外的政治宗教问题、争论评价标准问题等等,通常都解释为守旧的杨光先借重政治和宗教、民族情感等来阻挠南怀仁所代表的先进科学文化。

本文将重新考察这一段争论,认为杨光先和南怀仁的范式可以用秩序世界和均质世界的概念来概括。在阐释这两种世界的不同特征的同时,本文将杨光先和南怀仁重新放入各自的文化背景中,能对双方都有相对公平的宽厚诠释,同时也能对科学争论和范式冲突有更清晰的理解,继而管中窥豹地了解这个冲突的时代。这是一段科学史、政治史、哲学史合而为一的历史。本文将指出,知识的问题不仅仅是经验和逻辑的问题,知识的问题也是社会秩序的问题。

一、"秩序世界"与"均质世界"

（一）概念缘起

秩序世界（Cosmos）和均质世界（Universe）的概念及其重要性源自于柯瓦雷的《伽利略研究》，用以表征科学革命前后宇宙观的变化。前者用于指称古希腊和中世纪宇宙中和谐有序、层次分明的封闭世界，强调的是和谐、秩序；后者指在时空中存在的所有事物的总体，强调总体性。① 柯瓦雷认为完成了从秩序世界到均质世界的转变，才算是完成了科学革命，进入到了近代科学的思维体系之中。二者的典型代表即为亚里士多德和牛顿的物理思想。

亚里士多德世界的主题词是"统一整体、宇宙秩序：这些观念意味着，在宇宙中，所有事物都是（或应该是）以一种十分确定的方式分布和排列着；……每一位置都为某一事物所专有，而每一事物也都呆在自己的位置上"。这典型的是一种秩序世界：从运动学上来看，静止是事物的自然状态，是运动的目的，运动本身并没有意义，只是为了最终静止在自然位置上；从宇宙构成上来看，土、水、火、气所构成的透明水晶球体体系相互嵌套地构建了天体，各种行星、恒星等按照这四种元素的基本位置和顺序进行排列，并有所对应②；从人体构成上来看，四元素同样也构成了人体的平衡与失衡。整个世界在以四元素和四因说的原则下构成一个统一的整体。

均质世界则消解了秩序世界之中自然界所附有的哲学秩序（如柏拉图主义、毕达哥拉斯主义、亚里士多德主义等）和关联。万事万物由相同的原子而构成；元素的种类大大丰富，且只与其物理实在相对应；运动与静止一样，由各种力来决定"运动获得了自由；宇宙（Cosmos）走向解体；

---

① 柯瓦雷：《伽利略研究》，刘胜利译，北京：北京大学出版社，2008，第2页。
② 托马斯·库恩：《哥白尼革命》，北京：北京大学出版社，2003。

空间则被几何化。"①；月上世界和地上世界遵循着同样的物理定律，知识追求普世的效果；空间和时间只是空泛的参考系，无论是地球还是太阳的中心地位都被取消，没有任何一个位置能拥有特别的地位；几何图形只是对形状的抽象，而没有完美程度的区分；颜色只是光的效果。但均质世界并不意味着没有秩序，只是将原有的哲学秩序替换成一种数学的秩序，以精确、丰富的观察作为基础，用数学规律来刻画自然。而数字也正好呼应了这种均质的特性。

（二）延伸含义

秩序世界和均质世界原本是科学思想史中的概念，适用于科学知识内部。但本文认为可以将它们进一步放大到范式的意义上，会发现它们同样也准确地表征了研究方式、知识判决方式、知识在社会生活中的意义等方面的转换。

首先，研究方式上，古希腊时期，以柏拉图为代表的哲学家们所推崇的几何学式的哲学思辨方式在均质世界中逐渐被实验和数学所取代。例如，在科学革命时期，霍布斯为代表的秩序世界中的自然哲学家仍然不愿意放弃哲学思考的优越性，因为他们认为哲学思考所获得的是几何学般确定程度最高的、高贵的知识；而玻意尔为代表的迈向均质世界的科学家们推崇新实验方法，新科学想获得的是从现象世界中以归纳方式得知的限定的、质朴的知识。

其次，什么是确定性，什么是知识，什么是解释，这些问题的答案也在发生转变。对于传统的自然哲学家，只有演绎推理、哲学思考才是确定的，因为现象世界复杂多变、充满了欺骗性。而只有拥有理性的哲学家才能获得这种知识。知识的形态是垄断性的。而对于实验者来说，只有亲眼见到的、实际发生的才是确定的。实验能够裁决的，才是在知识体系范

---

① 《伽利略研究》，第 80 页。

围内的,否则是虚渺的形而上学。由于任何人都可以操作实验、进行观察,因此知识也是每个人都能拥有的,其形态是共享的。

第三,提问方式和解释层面也不一样。在秩序世界中,通常直接地是要解决"为什么"的问题,即在世界现象的背后,有哪些基本的原则造成了这一切。而在均质世界中,问题变成"怎么样",科学定律描述是经验世界是怎样运行、展现的,而不再问什么原因造成了它。例如,对于惯性定律,我们不能、也没有必要继续追问为什么会有惯性定律,而只要将它作为万物的属性来看待即可。

在本文要集中讨论的杨光先和南怀仁的天文争论中,也集中地展现了秩序世界与均质世界之间的对抗。杨光先处在一个严格的、成熟的秩序世界中,而南怀仁从天文学革命进行中的西方世界带来了半成熟的均质世界,即处于第谷水平的西方天文学,其中残留了一些亚里士多德式的秩序世界的观念。

这两个概念的引入能带来重要的变化:首先,不再将二者尤其是杨光先的思想肢解成今天天文学的残零部件,即将他的天文学和哲学、政治分离开来,而是将两人的观点各自统摄为一个"合理"的整体;第二,能更根本性地指出了两者的差异,两人的争论并不仅是用今天的天文学话语翻译过来的简单天文知识的比较,而且涉及两种宇宙体系、文化传统、社会生活、政治秩序的冲突;第三,能够解释为何南怀仁在天文知识上获得了胜利,却不能实现天文学的革命。

二、杨光先所代表的"秩序世界"

在中国古代,天文在政治生活和日常生活中占据了一个相当特殊的位置,它已不仅是一种对自然界的探讨。[①] 在这个背景下,从历法、节气、

[①] 江晓原:《天学真原》,沈阳:辽宁教育出版社,2004,第119页。

行星、天文推演规则、天学家的职责等构成杨光先的秩序世界的不同侧面。

(一) 历法

历法在中国古代文化中的作用在于"敬授人时",而在古代,统治阶级最重要的"人事"是宗教、政治活动,而并非传统认为的农业活动。① 历法中最为关注的对交食和行星运动的预测也有其政治寓意。日食、月食通常被认为是上天对于王帝的警告,或者预示着亡国亡君的命运,出现了这种凶兆之后,要采取各种补救措施,回转天心。这也就是天人合一、天人感应的哲学思想。历书中所包含的十二月份、星宿等分别与天干地支、阴阳五行、将相官员、祸福宜忌、十二生肖、音律、姓氏、颜色、人体状况等全都有着严格的对应关系。这些关系将天上与地上的事物结合成一个整体。

(二) 节气

在杨光先的体系中,或者整个中国古代天学研究中,时令、节气、地理位置等是被嵌套在政治、伦理体系之中的。举例来说,杨光先在指摘新法中立春、立秋等时间与过去不同,相差有一两日。如果在立春、立秋只是作为年度季节的一个划分、对气候的大致表征,选择不同的标准从而有一两日的误差并无不可。然而杨光先指出立春时间的错误是对天子的亵渎和对礼数的冒犯:

> 《礼经》立春之日,天子亲率三公九卿诸侯大夫以迎春于东郊。关于典礼,何等重大。兹以偏邦之新法,淆乱上国之礼经,慢天帝而亵天子,莫以此为甚焉!②

---

① 江晓原:《天学真原》,沈阳:辽宁教育出版社,2004,第119页。
② 杨光先等:《不得已》,陈占山校注,合肥:黄山书社,2000,第45页。

可见，节气既是对自然时间的划分，也是社会礼仪和政治生活的标志，具有多重含义。节气的意义也并不仅仅是了解天体的运行、季节的变化，还包括有能否有助于祭祀的效果、政权的稳定、皇室的兴盛、农业的收成等方面的作用。其检验标准也是多重的。所以，杨光先主张用以预测、检验节气的方式是葭莩验气，在依赖于气温变化、地下热传导等自然条件变化的同时，又包含了乐律、方位、仪式、阴阳之气等象征意味。

(三) 推演规则

由于在天人合一的框架中，天象被认为与人类社会的生活有对应和相互影响的关系，并且二者都被统摄在更基本的哲学规则中。因此，对星宿的位置和运动情况进行判断时，第一位的并非进行观察和测量，而是根据星宿与五行、动物、生肖、属性的严格对应关系，再依据后者已经确定下来的哲学化的秩序来推测星宿应有的位置。这种对应关系是更为根本的，它的本体论价值如同社会生活中的伦理纲常，是社会、生活、心理稳定的根基。万物及其现在的状态都是由阴阳五行等抽象实体和原理规则生成、演化而来，因此这种哲学是本，而星宿等各种事物是对它的表达。

例如，杨光先在批驳西法将觜参两宿的位置颠倒时，其理由是星宿都有五行和动物的对应，而五行的顺序是一定的，它决定了星宿的顺序。参属水，觜属火，而火应当在水之前，因此觜应当在参之前，西法颠倒了这一顺序。指摘西法颠倒罗计时，论证也是相似的：罗属火，计属土，火土异用，生克制化，各有不同。敬授人时，以前民用，颠五行，令民何所适从！①

在秩序世界中，这些哲学观念是基本的判别原则，而不是今天所认为的逻辑和经验。相反地，逻辑和经验在科学中的作用需要整个范式的转换、研究成规(convention)的重新达成为前提，才能成为近代科学的基石。

---

① 杨光先等:《不得已》,第 46 页。

(四)天学家的职责

天学家作为传天数者,不仅要对天象进行观察并且做出解释、预测等,而且身兼着星占学家的身份,了解或精通星占、历法、乐律、厌禳甚至巫医等学问,都被认为可以"通天"。杨光先对西法的最严重的控诉之一就是论证汤若望为荣亲王选择的葬期杀气太重,为皇家带来了灾祸。①

然而这种解释的能力和权力是限定在皇权之内的,一般人不能随便拥有。垄断通天手段是王权的依据与象征,是维护王权的合法性和稳固性的必需。秩序世界中的知识形态以哲学规则为基石,因此也更偏重于解释。而解释的发布者和权威性是可以被垄断的。

综上所述,在这种天学与政治、伦理、社会生活相互纠缠,人与天形成一体的历史语境中,天学自然被纳为整个中国古代等级社会、秩序世界中的有机组成部分,相互之间构成了一张关联网络。知识形态、检验方式、制造方式都与秩序世界相依存,而不是仅仅与自然界相关。

三、南怀仁的均质世界

南怀仁建构其准均质世界的最关键部分就是将天学剥离其关联网络,使得天学成为天文学,一门近代科学,而不是一门自然哲学和政治生活。这也是异国移植而来的准均质世界能在庞大的秩序世界中获得认同的关键,而准均质世界是西法能成立最基本的背景,否则它根本不能算作是知识。他在天、历法、推演规则等重要概念及其方法上都有不同的诠释。

(一)天

杨光先的"天"的概念不仅是自然现象,更是自然和人类世界的主宰

---

① 杨光先等:《不得已》,第 41-42 页。

者,是人类敬畏、服从的对象。而南怀仁的"天"的概念仅仅保留了作为自然界的天的含义,它是与人的主观观念相对而言。

> 谓参必不先,觜必不后,未免自人以验天。①
> 视合天为效,当以测天为据。②
> 尽人以合天者,怀仁之言也;强天以合人者,光先之言也。③

然而南怀仁特意使用了"天"这同一个名词,实际上借助秩序世界中所赋予给"天"的更为神圣的性质,更有利于辩论的胜利。而实际上,概念之间已经发生了根本的转移。

(二) 节气

南怀仁强调节气只与物理实在现象相关联,而与政治、哲学、社会生活的关联则是可疑的。例如南怀仁认为春分是"太阳正交赤道之日"④,因此无论在什么国家地域、无论在哪个年代中,只要测量到太阳运行至此,就能确定春分之日。预测和检验方式是测量表影长度。相较而言,杨光先的葭莩验气测得的春分日会依据不同地域、年份的地气不同而有不同,不容易得到稳定的、精确的时刻。

节气的推算方式也只是与太阳在黄道上所行的度数相关,将黄道的度数进行二十四平分,十五度为一个节气。这样才能取短短均匀的"节"的意思。⑤ 在秩序世界中被认为最为神秘的交食也被解释为只与日月的经纬度相关,五星凌犯则由五星的经纬度决定,因此能够被准确预测,然而也并不附加其他含义。

将节气的含义与其关联网络剥离开进行理解最大的优点在于概念的

---

① 杨光先等:《不得已》,第 157 页。
② 同上书,第 144 页。
③ 同上书,第 139 页。
④ 同上书,第 149 页。
⑤ 同上书,第 166 页。

稳定性、结果的唯一性、观察的精确性和测验的重要性,也因而带来了数学上的简洁和准确。

(三)推理关系

南怀仁打破杨光先据以指摘的知识论基础,即从五行的顺序来推知星宿之间的相互关系,认为这种对应是没有道理的。他论证道,如果根据星宿的所属来安排它的顺序,那么水星应该属水,火星应该属土。土比水重,因此水星应该在土星之上。但是在行星序列之中,土星在五星之中最高之天,而水星在最下之天。① 可见,在均质世界中,星宿的位置和相互关系唯一的判别方式是进行观测,行星没有绝对的理由有必然的前后关系,它们只有呈现出来的现象。这种现象将会符合某些经验规律,但是背后不会有阴阳五行这些公理性的支配力量。相反地,五行等顺序是"出人意安排之次第"②,星宿的关系是天展现出来的,应当先尊重天的规律。

在辩驳颠倒罗计的指摘时,南怀仁同样驳斥了杨光先判断罗计前后顺序的依据,他认为将罗计与火、土相对应,并由此占卜吉凶,这完全是主观推断,而如果以此来推算星宿是毫无道理的。

> 至所云罗属火,计属土,其所躔宿度,各有吉凶之应。每闻星士推算五星,俱必按罗计之序以定人休咎,是以不宜颠倒。此等之论乃光先自称能通历理之言,非他人所得知也。能无令人绝倒。③

因为罗、计是月亮运行轨道与黄道的交点,他所认同判断前交、后交的标准是月亮运转的方向。太阳从赤道之南往北,在春分点上是前交,从

---

① 这种解释何尝又不是对杨光先秩序世界的误解,因为中国传统历法根本不认同多层同心球体的天体体系,因此水星、土星的上与下的问题在传统世界中根本不存在。
② 杨光先等:《不得已》,第157页。
③ 同上书,第164页。

赤道之北往南,在秋分点上是后交。按照这个前后的顺序,那么月亮从黄道之南往北,罗是前交,从黄道之北往南,计是后交。事实上在一个循环内,前交后交只是相对的,只要定义清楚,可以交换。然而南怀仁的重点在于厘清判断前交、后交的理据和推理规则。

(四) 研究方法

在打破了传统的知识生产方式后,南怀仁确立了经验为基础的研究方法,其特点是确立抽象的描述性数学原则,不依赖于权威的解释。从而也不究其本体论根源,去除了秩序化的意义,只承认经验层面上的规律。

模型系统(包括有实体模型、概念模型、理论模型等)就是典型的均质世界的抽象思考方式。例如南怀仁引入"地心"的概念,来作为基准判断地面上不同地区的观察。在《合朔初亏先后之所以然》中,南怀仁阐述了"视朔"和"实朔"的差别。实朔是以地心为参考点,这是推算各种天象的基础。而视朔是以人的观察为参考点,是用于检验天象预测的方法。

> 历上所指之合朔,乃实朔也。而交食之合朔,乃视朔也。视朔有在实朔之前,有在实朔之后。视朔之初亏因之,而在实朔之前后,故推算日食,必用时差之加减,旧法亦莫非如是。夫实朔既以地心为主,而地心惟一,故实朔惟一,历上所定者是也。视朔以地面为主,而地面千万不一,故视朔亦不一,所以各省颁日食分秒各不一者,职此故也。①

另外,南怀仁在《历法不得已辨》中大量运用平面图来说明地圆说、太阳运动规律等等,他的说明方式都不是为了单独解释某一现象,而是首

---

① 杨光先等:《不得已》,第170页。

先阐明在该问题上的普遍规律和基本道理,然后运用到具体现象上来。这是与中国传统天学在认识论上的极大差异。利玛窦和徐光启合作翻译的《几何原本》就引发了时人思考科学方法的普遍性问题。① 徐光启就曾对比中西方的认知方式,认为中国的师承方式是"鸳鸯绣出从君看,不把金针度与人",而西方人的师承方式则是"金针度去从君用,未把鸳鸯绣与人"。② 南怀仁指出以前的《大统历》只能依法布算,不能说出所以然,因而不能反思其错误,及时作出调整。"须穷原极本,着为明白简易之说,一览了然,百世之后人人可以从事。遇有少差,因可随时随事依法修改。且度数既明,又可旁通众务,济时适用。"③

均质世界中的知识是可以被共享的、公共的,观察、实验这样的手段是每个人都能掌握的,且知识仅由这些来决定,只在实验能判定的范畴内谈"秩序"。

四、总结

无论是秩序世界还是均质世界,都是一种宇宙观,这种观念构成了知识体系和社会生活的基本框架和背景语境。宇宙观构成了一个比知识更为重要的网络体系,对知识有着建构、制约、评判等作用。它也更为根本,"建构宇宙论的冲动比系统的观天的欲望更为古老和原始。"④ 它所包含的范围也极其广泛,甚至构成了生活的基础。当然,它也更根本地决定了知识的形态、生产方式、证实方式。

杨光先和南怀仁的知识范畴是不同的:前者的天学知识在秩序世界

---

① 许苏民:《明清之际哲人与基督教的认识论对话——兼论对话对中国哲学认识论发展的影响》,《中山大学学报》,2011(01)。
② 徐光启:《几何原本杂议》,见《徐光启集(上)》,北京:中华书局,1963,第78页。
③ 杨光先等:《不得已》,第178页。
④ 江晓原:《天学真原》,第5页。

的关联网络中,因而,要检验天学知识是否正确,方法就是看它在这个关联网络之中是否成立,是否符合将关联网络整合起来的基本规则。后者的西方天文学中,"天"仅仅指自然界的天或现象,因此检验天文学知识是否正确,方法是看在这个解释系统中,天象是否证实了天体运行规律。

当这两种宇宙观相遇时,虽然面对的都是同样的自然现象,其冲突却远不限于对现象的预测和检验。不追溯到知识的生产方式及其相关联的文化、社会因素,就无法真正理解这种冲突的实质。南怀仁的均质世界在清代中国是一块飞地,①与政治秩序、文化惯性、伦理纲常等内容是相脱离的。因此尽管西历获得了朝廷的青睐,却无法使中国天文彻底走向均质世界的思维方式、生活方式。

(原载于《上海交通大学学报》(哲学社会科学版)2013 年第 6 期)

---

① 尽管传教士们对西方天文学做出了很多调整性的妥协。例如,利玛窦将中国调整到地图的中心位置,使用中国的计量单位,等等。

编后记

首都师范大学哲学系是一个年轻的哲学系。从上世纪80年代发展至今,风风雨雨,她终于走过了第一个十年。十年虽短,却是老一辈学者们浸润了生命,付出了青春的里程碑,也是青年学者继往开来的起跑线。"滋兰九畹,树蕙百亩"(引自屈原《离骚》)当有此意。值此首都师范大学哲学系十周年之际,我们特地编辑了《树蕙集·内篇》和《树蕙集·外篇》,以展示这个年轻的哲学系薪火相传的决心,展示年轻学者们在这个大家庭里的活力。

《树蕙集·内篇》展示了首师大哲学系十年之间在编教师13人的代表作,以副教授两篇、讲师一篇的原则共收录论文18篇;《树蕙集·外篇》展示了首师大哲学系十年之间毕业学生(包括本科生、硕士研究生、博士研究生和博士后)28人的代表作,以每人一篇的原则共收录论文28篇。文章呈现出我们青年学者队伍的精神风貌与科研水平。

这些青年学者大多是70后和80后,他们朝气蓬勃、意气风发,他们天真淳朴、怀抱理想,在哲学系的大家庭里共同工作、共同生活,造就了一种融洽而活跃的氛围。这是首都师范大学哲学系之福,也是中国哲学界之福。

编者

2015年12月,于昆玉河畔